读懂王阳明

知行合一大智慧

梁启超 等著

高敬 主编

沈阳出版发行集团

沈阳出版社

图书在版编目（CIP）数据

读懂王阳明：知行合一大智慧 / 高敬主编 ; 梁启
超等著 . -- 沈阳 : 沈阳出版社 , 2020.9
ISBN 978-7-5441-8193-8

Ⅰ . ①读⋯ Ⅱ . ①高⋯ ②梁⋯ Ⅲ . ①王守仁（
1472-1528）－哲学思想－研究 Ⅳ . ① B248.25

中国版本图书馆 CIP 数据核字（2020）第 048619 号

出版发行：沈阳出版发行集团 沈阳出版社
　　　　　　（地址：沈阳市沈河区南翰林路10 号 邮编：110011）
网　　址：http://www.sycbs.com
印　　刷：三河市兴达印务有限公司
幅面尺寸：170mm × 240mm 1/16
印　　张：22
字　　数：320 千字
出版时间：2020 年9月第1 版
印刷时间：2020 年9月第1 次印刷
责任编辑：马　驰
封面设计：主语设计
版式设计：赵云峰
责任校对：王玉位
责任监印：杨　旭

书　　号：ISBN 978-7-5441-8193-8
定　　价：66.00 元

联系电话：024-24112447
E - mail：sy24112447@163.com

本书若有印装质量问题，影响阅读，请与出版社联系调换。

前 言

　　王守仁（1472—1529），字伯安，浙江余姚人，青年时期曾筑室于会稽山阳明洞，故自号阳明子，世称阳明先生，也就是我们今天熟知的王阳明。他生活在 500 年前的明代，以其超人的事功和学说，被后世誉为达到"立德、立言、立功"这"三不朽"境界的人。王阳明的同乡后辈、当代文化学者余秋雨说："中国历史上能文能武的人很多，但在两方面都臻于极致的却廖若晨星。三国时代曹操、诸葛亮都能打仗，文才也好，但在文化的综合创建上毕竟未能俯视历史；身为文化大师而又善于领兵打仗的有谁呢？宋代的辛弃疾算得上一个，但总还不能说他是杰出的军事家。好像一切都要等到王阳明的出现，才能让奇迹真正产生。"（《乡关何处》）这个评价，是非常准确的。

　　王阳明的一生，频遭坎坷，屡受磨难。皇帝的猜忌、宦官的迫害、权臣的排挤，廷杖、流放、"谋反"的流言，在他的仕途上都曾出现过。然而，当权者却离不开他。嘉靖初年的首辅大臣席书曾说，他自己和其他朝臣不过是"中材"，只有王阳明是"上材"，平乱安边，非王阳明不可。于是，每当朝廷遇到危难，王阳明就被"拉出来"平乱。然而，王阳明并不把这些功绩看在眼里，每次胜利之后，他总是在报捷书中把这些功绩归于皇帝和朝中大臣，自己则上书申请离职，告老还乡。他的目标，是希望自己能从事最喜爱的事业——讲学。不错，如果我们让王阳明自己选择，他一定会对"政治家"、"军事家"这样的头衔弃之不顾，而选择一顶"哲学家"的桂冠。他的学说集"心学"之大成，成为中国儒家学说的巅峰。

五百年来，王阳明的学说跨越了时空的界限，帮助了无数有志有为的志士仁人。近代以来，致力于中国富强的康有为、梁启超、孙中山、宋教仁等志士，无不从阳明心学中汲取养分。阳明心学还走出国门，对日本、韩国产生了重要影响。日本明治维新时，已经浸染阳明学 200 余年，明治维新的参与者，无不服膺阳明心学。如"维新三杰"之一的西乡隆盛，曾摘录王阳明语录 100 条，指导自己的言行，自承一生"修心炼胆，全从阳明学而来"。朝鲜半岛早年曾排斥阳明学，但亡国之后，韩国的复国志士们痛定思痛，希望发扬阳明学说，以求救国。韩国政治家、大韩民国临时政府第二任总统朴殷植曾写《儒学求新论》，希望用阳明学说改造传统儒学，因为阳明学是"简单切要之法门"，具有"省察法"和"果敢力"，富于"气节与事业之特著的功效"。

日本学者高濑武次郎博士曾说："王阳明传记对读者尤其是青少年一代，具有精神鼓动的特殊作用。"（《王阳明详传》）这种体认是很精辟的。为了帮助读者认识王阳明，了解王阳明的学说，我们编纂了这本体现民国时期阳明学最高成就的《读懂王阳明》。本书收入了民国时期三位作者的三部著作，其中前两部从不同角度，讲述"王阳明这个人"的问题；后一部从不同的视角，阐发阳明学说的主要内容。下面，我们就对这三部著作的背景，做一些简要的介绍。

第一部是胡越先生的《王阳明》。本书最早由中华书局 1925 年 3 月出版，1927 年 3 月出版第二版。胡越先生对阳明学说有很深的体悟，他把阳明学出自中国看作"大幸"，把中国人不识阳明学看作国人的"大不幸"；他提醒读者，不要只看王阳明的事功，而更应该重视王阳明的学说，他说："中国民族中，也有少数人知得阳明，却因着阳明的功业而震惊阳明，不是因着阳明的学术而钦敬阳明，是'知'与'不知'同。"因此，本书侧重点与《王阳明生活》有所不同，书中不仅有对阳明生平的叙说，且有作者对阳明学的体悟评说，与《王阳明生活》恰可成为互补。

第二部是王勉三先生的《王阳明生活》。本书最早由世界书局 1930 年 6 月出版，1933 年 3 月再版。此书出版于国事日蹙的"九一八事变"之前，再版于"事变"之后，作者期望弘扬阳明学说，以助救国大业的一片爱国之心，跃然纸上。他说："我们中国有件极可珍贵的宝物，可惜遗失在日本去了，现在愿我们大家，赶快去拿回来，自己享用，不要长此让它留在异国，替异国去发扬文化，扩张国力。"这个"宝物"，自然就是阳明学说了。

第三部是梁启超先生的《王阳明知行合一之教》。本书原是 1926 年 12 月梁启超先生在北京学术演讲会及清华学校的讲稿，1926 年 12 月 20 日至次年 2 月 12 日连载在北京《晨报》上，1936 年 4 月中华书局出版单行本。"知行合一"说是王阳明"龙场悟道"的成果，是阳明心学体系立论的重要基础。梁启超先生推崇服膺阳明学说，本书即是他系统阐发"知行合一学说"的重要著作，对读者了解阳明学说能起到指导作用。

五百年来，中国和世界都发生了巨大的变化，然而王阳明的学说，却历久弥新，吸引着越来越多的人。在民国那个内忧外患的时代，王勉三先生就呼吁把阳明学这个"宝物"拿回来。在今天的时代，阳明学说逐渐被越来越多的国人所认识，可算是中国文化的大幸，也是国人的大幸。我们希望三位前辈学人对王阳明和阳明学说的阐释，能为我们的读者提供一些精神养分，这才是阳明学的大幸，也是读者的大幸。

另外，在编辑的过程中，编者除对作品明显谬误，或者标点符号不一之处进行了修改之外，其余基本保持原作品的风貌，特此说明。

|目 录|

第二编 生活 （王勉三 著）

第一编

生 平

（胡越 著）

读胡君越所著《王阳明》，因题二绝句

良知说解妄牵连，
揭尽云霾重见天，
欲识阳明真学诀，
试从杨哑证心得。

注：书中阳明与杨哑问答一段，于阳明学说最为简易明了。

掉臂游行理窟中，
五光十色夺天工，
苦心欲起青年疾，
说部新元建首功。

俞复初稿

编述大意

（一）天生阳明在中国，是中国民族的大幸。中国人民，却多数不知阳明，是阳明的大不幸；也是中国的大不幸。

（二）中国民族中，也有少数人知得阳明，却因着阳明的功业而震惊阳明！不是因着阳明的学术而钦敬阳明！是知与不知同。

（三）第二项的少数人中，也确有知得阳明学术的。然而对于阳明，又有两种态度，第一种是知而不赞同；第二种是知而不实行。那知而不赞同的呢，自然有个主见；独那知而不实行的，更比不知的还糊涂。

（四）区区末学，不敢和那不赞同阳明学术的先生们论证；也不愿和那知而不行的糊涂人儿多嘴；连第二项的学者，多全不想念。只愿对于初学的青年；和勉强能读浅易书籍的同胞，把阳明学术，勉力宣传，也许从大不幸中，能够侥幸得几分，就比着面朝东海，眼看阳明学术在那里开化日本民族，心上稍微过得去些，这还是第一层。

（五）第二层，用分列式，举在下面。

（甲）阳明说："'良知'是心的本体。"如今社会中人的"良知"，抛到哪里去了！这"本体"要复不复？

（乙）阳明教育学说，远倡在十六世纪，如今教育家公认他确合二十世纪的新教育，是否要使社会上多数人得知？

（丙）阳明少年时代的修养，和治学问的态度，给青年看了，会生变化不会？

为着上述种种，所以不辞陋劣，要改用白话来编这《王阳明》。我们譬如闲着看小说，却也和小说一样有趣味。

（六）有人说：倘使人家怕看《王文成公全集》，只看《传习录》，和钱德洪的《王文成公年谱》就得了，何必又要改编这年谱式的《王阳明》呢？况且王学很精微，万一错误原意，岂不危险么？

我便一连顿首百拜，道谢那人，把第四项勉力要求通俗的私意说明。并且说：钱德洪和一班同门所作的《王文成公年谱》，是当时钱德洪的眼光和主张，不是现世界人的眼光和主张，所以钱德洪搜采的资料，有许多不是我们要读的材料；更不是我们要供给青年和一般社会人所读的材料。还有许多梦兆怪异事迹，是从前人所最喜搜寻，我们却最要删除的，所以不能不改编了。至于阳明事迹，都按照正史；讲学术语，只拣切实明白的选录；那精微深刻处，不敢提及；也不敢把原意草率附会。

更有一层，轻易发表古人学术，是最鲁莽，是最罪过，所以本编关于学术上应该申说的地方，都采取近时教育家论著，不敢掺入私见，力避穿凿杜撰的危险。

（七）年代下附注西历纪元，便读者和那时西洋大儒相对照。

民国十三年八月一日 胡越识

一、阳明出世

明宪宗成化八年（1472）

大明成化八年，正是西元 1472 年、民国纪元前 440 年，在古历九月三十日，中国浙江省余姚县里，出了一位大儒！虽然当不起救世之主、儒家之宗，但是他的哲学和他的教育主张，在今日世界，确卓然不可磨灭。倘若大家能实行他的学说，不但可以提高人群道德，还是无量数儿童的救星哪！

这位大儒，姓王，名守仁，字伯安，别号阳明子，本是晋朝山东琅琊孝子王览的后代。王览的曾孙，就是书学大家王羲之，甚爱慕浙江山水佳丽，便迁居山阴。传到二十三代，有个王寿，从达溪再迁到余姚，自此便为余姚人。王寿的五世孙王纲，文武出众，在明太祖时，征苗捐躯，朝廷特命立祠，春秋祭祀，这是阳明的五世祖。王纲传彦达，号秘湖渔隐；彦达传与准，自号遁石翁，精通礼、易，隐居不仕；与准传世杰，人呼槐里子；世杰传天叙，号竹轩，为人胸次洒落，吟歌自得，时人都比他做陶靖节、林和靖，这是阳明的祖父。他父亲单名一个华字，表字德辉，别号实庵，晚年自称海日翁，曾经读书龙泉山中，时人都称他龙山公，成化十七年（1481）状元及第，做到南京吏部尚书。他常常思念先世羲之公的故居，再从余姚迁到越城的光相坊。后来阳明也在越城东南二十里地，有个阳明洞，筑室读书，所以学者都称他阳明先生。

阳明生小就很聪明，况且养育在这诗书旧家，环境又好，到了五岁，家里还没有教过他识字，他忽然把祖父常读的书读起来了。王天叙一听，好不奇怪！过去问他，他回说："我常听得祖父这样读，早暗暗记熟了。"

二、金山赋诗
成化十八年（1482），阳明十一岁

　　王华在京供职，派人迎接他父亲王天叙到京里去住。那时阳明才十一岁，他祖父带着同行，路过镇江，王天叙天性潇洒，自然要流连一番，便和众宾客在金山寺饮酒取乐，领略那大江风物，大家兴致甚豪，正要即席赋诗，还没有成句，阳明忽然在他祖父身旁，高声吟道：

　　　　金山一点大如拳！打破维扬水底天！
　　　　醉倚妙高台上月，玉箫吹彻洞龙眠。

　　众宾听罢，个个惊异！便命他再做一首，以寺中"蔽月山房"为题，阳明又毫不思索，随口吟道：

　　　　山近月远觉月小，便道此山大于月。
　　　　若有人眼大于天，还觉山小月更阔。

　　看他第一首诗，气概不凡，第二首，思想高远，就知道他胸怀豪迈，推理精深。所以后来治学问、办政事，能跳出当时人的旧范围，独树一帜，不像常人那样徒读古书了。阳明随着祖父到京，住过一年，命他就塾读书。父亲王华，见他举动，豪迈不羁，心中常常担忧，独他祖父王天叙，料他将来有了学问，必能自己检束，决不会因此遭祸殃身的。
　　阳明自从就塾读书以后，每每喜欢对着书本，静坐不动凝神着想。有一天，忽然问塾师道："怎样算第一等事？"塾师说："只有读书，中进士。"阳明疑道："中进士恐怕未必算，第一等事或者读书学做圣贤罢？"

他祖父闻知，笑着说道："好孩子，你要学做圣贤么？"

三、塞外出游

成化二十二年（1486），阳明十五岁

阳明十三岁上，母亲郑太夫人去世，居丧尽礼，和成人一样。三年服满，他就出游长城居庸关一带。那时长城以外，都是东胡、蒙古诸民族的部落，从明成祖征服以后，屡叛屡服，到成化年间，虽然遣使入贡，却渐渐强大。阳明到得长城，登高远望，觉得脚下一线，便是胡华天界，不觉触动了个民族思想、筹边心念，便慨然有经略四方之志。遂驱马出关，考察各族的部落，留心备御的政策，时时和胡儿浑在一起赛马、校射，那些胡儿见他小小年纪，已经弓马娴熟，个个叹服！阳明游历了个把月，才回京城。忽闻京畿以内，石英、王勇盗起；又听得秦中石和尚、刘千斤作乱，几番要上书朝廷，去献那削平内乱的计划。父亲王华，连连斥骂他不准妄为，方才作罢。

四、江西招亲

明孝宗弘治元年（1488），阳明十七岁

阳明的外舅诸公养和，做江西布政司参议，把女儿许配于他，十七岁上，奉了父亲之命，到江西洪都去亲迎。诸公留他在衙门居住，择吉招赘。结婚那天，自有一番热闹，不必细说。谁知礼堂上准备行礼，书房里却不见了新郎！诸公急急派人四下找寻，影踪全无。原来，阳明那天偶尔出衙闲步，不觉行到铁柱宫，见一道士，趺坐一榻，阳明看他有些来历，便上前叩问。那道士也见阳明年少不凡，两下讲礼对坐，渐渐谈起养生之说，那道士逐层指点，阳明也逐层究问，把招亲的事，完全掉在脑后，直和道士谈到次早，诸公家人找来，然后告辞回衙。

阳明在这新婚之中，闲着没事，见诸公衙内有好几竹笥箱的纸藏着，就取出来成天到晚的学习书法，从此字学大进。到回去时，那竹笥箱里的纸，被他写个尽空。后来阳明常常和学者说："我起初学字，对着古帖临摹，只学得字的外观，入后提着笔，不轻易落纸，先凝思静虑，把精神会聚一起，字体默运在心，然后下笔，如此好久，才通得字法。又见北宋程明道先生说：'吾作字甚敬，非是要字好，只此是学'。我们想来，既不要字好，又为什么要学字呢？可见古人随时随事，只在心上学，此心精明，字好也在其中了。"

五、回姚读书
弘治二年（1489），阳明十八岁

阳明在江西住过一年半，辞别诸公，同诸夫人雇舟回乡。路过广信，闻娄一斋先生深明宋儒理学，便专程拜谒。一斋先生说："圣人必定可以从学而求得的。"阳明就心服这一句话，留心圣贤学问。明年，祖父王天叙去世，父亲王华回乡守孝，命从弟冕、阶、宫和妹婿牧相，与阳明讲析经义。阳明日间随众课业，夜间搜取诸经、子、史诵读，每到深夜。冕等见他文字日进，自愧不及，并且知他已心游科举之外了。

大凡聪明人，常有诙谐戏谑的病，阳明年少时，也是如此。自从回家读书，磨砺一番，大悔前非，时时端坐省言，冕等四人。知他从小说笑惯的，决不会一时检束，都不信他。阳明正色道："我从前放逸，如今知道

了。"冕等四人，也就端容慎言。

六、会试下第
弘治六年（1493），阳明二十二岁

阳明到了二十岁左右，经、史、文章，一天深似一天，修身功夫，也同时并进，便想进探宋朝许多大儒所讲的"格物"[1]之学。

阳明那年随着父亲，住在京里，遍求北宋大儒朱熹所著遗书，细细研读，知道宋儒解释这"格物"二字，是推求各种事物原理的意思，并且说："众物必有表、里、精、粗，连一草一木，都涵着至理。"他见衙署中种着许多竹子，便去推求竹子的原理。哪知沉思默想了多时，依旧不得其理，反把病都想出来了，叹口气道："这圣贤怕没有我的份数了！"才把这个念头拨开了去，专心辞章之学。

二十一岁，阳明中过壬子科浙江举人。明年春天，到京会试，竟至落第，亲朋都求劝慰，独有宰相李西涯戏道："你今天不第，来科必中状元。"便命试作《来科状元赋》。阳明提笔立成，许多老辈，都叹为天才！退后，有位忌才的说："此人取得上第，眼中还有我辈么？"等到弘治九年丙辰，再去会试，果然被忌者暗中摒斥。有个同舍的为着不得登科，羞愤异常。阳明劝道："世人多以不得登第为耻，我反以不得登第，就动了自己的名心算大耻。"当时识者闻得此言，很为叹服！自此阳明依旧南归，和一班名士，结社龙泉山中，对弈、联诗、饮酒、取乐。

---

[1] 这"格物"两字，出在《大学》经文。当年曾子述孔子之言道："古之欲明明德于天下者，先治其国。欲治其国者，先齐其家。欲齐其家者，先修其身。欲修其身者，先正其心。欲正其心者，先诚其意。欲诚其意者，先致其知。致知，在格物。"所以这"格物"之学，是最初一层功夫，也是最深一层功夫。

七、学习兵法
弘治十年（1497），阳明二十六岁

那年阳明仍到京师，听得蒙古酋长，常常入寇大同一带，边报甚急，国家承平日久，文不知兵，武不敢死，朝廷要推举将才，大家面面相觑。阳明看着，暗想国家虽然按年开设武科，不过造成些骑射、搏击之士，哪里会造成有韬略会统驭的将才？因此留意兵法，凡兵家秘书，无不遍览，每遇宾朋宴会，常聚着果核，排列陈势，讲说为乐。

阳明那时年少气盛，在京住过一年，觉得文不能通大道，武不能立功异域，到处访求名师、益友，又一个不遇，心中着实惶惑。一天，读朱熹《上宋光宗疏》，中间说："居敬持志，为读书之本；循序致精，为读书之法。"因大悔从前研究学问，虽然广博，却并未能够循序致精，自然没有所得。就依着这循序致精的法则去读书，心中觉得有些意思，但是物理和自己的心，终不能会通起来，如此又沉思默想了多时，旧病重发，益觉为圣、为贤，自有定分。有时听得道士谈到养生之术，遂起了个遗世入山的意念。

八、进士及第
弘治十二年（1499），阳明二十八岁

阳明学得一身学问，南北奔走，深郁几年，虽然不因下第动心，却又不能不借科举做进身之路，好替国家尽些责任。己未春天，且去会试，才举南宫第二人，赐二甲进士出身第七人，观政工部。和太原乔宇，广信汪俊，河南李梦阳、何景明，姑苏顾璘、徐祯卿，山东边贡一班名宿，以才名相争，驰骋诗古文辞之学。不觉春去秋来，奉了钦命，差往河间，督造威宁伯王越坟墓。阳明驾驭工役，用什伍之法，和带兵一般，休息、饮食，都规定时刻；有时停工，就会集工人，教演八阵图，试验他胸中的韬略。待到工程完毕，威宁伯府里，着实看重，拿金帛相谢，阳明一些不受。威宁伯府里没法，便取威宁伯生时所佩的一把宝剑相赠，阳明才受了，回京覆命。

中国从前很信天数，凡遇着天、地、日、月、星辰，起了个不常见的变化，朝廷之上，不是进退大臣，就是下诏求言。那年恰巧有彗星出现天空，弘治皇帝也虚行故事，下诏求言。偏那鞑靼族人，在这个当儿，领兵入寇。阳明天性爱国，读了诏书，以为皇上真要图治，就草拟《边务八事》，说得非常切实紧要，拜本奏上，究竟哪里采用？还不是搁到档案里去么。

九、九华求道

弘治十四年（1501），阳明三十岁

阳明在上年，已授为刑部主事。到此，奉旨差往江北淮甸一带，审录各县罪犯。阳明生性清廉，遇事明断，往往轻囚被他察出实情，就加等治罪；也有重犯被他审出冤枉，就减等发落。各县审录完毕，乘便去游览那九华风景，登高作赋，发泄胸中一番抱负，在山中无相、化成等名刹，随意游息。那时九华山中，有位道士叫做蔡蓬头，善谈仙术。阳明为着先圣先贤的哲理，不易透彻，因此很信那套养生之术，便恭恭敬敬的把蔡蓬头请来，直到后堂，待以上宾之礼，叩求指引学仙之术。蔡蓬头回答两个字说："尚未。"二人坐了好久，各不言语。阳明因屏退左右，引导蔡蓬头到后亭，再拜请问，蔡蓬头依旧回说"尚未"两个字。阳明接连又问了几遍，蔡蓬头道："看你从后堂，到后亭，礼貌虽然隆重，终忘不掉官相！"说罢，哈哈大笑，迈步而去。

阳明受了蔡蓬头一番冷落，那求道的心念，依旧热烈。又打听得九华山地藏洞有个异人，终年坐卧松毛，不吃烟火食。欣然往访，历尽山岩险石，果然有个地藏洞，入得洞来，见一异人闭目熟睡，阳明不敢造次惊动，坐在一旁；半晌，拿手去抚摩他的脚胫，又半晌，忽见异人醒来，睁目骇道："如此险地！怎样得到？"阳明备道来意，即便谈论起来，渐渐说到那最上乘的话。异人道："北宋周濂溪、程明道，是儒家两个好秀才。"阳明会意辞出。过了几日，再去寻访，那异人已经他去，遂有"会心人远"之叹！

十、筑室阳明洞

弘治十五年（1502），阳明三十一岁

阳明在三十岁以前，以为孔子、孟子的哲学，不容易学到，连宋朝一班大儒的理学，也不容易精通；又受着朝臣的压制，不能进握政权，替国家外安异族、内靖盗贼，所以除掉和一班知名之士，讲究文学以外，便留心仙术，兼求佛学。到了三十一岁那年的五月，回京复命，依旧如此。日里清理案牍，夜间挑灯读书，把五经以及先秦两汉各种书籍，刻苦讨究，文字日见精工。父亲王华闻知，严禁。家人不许在书室安放灯火，阳明便候父亲熟睡，再去燃灯诵读，每到深夜，才去休息。

一天，阳明忽然叹道："我王某怎样可以把这有限的精神，去做那无用的虚文呢？"此时阳明本来有虚弱咳嗽之病，遂奏请归养。回到越城，筑室阳明洞中，一心学习道家"导引"之术。日久，竟有先知之明。一天，正在洞中静坐，忽觉好友王思舆等四人来访，已到五云门。即命仆人前往迎接，

说明某某等五人，从哪一条路走来，仆人依言迎去，果然接到。当把主人的话一一说明，王思舆等大为惊异！都说阳明已经得道了。阳明虽然也明白这种道术，不过簸弄精神，并非圣贤大道。但久坐洞中，过那清虚寂静的生活，益发起了个离世远去的心念。待要侧身逃入深山，却又忘不掉家中祖母和父亲，如此千回百转，决定不得，后来忽然大悟道："这爱亲的念头，从小生成，这个念头，可以去得，不是断灭种性了么？"

明年，阳明三十二岁，决意离开洞中，到杭州西湖养病，日渐健旺，依旧想出山用世。时常往来南屏、虎跑等名刹，见一和尚，坐关三年，口不说话，眼不观看。阳明走近前去，高声喝道："这和尚终日口巴巴说甚么？终日眼睁睁看甚么？"和尚闻声惊起，便举目凝看，开口说话。阳明问道："你有家么？"和尚道："家里老母还在。"阳明又问道："你还起念想到老母么？"和尚说："不能不起念。"阳明便将爱亲原来是我们人类本性的话，与和尚讲说一番。和尚感动天性，涕泣道谢。阳明再去，那和尚已出山去了。

十一、始授徒讲学
弘治十八年（1505），阳明三十四岁

弘治十七年，阳明三十三岁，仍到京师。巡按山东监察御史陆偁，特聘他做山东乡试考官。那一科取出的举人，后来都称重海内。考试完毕回京，改授兵部主事。自此阳明的学问，渐渐归向"理学"一路，把那学仙，学佛，学古诗、文辞的念头，一一拨开；目睹当时学者，大家溺于词章记诵，不知道从根本上去研究心身之学！还有一层，阳明在当时不敢公然说的，就是大家会做了八股文，便可致身青云，是他心理上最反对的。所以他在山东考试，叫士子对策，和学者说：这道"溺于词章记诵"。如此一

想，阳明的主张，显而易见了。因此在京里首先提倡，到处讲说，有些头脑清楚的听着，渐渐兴起，情愿投拜门下，恭执弟子之礼，阳明就索性授徒讲学。那时，师友之道久废，一班固执的士大夫都说，阳明立异好名。只有一位湛甘泉先生，名叫若水，广东增城人，原是白沙先生陈献章的高徒，讲究"主静"之学，正在翰林院里。阳明和他一见，大家志同道合，竟成知交，共约担任倡明圣贤哲理的责任！

十二、忤旨下狱

武宗正德元年（1506），阳明三十五岁

明朝自从正德皇帝入承大位，宠用太监马永成、谷大用、张永、罗祥、魏彬、邱聚、刘瑾、高凤等八人，个个命他执掌宫中大权。那班太监，费尽心思，造作许多巧伪的事，去引诱正德。从此正德日夜在宫中，不是击球、走马，便是放鹰、逐狗，荒荡淫乐，无所不为，把国家大事，尽行交付太监去办。其中刘瑾掌的是司礼监，权力最大，无恶不作。一班谏官，交章弹劾，宫中置之不问。大臣刘健、谢迁等也连本伏阙上疏，请诛八人。无奈正德被一班太监围困宫中，与诸大臣不得见。刘健、谢迁等没法，便上章求去，刘瑾趁势矫诏听从；又把其余怀恨诸臣，暗中害死，就此独揽朝纲。给事中刘蒍、吕翀，听得刘健、谢迁等一班刚直老臣，免官去位，朝里没有正人，国事益发不堪，连忙抗章请留，正德不听。南京戴铣、薄彦徽等许多科道官，听得正德如此胡为，也星夜连本奏上，说元老不可去位，太监不可任用。刘瑾闻奏，暗暗挑动正德发怒，正德果然下了一道诏书，把戴铣等一律提解到京，廷杖削籍，监禁天牢。那时，阳明正在兵部，目睹老臣去国，直士受困，怎好畏祸不救，便草草上奏，请复戴铣等原官，照旧供职。刘瑾大怒，立刻矫诏拿问，廷杖四十。阳明随时气绝，停了好久，才渐渐醒来，又传旨押到

锦衣狱中，从严监禁。

　　阳明押到狱中，正值隆冬天气，北京地方已是非炉不暖，那狱中墙高檐接，日月无光，格外阴寒，平日劳苦多病，又新带一身杖疮，肉体上的苦痛，是不必说。若论精神方面，自己满腔忠直，反被小人羞辱，不但丧尽体面，从此群小用事，大明天下，哪堪设想。照此说来，阳明落到这种境地，内忧外伤，一时齐奏，是万无生理的了。谁知阳明到得狱中，起初虽然不能安眠，究竟养心功深，自有主宰，天天对着一部《易经》，研究我们中国最古的哲学；有时看看那牢狱的建筑，想想那阳明洞的风月，以及屋罅里的月光，墙壁里的大鼠，都收做诗料，在这幽室之中，歌咏度日。

十三、佯狂避祸

正德二年（1507），阳明三十六岁

　　阳明因禁狱中，不觉冬尽春回，外边气候虽然大变，监里却是无冬无夏。他依旧玩易咏诗，一班同志常来探望，阳明和他们讲道论学，毫没有那种忧愁悲苦的罪犯样儿。一天，有诏书下来，把阳明贬谪到贵州省修文县龙场地方，去做个小小驿丞。

　　阳明当日奉旨出得监来，领了文书，带些银两，准备出京，友人都来送行，赋诗赠答，极为缱绻。看他诗中的意思，虽免不了离别家国，远投蛮荒的苦趣，独有提倡中国古代圣贤哲理一层，心肠热烈，一刻不忘，所以向同道的一再嘱托。出得京城，一路南行。太监刘瑾，知道阳明是当代数一数二的一个名士，性情又公正不屈，而且世代簪缨，广有交游，将来万一得势，那还了得。看他廷杖不死，监禁又不死，怕他贬到边方，或者也不至于死，便打定主意，密派几名心腹刺客，随后追跟，就便行事，结果了性命，好断绝后患！偏遇阳明，聪明绝世，知道刘瑾惯用这等暗杀手段，当年司礼中官王岳，刚直嫉邪，恼动刘瑾，发充南京净水军，派人半路追杀，便是个前车之鉴，暗想我这番南去，他如何肯轻轻放过。因此一路之上，小心提防，那班刺客，一来不得其便，二来知道阳明武艺来得，怎敢造次动手。

如此一面南进，一面追跟，行到浙江钱塘江边，在常人心里，必定以为已到家乡稳可无事，尽好放心行宿。偏偏阳明的识见，高出常人，料定必有人追他，又料定我越近家乡，那追我的人，心里越是发急，旱道之上，可以曲折躲避，到此江岸，是有一定渡口，倘若错过这最后机会，待我渡过江去，益发不易行事，奉命而来，怎好空手而回？非舍命追寻、出手硬做不可。想到这里，阳明益觉危险，便站在江岸，四野里看个仔细，不见一人，急把衣冠除下，随手取出纸笔，胡乱写了一首投江自尽的绝命诗，和衣冠一起，安放江岸，急忙从斜刺里钻入路草丛中，蛇行而遁。不一刻，那班刺客，果然追到，狂奔大索，不见阳明踪迹，大家慌做一团。有个眼快的，瞧见江岸一堆衣冠，认得是阳明之物，并且有诗为证。这班粗鲁的人，哪里会透进一层着想。大家确信阳明投江自尽，没有疑义，便收拾衣冠、诗稿，回京复命去了。

阳明在芦苇中钻行一程，恰巧一只商船，从江上驶将下来，乃高声喊住，搭上商船。起初，监禁狱中，只指望赦归田里，安居阳明洞中，躬耕养亲，苟全性命；及今奉诏谪赴龙场，自想这等荒烟蛮瘴的边方，去了必无生理，决计抱定出世主义，浪游名山，寻访异人。当日那船乘风破浪的出了钱塘江口，在大海中驶行一程，停泊舟山群岛，阳明上去盘桓一番。回船再行，忽然飓风大作，那船随风飘动，做不得主，如此一天一夜，船才近岸。上去问时，已是福建地方，阳明舍去热闹城市，径向武夷山中走来，行了几十里路程，天色已晚，见山中有座寺院，上前叩问求宿。寺里和尚，开门看时，见他背囊沉重，料定有些银两，暗想临近有座野庙，是个老虎窝儿，我不留他，别无去处，定到野庙投宿，落了虎口，那背囊里的银两，是我稳得的了！想罢，竟闭门不纳。阳明没法，翻身便走，果然着了那和尚的道儿！阳明寻到野庙，困乏已极，便倚着香案，沉沉睡去，刚到夜半，忽闻廊下大吼一声，山鸣谷应，林木飕飕作响！阳明张目看时，廊下一只斑毛大虎，绕着回廊，只是发吼，却不进来。阳明暗想，我阳明子历尽艰险，那生死问题，看得稀松，你要吃便吃，大命所在，决难勉强，依旧闭目静睡。

　　次早，那和尚欣然走来，准备来取这笔意外之财，踏进庙门，往里一张，那昨夜投宿之人，倚着香案，安然熟睡，不觉大吃一惊！上前唤醒，叹口气道："公真非常人哪！要不是那样！入了虎穴！哪里便会没事呢！"说罢，叩问姓名。阳明说出来历，和尚惊叹不止，遂请到寺中，竭诚款待，并引入内室，见一异人。礼毕，异人抽出一诗。阳明看时，中有两句道："二十年前曾见君，今来消息我先闻！"读到这里，顿时回想到当年江西铁柱观所遇道士，恍然大悟。便与异人道："目下朝廷阉官当国，正人君子，个个遁世，我也决意匿迹深山，不愿奉诏了。"异人正色道："这样做去，必有大祸。你父亲在南京做礼部尚书时，也曾得罪刘瑾，弄到免官归去；加上你在京里那番举动，一门怨毒，深到极处。路上假托投江，瞒得刘瑾的刺客，恐未必瞒得刘瑾；也许刘瑾确信你投江，却信不得你必死；便捉拿你父亲，诬他个纵子远遁，抗违圣旨的罪状，便怎样应付？此祸还小，你名重朝野，如果从此匿迹，也许有那不逞之徒，假托你的名儿，出来鼓动人心号召。党羽干起叛逆的举动，那时朝廷寻究汝家，不到灭门赤族，怎肯罢休？所以今日的事，为祸为福，全在你这一出一入哩。"阳明听罢，深然异人之言，决定回越省亲，然后到驿，便提起笔来，高咏一律，题在壁上道：

> 肩舆飞度万峰云，回首沧波月下闻。
>
> 海上真为沧水使，山中又拜武夷君。
>
> 溪流九曲初谙路，精舍千年始及门。
>
> 归去高堂慰垂白，细探更拟在春分。

阳明当日别了异人，从武夷山而回。十二月里，才拜别亲友，收拾起行，直向贵州进发，一路之上，遍游名胜，饱看山水，遇着学者前来请益，随地讲说圣学。无奈那时士林中积习已深，一班学者，大都慕着阳明的大名，借着问学做进见之路，听些话头，出来装个幌子，实在真心感发的，百无一二。只有他的妹婿徐爱，闻道兴起，所以后来很深明阳明学说。

武夷山拜见异人一回事，照阳明门人钱德洪所著《年谱》演述。倘使拿湛甘泉所撰的《阳明先生墓志铭》细细一看，就知道这些怪异的事，完全为避世之计，凭空虚造。

湛甘泉《阳明先生墓志铭》中有一段道：

> 人或告曰：阳明公至浙，沉于江矣，至福建始起矣。登鼓山之诗曰："海上真为沧水使，山中又拜武夷君"，有征矣。甘泉子闻之，笑曰："此佯狂避世也。"故为之作诗，有云："佯狂欲浮海，说梦痴人前。"及后数年，会于滁，乃吐实。彼夸虚执有以为神奇者，乌足以知公志哉！

甘泉子和阳明子的交情极深，自然见得到阳明的用意；阳明处世，虽然很有用权的地方，断不肯欺骗道义之友，所以拿实情相告；甘泉子又极不愿世人相信阳明有这些虚伪神怪之事，所以特地替他表明。这是我们应该注意的。

十四、谪居龙场

正德三年（1508），阳明三十七岁

阳明在路，辛苦数月，到得贵州，自处逐臣地位，所有上司，一概不敢拜见，径去寻访龙场地方。那龙场在贵州西北万山之中，满地荆棘，是

个蛇虺、魍魉、蛊毒、瘴疬的世界，山谷洞溪里面住的都是苗民，面上雕着花，言语和鸟鸣一般，身披兽皮，俗重鬼巫。间或有些中土人氏，却多是亡命之徒。莫说那衣冠、宫室、文仪、揖让，种种文化，一点没有，连草屋都不见一所，依旧像个洪荒世界、太古时代。那刘瑾断送阳明到此死地，料他万无生还的了。

从前汉官看待苗民，常把他当做野兽，因此苗、汉两族，意见很深，有时苗民反抗，汉官就带兵入去，不知抚化，一味放火收捕，肆行杀伤，所以苗民一见汉官，如同仇敌；新官到任，更大家到蛊神面前，虔诚占卜，兆象不好，便放出蛊来，害他性命。当日阳明到得龙场，苗民闻信，又去叩问蛊神，亏得阳明侥幸，蛊神不协，苗民才慢慢走来亲附。苗民见阳明带着仆从、行李，休息在草树之中，还没有安身所在，便到山的东峰，找个石洞，请阳明安顿在内，老的、少的，常常闲着走来玩耍，见阳明待他们和爱温恭，个个欢喜。阳明本来是个研究"心学"的大家，就趁此观察苗民的性情，知他们同是人类，同具至性，而且那种质朴诚实的态度，断不是机械变诈的文明人类能够学到！因此住在蛮乡，反较京华快活起来，便兴了个开发文化的念头。

石洞里面，阴湿异常，阳明居住不得，遂亲自率同苗民，寻些粘土，教他们做成土坯，烧窑制砖，伐木架屋，造成一所房子，外面种些松竹卉药，里面分起堂阶奥室，把带来的琴编图史，陈列得整整齐齐，起个名儿叫做"何陋轩"。这一来，不但苗民看得有趣，连远方的学者也都走来瞻仰。后来苗民欢喜，益发逐渐兴工，在附近建筑了许多屋宇，叫什么"君子亭"啦、"宾阳堂"啦、"玩易窝"啦，阳明一一详记其事。龙场地方，得有文化，自此为始。

那时刘瑾在京，看见贵州长官，奏阳明已经到驿，心中恨恨不已。阳明也料定他放心不下，自思得失荣辱，都能超脱，只有生死一念，还觉不能化除。就寻块大石，琢成石椁，发誓道："吾惟俟命而已"，日夜端坐，澄心默想，深究"静一"功夫。如此好久，觉得胸中快活自然。随身三个仆从，哪里有主人的功夫，辛苦数月，到此蛮荒，风土不合，个个卧病不起。阳明亲自斩柴、取水、煮粥、烧汤，服侍仆从；又怕他们胸中忧闷不快，便在旁唱歌、咏诗，无奈他们懂不得诗歌，依然不悦；就改唱浙江的小调、杂曲，说些古今笑话，逗他们欢乐忘忧，果然疾病渐去，忧思念消。阳明因此叹道：这等境地，叫圣人处此，也就没得说了！

阳明在这难患之中，依旧静默思道，一心要参透那大学上"格物"之说，不但日里思索，连睡梦中都在那里着想。一天，睡到半夜，忽然大呼大跳起来，把左右仆从，一齐惊醒。原来阳明经过好骑射、好任侠、好辞章、好神仙、好佛氏等变迁，到此居夷处困，胸中完全大中至正，才能够把这"格物"之说，悟个彻底，当下心中恍然道：

是了！是了！圣人之道，从我们自己的心中求去，完全满足。从前枝枝节节的去推求事物的原理，真是大误，哪知"格"就是"正"的意思，正其不正，便归于正心以外没有"物"，心上发一念孝亲便是"物"。浅近说来：人能"为善去恶"，就是"格物功夫"；"物格"而后"致知"，"知"是心的本体，心自然会"知"。见父知孝，见兄知弟，见孺子入井，自然知恻隐，这便是"良知"，不假外求。倘若"良知"勃发，更没有私意障碍，就可以充足他的恻隐之心，恻隐之心充足到极点，就是"仁"了。在常人不能够每有私意障碍，所以要用"致知格物"一段功夫，去胜私复"理"。到心的"良知"没有障碍，能够充塞流行，便是"致知"。"致知"就"意诚"了。把心这样推上去，可以直到"治国""平天下"。

阳明想到这里，胸中爽快异常，乐得在睡梦中大跳大呼起来。随即又把五经里各种学说，一一会合证明，处处贯通。阳明的哲学根据，从此立定；以后对着学者讲，只发挥"致良知"三个字。他说："我们成天到晚把这'致良知'三个字，常常念着，所作所为，就没有不从良知上发现的了。"

驿丞官小俸微，龙场地方，又感贫苦；苗民虽然爱戴，却没有余力能够前来供养。所以阳明居此，弄得时时绝粮断炊，他自己打着个"君子固穷"的主义，自然不动声色；那些仆从，挨饿不过，就形状难堪了。阳明没法，出去画块山中平坦地土，觉得肥厚可种，办些农具，亲率仆从，打算耕种度日。无奈一片荆棘，没法下手，他也学着苗民，在山原上放起火来，烧成一片焦土，然后翻土下种，这叫做"火耕"，一来那蓁莽荆棘、毒蛇害虫，省得斩伐驱除；二来还可借它的灰烬，充做肥料。当日仿习起来，果然稑稷丰登，蔬蓏甘美，不但主仆们饱食有余，还可借此提倡农政。

阳明在龙场开辟荒秽，大启文明，声名一天大似一天，四方有志之士，多有不辞劳苦，远来请益的。那日，正和许多苗民闲话，忽报思州太守差人来驿，阳明命他进见。那班差人竟大模大样踱进里面，把阳明全不放在眼里。苗民见着，已觉不悦。差人进来回话，骄慢不堪，竟当堂把阳明羞辱起来。苗民一听，比羞辱自己还觉难受，恼动性子，发一声喊，围住思州公差，打个结实。那公差舍命奔窜而回，禀明太守，说阳明率同苗民，有意侮辱本府。太守听罢，拍案大怒，立刻面禀副宪毛应奎，定要严治阳明侮辱公差之罪。亏得毛副宪心重贤士，当下竭力劝解，一面命太守回府，一面派人到龙场晓谕祸福，令阳明亲到太守府谢罪。这样的和事老，也就不易相遇了。谁知阳明主见，全重在气节，立刻提起笔来，修书一封，回复毛公道：

　　昨承遣人喻以祸福利害，且令勉赴太府请谢，此非道谊深情，决不至此，感激之至，言无可容。但差人至龙场陵侮，此自差人挟势擅威，非太府使之也。龙场诸夷与之争斗，此自诸夷愤恨不平，亦非某使之也。然则太府固未尝辱某，某亦未尝傲太府，何所得罪而遽请谢乎？跪拜之礼，亦小官常分，不足以为辱，然亦不当无故而行之。不当行而行，与当行而不行，其为取辱一也。废逐小臣，所守以待死者，忠信礼义而已，又弃此而不守，祸莫大焉。凡祸福利害之说，某亦尝讲之。君子以忠信为利，礼义为福。苟忠信礼义之不存，虽禄之万钟，爵以王侯之贵，君子犹谓之祸与害；如其忠信礼义之所在，虽剖心碎首，君子利而行之，自以为福也，况于流离窜逐之微乎？某之居此，盖瘴疠蛊毒之与处，魑魅魍魉之与游，日有三死焉；然而居之泰然，未尝以动其中者，诚知生死之有命，不以一朝之患，而忘其终身之忧也。太府苟欲加害，而在我诚有以取之，则不可谓无憾；使吾无有以取之而横罹焉，则亦瘴疠而已尔，蛊毒而已尔，魑魅魍魉而已尔，吾岂以是动吾心哉？执事之谕，虽有所不敢承，然因是而益知所以自励，不敢苟有所隳堕，则某也受教多矣，敢不顿首以谢。

毛公得书，阅毕，即付与思州太守观看。太守读罢，顿时惭服。宣慰使安公，深慕阳明为人，特差人前来，供给使用，馈送来米、肉，一连又送金帛、鞍马过来。阳明只受了两石米和些柴炭鸡鹅，其余一概璧还。后来安宣慰为着"减驿"以及"酋长阿贾阿扎叛乱宋氏"诸事，阳明一一替他说明利害，才得保安眼前，提防后患，这也是安宣慰能够给交正人的好处。

十五、初讲"知行合一"

正德四年（1509），阳明三十八岁

阳明自从彻悟《大学》"致知格物"之说，到此便下一句直捷痛快的话，去教人实践，就是"知行合一"四个字。他常对学者说：

知者行之始，行者知之成，圣学只一个功夫，知行不可分作两事。

后来和徐爱的问答，说得最为明白，录在下面：

徐爱因未会先生"知行合一"之训，决于先生。先生曰："试举看。"爱曰："如今人已知父当孝、兄当弟矣，乃不能孝弟，'知'与'行'分明是两回事？"先生曰："此被私欲隔断了，非本体也。圣贤教人'知行'，正是要人'复本体'。故《大学》指出'知行'以示人，曰：'如好好色，如恶恶臭。'夫见好色属'知'，好好色属'行'，只见色时已是好矣，非见后而始立心去好也；闻恶臭属'知'，恶恶臭属'行'，只闻臭时已是恶矣，非闻后而始立心去恶也。又如称某人知孝，某人知弟，必其人已曾行孝、行弟，方可称他知孝、知弟，此便是'知行'之本体。"爱曰："古人分'知''行'为二，恐是要人用工有分晓否？"先生曰："此正失却古人宗旨。某尝说：'知是行之主意，行实知之功夫；知是行之始，行实知之成'，已可理会矣。古人立言，所以分'知''行'为二者，缘世间有一种人，懵懵然任意去做，全不解思维省察，是之为冥行妄作，所以必说'知'而后'行'无谬；又有一种人，茫茫然悬空去思索，全不肯着实躬行，是之为揣摸影响，所以必说'行'而后'知'始真，此是古人不得已之教。若见得时，一言足矣。今人却以为必先'知'，然后能'行'，且讲习讨论以求'知'，俟'知'得真时，方去行，故遂终身不行，亦遂终身不知，某今说'知行合一'，使学者自求本体，庶无支离决裂之病。"

一天，贵州提督学政席元山，亲到龙场，拜见阳明，请问朱陆异同之辨。阳明却不和他说朱陆之学，只告诉自己所悟的"致知格物"之说，席公怀疑而去。明日，席公又来，阳明举出上面所讲的知行本体，并且拿五经诸子各种学说，一一证明。席公渐渐有些省悟。如此来往请问了三四次，席公恍然大悟，叹道："圣人之学，重见今日，那朱陆同异，无需辩说，我们只要从自己的性中去求，明明白白了。"便约着副宪毛应奎，修葺贵阳书院，亲率贵阳诸生，恭执弟子之礼，拜阳明为师。自此阳明常到书院讲学，不但兴起贵州士风，连苗民都大受开化。

十六、升治庐陵

正德五年（1510），阳明三十九岁

那年春天，阳明升授江西吉安府庐陵县知县。临行之时，贵州许多学者，和龙场的苗民，自有一番依恋，不必细表。一路北行，经过湖南常德、辰州，门人冀元亨、蒋信、刘观时等，都来拜见，谈到孔子哲学，个个大有成就，阳明大喜。因住在寺院里，再教他们"静坐"，使自悟性体。后来又寄书说明这"静坐"："并非要坐禅入定，因为我们终日被事物纷拏，到得暇时，静坐一会，把放心收拢起来，心身上才有进步。"那冀元亨是阳明门下一位研究很深、气节很著的学者，一生学问，就在此番得力不少。

阳明一路游览，一路讲学，直到三月里，才入庐陵，接印任事。说到这里，要请读者注意：阳明自此以后，凡治民政、治军政，以及一言一动，没有不根据他的"良知哲学"的。也可以说：阳明从三十九岁以后的事功，都是这"良知哲学"演成的，却不要把他的事功和学术，看做两事。"知行合一"，阳明是躬行实践的。

湛甘泉说：阳明在庐陵，卧治六月，百务具理。其实阳明在庐陵任上，哪里偷闲一天。不过他的治民政策，专意开导人心，不像他人那种妄肆刑威，外面闹得落花流水，好像勤于政事，里面反扰乱民情，滋生事端。看他一到任所，先把里役一个个分头传来，详细盘问，把乡里人户，谁富谁贫、谁奸谁良，考察得清清楚楚。众百姓前来告状，把状子一齐收好，不即开庭审理，先查考明朝旧制，慎选里正三老，大家围坐申明亭上，传齐投告民众，分付各乡里正三老，各自委曲劝论，个个悔悟息讼，多有涕泣而归的，从此监犯日空；又时时张贴告示，劝慰父老，叫他们督教子弟，不许游荡邪放；户口繁盛地方，举办"火政"，保护安宁，立起保甲，杜绝盗贼，真把个庐陵县治得家家安乐，人人歌功。

那年八月，太监刘瑾，暗中谋反。大臣杨一清撺掇太监张永，面奏正德。正德大怒，诛戮刘瑾，抄没家财，有诏下来，命阳明入京觐见。十一月里，阳明到京，寓居大兴隆寺。后军都督府都事黄绾，慕名请见，和阳明谈起孔孟之学。阳明喜道："孔孟之学，断绝已久，你从哪里闻来？"黄绾道："虽然粗有志愿，实未用功。"阳明道："为人最怕是没有志向，不怕不能成功。"从此黄绾钦仰阳明，也执贽拜入门下，到了十二月，阳明升授南京刑部主事，曾和黄绾、应良等，论实践功夫，中有几句精意道：

> 圣人之心如明镜，纤翳自无所容，自不消磨刮。若常人之心，如斑垢驳蚀之镜，须痛刮磨一番，尽去驳蚀，然后纤尘即见，才拂便去，亦不消费力。到此已是识得仁体矣。若驳蚀未去，其间固自有一点明处，尘埃之落，固亦见得，才拂便去。至于堆积于驳蚀之上，终弗之能见也。此学利困勉之所由异，幸勿以为难而疑之也。凡人情好易而恶难，其间亦自有私意习气缠蔽，在识破后，自然不见其难矣。古之人至有出万死而乐为之者，亦见得耳。向时未见得里面意思，此功夫日无可讲处。今已见此一层，却恐好易恶难，便流入禅释去也。

十七、论朱陆异同

正德六年（1511），阳明四十岁

阳明从上年十二月升授南京刑部主事，到今年正月，改调吏部主事，留居北京。他一身拿治学问做第一件大事，而且他的治学态度，和当时学者不同，因为自己能够特具一种见识，无论哪一家学说，定要拿出自己的真识见研究，断不肯偏信一家，也不肯对于当时人所崇奉的学说，绝对不怀疑。所以能够卓然独立，自成一家。

中国当南宋时代，有两位大儒，并生南方，一个叫做朱熹，一个叫做陆九渊。朱子主张"道问学"，陆子主张"尊德性"；朱子主"敬"，陆子主"静"。两家门弟子，不把师门精义，切实发挥，竟各分门户，纷纷是朱非陆、是陆非朱，闹个不休，到得今日，还听见这种论调，徒费笔舌，毫无实益。在阳明时代，世人多有说他祖护陆子，其实阳明还是本自己的真识见去采用两家精华，成就自己学说，并没有什么偏袒。不过当时学者，偏信朱子已久，似乎不好提到陆子，倘若偶尔提及，就要说他是陆子的信徒，这都是学者先存主观，遂犯这个病根。

那时有个王与庵，读了陆子的书，心中颇觉契合；还有一位徐成之，是专信朱子学说的。两下因此辩论起来，不得解决，徐成之便写信请问阳明，阳明覆他一封信道：

> ……是朱非陆，天下之论定久矣，久则难变也。虽微吾兄之争，与庵亦岂能遽行其说乎？……今二兄之论，乃若出于求胜者，求胜则是动于气也。动于气，则于义理之正，何啻千里，而又何是非之论乎？……昔者子思之论学，盖不下千百言，而括之以"尊德性而道问学"之一语。即如二兄之辩，一以"尊德性"为主，一以"道问学"为事，则是二者固皆未免于一偏，而是非之论，尚未有所定也，乌得各持一是，而遽以相非为乎？……夫论学而务以求胜，岂所谓"尊德性"乎？岂所谓"道问学"乎？……姑务养心息辩，毋遽。

细看信中，实含有两种意思：第一种，教治学问的，先要涵养自己德性，断不可弃实务名，去纷纷议论古人学说的是非；第二种，是说朱陆各有精华，学者应当采取精华，去成就自己学问。倘哪一家学说里确有短处，他自然会淘汰，学者反去提出，便觉多事。当下徐成之读了阳明覆信，倒说阳明漫为含糊两解，好像暗中帮助王与庵似的，便再写信去责问阳明。阳明又覆他一信道：

> ……仆尝以为君子论事，当先去其"有我"之私。一动于"有我"，

则此心已陷于邪僻，虽所论尽合于理，既已亡其本矣。……

与庵是象山，而谓其专以"尊德性"为主。今观《象山文集》所载，未尝不教其徒"读书穷理"，而自谓理会文字，颇与人异者，则其意实欲体之于身。其亟所称述以诲人者，曰"居处恭，执事敬，与人忠"，曰"克己复礼"，曰"万物皆备于我，反身而诚，乐莫大焉"，曰"学问之道无他，求其放心而已"，曰"先立乎其大者，而小者不能夺"。是数言者，孔子、孟轲之言也，乌在其为空虚者哉？独其"易简""觉悟"之说，颇为当时所疑。然"易简"之说，出于《系辞》；"觉悟"之说，虽有同于释氏，然释氏之说，亦自有同于吾儒而不害其为异者，惟在于几微毫忽之间而已。亦何必讳于其同，而遂不敢以言；狃于其异，而遂不以察之乎？是与庵之是象山，固犹未尽其所以是也。

吾兄是晦庵，而谓其专以"道问学"为事。然晦庵之言曰"居敬穷理"，曰"非存心无以致知"，曰"君子之心，常存敬畏，虽不见闻，亦不敢忽，所以存天理之本然，而不使离于须臾之顷也"。是其为言，虽未尽莹，亦何尝不以"尊德性"为事，而又乌在其为支离乎？独其平日汲汲于训解，虽韩文、楚辞、阴符、参同之属，亦必于之注释考辩，而论者遂疑玩物。又其心虑恐学者之躐等，而或失之于妄作，必先之以"格致"而无不明，然后有以实之于诚正而无所谬。世之学者，挂一漏万，求之愈烦，而失之愈远，至有弊力终身，苦其难而卒无所入，而遂议其支离，不知此乃后世学者之弊，而当时晦庵之自为，则亦岂至是乎？是吾兄之是晦庵，固犹未尽所以是也。

夫二兄之所信而是者，既未尽其所以是，则其所疑而非者，亦岂必尽其所以非乎？……夫君子之论学，要在得之于心，众皆以为是，苟求之于心而为会焉，未敢以为是也；众皆以为非，苟求之于心而有契焉，未敢以为非也。心也者，吾所得之于天之理也，无间于天人，无分于古今，苟尽吾心以求焉，则不中不远矣。学也者，求以尽吾心者也，也是故"尊德性而道问学"，尊者，尊此者也；学者，学此者也。不得于心，而惟外信于人以为学，乌在其为学也已？……

夫学术者，今古圣贤之学术，天下之所公共，非吾三人所私有也。天下之学术，当为天下公言之，而独为与庵也哉！……

看他第二封信，不但第一封信里的两种意思，表得明明白白；不但徐王二人没有探索到朱陆根源，徒为意气之争，益发可以征明阳明治学的态度。这种治学的态度，在中国从前的学者里面，很少很少，在今日一班学者，大可取法。他以学术为公，只知道求之于心，不问他朱子陆子，连当时学者所讳言的佛学，也倡言吸收，门户之见、教派之分，一律打破。在这专制时代，又范围在这朱子势力圈内，又处这士习顽固的环境，他公然发表这种言论，晴天霹雳！胆子多么大啊！

那年二月，阳明做会试同考官。吏部郎中方献夫，位在阳明之上，听得阳明论学，深自感悔，遂执贽投拜门下。又在京师和湛若水、黄绾三人，订终身之盟。三人办公余暇，必会在一起，讲论圣贤哲学。

十八、与徐爱论学

正德七年（1512），阳明四十一岁

三月，阳明升做考功郎中；十二月，又升授南京大仆寺少卿。海内学者，都闻风兴起，同来投拜门下，有穆孔晖、顾应祥、郑一初、方献科、王道、梁毂、万潮、陈鼎、唐鹏、路迎、孙瑚、魏廷霖、萧鸣凤、林达、陈洸、应良、朱节、蔡宗兖、徐爱一班。阳明出京时候，却巧徐爱也以祁州考满进京，升授南京工部员外郎，便与阳明同舟南下，便道归省。一路之上，徐爱请问《大学》"在亲民""知止而后有定"和阳明所讲"至善只求诸心"许多问题。阳明一一和他解释，徐爱听得踊跃痛快，如狂如醉。

这几条问答，都载在《传习录》卷首。所以后来徐爱说："先生之学，为孔门嫡传，舍此皆傍溪小径，断港绝河了。"

十九、遨游山水
正德八年（1513），阳明四十二岁

　　阳明治学，有两种得力的境界。第一种是静坐，便在这静中，收起放心，冥思默想，参悟不少；第二种是游历，便在这山水中，开拓胸襟，放大眼光，也启发不少。那年疏请省亲，给假回越，二月到家，便约同徐爱，要出游天台、雁荡，一时被亲戚绊住。到五月终，才从上虞直到四明，游观白水、龙溪、杖锡、雪窦、千丈岩诸名胜，打算从奉化取道赤城，一路游去。却值天久不雨，见那山田，干得憔悴可怜，阳明心中，大为不忍，便从宁波回归余姚。一路之上，讲道论学，不但自己别有感觉，连徐爱等一班从游之士，都大受点化。

　　到了十月，阳明往安徽滁州，督理马政。事简官闲，滁州地方，又山水佳胜，便日与门人遨游琅琊、瀼泉之间。每到月下，从者数百，环坐龙潭，大家唱歌取乐，声振山谷。门弟子随地请问，阳明随问答解，个个踊跃鼓舞，连一班老师宿儒，都来聚会，从游之众，滁州为始。有个门人叫做孟源的，也学着静坐，哪知才坐下去，各种思虑便纷纷杂集，竭力凝神扼制，无奈此念一去，彼念又来，禁止不得，便来请问。阳明教他"不要把思虑勉强禁制，只就思虑萌动处省察克治"。又有个刘易仲，从湖南辰州，远来滁阳，侍候多时，还没通过来意。一天，候着机会，上去请问阳明道："先生和我说了罢？"阳明答道："哑子吃苦瓜，与你说不得，尔要知我苦，还须尔自吃。"易仲听罢，点头大悟。

二十、警诫学者

正德九年（1514），阳明四十三岁

阳明在滁七月，升授南京鸿胪寺卿。临行之时，滁州许多门人故友，直送到乌衣渡，还依依不舍。大家留居江浦，候阳明渡江。阳明因赋诗道：

滁之水，入江流，江潮日复来滁州。

相思若潮水，往来何时休？

空相思，亦何益？

欲慰相思情，不如崇令德。

掘地见泉水，随处无弗得。

何必驱驰为，千里远相即？

君不见，尧羹与舜墙？又不见，孔与跖，对面不相识？

逆旅主人多殷勤，出门转盼成路人！

阳明一班门人故友，读了这诗，大家各各回去，努力自修。阳明渡过江来，入了南京，门人徐爱，也在南都，又有黄宗明、薛侃、马明衡、陆澄、季本、许相卿、王激、诸偁、林达、张寰、唐愈贤、饶文璧、刘观时、郑骝、周积、郭庆、栾惠、刘晓、何鳌、陈杰、杨杓、白说、彭一之、朱箴一班门人，同聚师门，朝夜磨砺，一刻不懈。一天，有个客人对阳明道及滁州一班学者，近来多放言论，渐渐违背先生之教。阳明叹道："这几年来，我为着士林风习卑污，才引接他们向高明一路走去，矫正现时弊风，乃知今日学者，渐渐流入空虚上去，好倡脱落新奇的议论，我也知自悔了。"因此阳明在南都论学，只教学者"存天理""去人欲"，做那省察克治的实功。

门人中王嘉秀、萧惠二人，好谈仙佛。阳明警诫二人道："我幼时研究圣学不得，也会去学仙学佛，后困居龙场，得见圣人端绪，大悔错用功二十年。释老之学，他的好处，与圣人只有毫厘之间，所以很不容易辨明。只有笃志圣学的人，才能够究析他的隐微，断不是靠着个人臆测，能够及到的呀！"

二十一、留居京师
正德十年（1515），阳明四十四岁

　　阳明在这几年中，他的志愿，只想去官南归，在天台、雁荡之间，结个茅庐，一心和学者倡明孔孟哲学。他讲习的主义，越说越简，到此只讲"良知"两字。正月进京，便上疏乞休，朝廷不允；八月上疏乞归养病，又不允；他祖母岑太夫人，年已九十六岁，阳明日夜想回去省亲，无奈朝命难违。所以在六月里，先命他兄弟守文南下，临行之时，阳明握手相送，高声歌道：

> 尔来我心喜，尔去我心悲！
>
> 不为倚门念，吾宁舍尔归。
>
> 长途正炎暑，尔行慎兴居。
>
> 凉茗勿频啜，节食但无饥。
>
> 勿出船旁立，勿登岸上嬉。
>
> 收心每澄坐，适意时观书。
>
> 申洪[1]皆冥顽，不足长嗔答。
>
> 见人勿多说，慎默真如愚。
>
> 接人莫轻率，忠信持谦卑。
>
> 从来为己学，慎独乃其基。

---

[1]　阳明的两个仆从。

纷纷多嗜欲，尔病还尔知。

到家良足乐，怡颜报重闱。

昨秋童蒙去，今夏成人归。

长者爱尔敬，少者悦尔慈。

亲朋称啧啧，美尔能若兹。

信哉学问功，所贵在得师。

吾匪崇外饰，欲尔沽名为。

望尔日惴惴，圣贤以为期。

九兄及印弟，诵此共勉之。

二十二、巡抚南赣
正德十一年（1516），阳明四十五岁

　　江西南赣地方，东接福建，南连广东，西邻湖南，是四省要区；而且山险林深，盗贼最易盘踞，四出窥伺劫掠，大为地方之害。从前，陈金、俞谏等，先后领兵前往搜讨，未能尽捣巢穴，官兵去后，他们依旧啸聚横行。横水、左溪、桶冈，有个大贼首叫做谢志珊；上中下三浰头，有个大贼首叫做池仲容，都聚众称王，劫掠府县。大庾贼首陈曰能，大帽山贼首詹师富，又互通声气，遥相应合。于是江西、福建、广东、湖广交界一千多里地方，遍处是贼，声势浩大。不但府县个个听命于贼，连江西巡抚文森，也束手无策，托疾避去。朝廷闻知，大为震恐。兵部尚书王琼，知阳明才堪大用，一力保奏。朝旨下来，升授阳明为都察院左佥都御史，巡抚南、赣、汀、漳等处，阳明上疏恳辞，朝廷不允，督旨益严，阳明受命南下。当时大臣中就有人说："阳明此番前去，必定立功。"也知他的学养功夫，已到火候了。

二十三、江西平寇

正德十二年（1517），阳明四十六岁

阳明一路进发，行到江西吉安府万安县地方，忽报流贼数百，沿途劫掠，商船不敢前进。阳明下令联合商船，结成阵势，扬旗鸣鼓，准备开战。流贼瞧见官兵声势利害，一齐拜伏岸上，大呼道："饥荒流民，乞求赈济。"阳明把船停泊岸傍，差人晓谕贼众道："本院到得南赣，即便差官前来，抚插尔等，尔等各安生理，毋得作歹为非，自取杀戮。"流贼听罢，个个怕惧，一齐散归。行到正月十六日，才入南赣，告示开府。阳明暗暗打听，知道赣州人民，多数是山贼耳目，官府举动，还未做出，山贼已先得知。衙门里有个老隶，最为奸滑。阳明侦探着实，出其不意，把他传进卧室，厉声喝道："事到如今，只有生死两路，听你的便罢？"老隶情知奸情败露，抵赖不过，只得一一实说，叩头免死。阳明转打了个利用他的主意，仍旧声色俱厉的说道："今日赦你一死，以后得知贼情，不许隐瞒，倘有报告不实，便难活命。"老隶叩头退出。

阳明要杜绝盗贼踪迹，先编十家牌法：使十家为一牌，详开各户籍贯、姓名、年貌、行业，日轮一家，沿门按牌查察，一遇面生可疑之人，立刻报告审问，倘有隐匿，十家连坐；一面告谕父老子弟，务要父慈、子孝、兄爱、弟敬、夫和、妇随、长惠、幼顺，小心以奉官法，勤谨以办国课，恭俭以守家业，谦和以爱乡里，心要平恕，毋得轻易忿争，事要含忍，毋得辄兴词讼，见善互相劝勉，有恶互相惩诫，务兴礼让之风，以成敦厚之俗。这是阳明第一件正本清源的办法。

第二件，要去平寇，须练兵。从前赣南一带，每闻盗贼猖獗，就会奏请调土军狼达，往返费时，糜费钱粮，待得兵集举事，盗贼已经退居山谷，一个不见，打听得官兵班师，他又四出骚扰。如此日积月累下去，不但屡失机宜，反大张盗贼气焰。当下阳明细细一想，这临时调兵和长期屯兵两种办法，都极不妥，非选练民兵，断难收功。即暗暗传知四省兵备官，从各属弩手、打手、机快等项，挑选骁勇绝伦、胆力出众的，每县多或十余名，少或八九名，合计江西、福建二兵备，大约各五六百名，广东、湖南二兵备，大约各四五百名，中间倘有魁杰出众的，多给粮饷，升做将领，把南赣兵备做大本营，自行编选，其余四兵备官，从每县原额数内拣选可用兵士，酌留三分之二，委该县贤能官统练，专门守城防隘，余下一分，拣选疲弱不堪的，豁免差役，只出工食，追解该道，以益募赏。所募精兵，专随各兵备官屯扎，另行选官，分队统带，认真教习。如此一来，各县屯戍的兵，足以护守防截。兵备召募的兵，可以应变出奇。

阳明布置妥当，密令各省兵备官调兵要道，分断山贼，使他彼此不得连络；又委官统领，准备夹攻。各山洞贼，都以为阳明初到，虽然各方新有设备，究竟兵力薄弱，又把些文绉绉书生出身的府县官，充当将领，哪里够得一阵厮杀，暗间好笑，打算趁此机会，集齐众贼，杀个下马威，好教阳明安身不得，便也暗暗调动，准备大杀。阳明探听明白，心中大喜。急忙密令诸将道："各山洞贼，既离巢穴，利在速战，各军可乘险设伏，厚集以待，各乡村往来路径，各张疑兵，使他进无所获，退无可据，不过旬日，可以生擒，一违节制，便当军法从事。"各军得令，安排去讫。阳明知道军门里许多门皂、门军、吏书，连那市上阴阳占卜人等，都和山贼私通，日在官府左右，打听动静，不但言出于口，贼已先知，连官府的意向颜色，贼都晓得。阳明便故意指东说西，指西说东，混乱他们观听，又常常叫进阴阳，命他择日出师，阴阳择定日期，他偏不用，有时决定依用，到临时忽又中止，有时明令整兵饱食，准备出发，却又按兵不动，弄得各山洞贼，满心生疑，六神无主。

谁知阳明从正月十六开府，不过十日，已布置妥贴。密令各路从径道进兵，行至长富村，遇贼大战，擒斩拿获无算。贼败奔象湖山，依险把守，官兵追到莲花石，安营对垒，南方广东兵，也急急赶到，打算前后合围，山贼见势不佳，舍命突围而出，指挥官覃桓、县丞纪镛，马陷阵亡。诸将纷纷进帐，力请奏调狼兵，待到秋令，再行大举。阳明怒责诸将失机之罪，使立功自赎，把贼党和官兵双方情势，透彻申明。于是亲率锐卒，进屯上坑，就佯借诸议论，假意传令犒众退师，候来岁秋令，再行大举，借此懈怠贼心。却巧广东布政使邵蕡，路遇到此。阳明暗自欢喜，一面差义官曾崇秀，密探山贼虚实，果然疏懈，不做准备。即选兵分三路，约定二月十九日，趁着月光未明，衔枚并进，守据隘口；一面借护送邵蕡为名，领兵从官道出发，掩饰众贼耳目。到得夜半，阳明自领百骑，传令合捣象湖山老巢。那时，山下要隘，尽被三路官兵夺去，贼兵分据绝径，跳跃如飞，骁勇非常。官兵步步上逼，贼在上层峻壁，把滚木礌石，四面飞打下来，死守不退，官兵奋勇鏖战，自辰至午，喊声振地。福建、广东、湖南三省奇兵，又从间道鼓噪突登，贼才大败惊窜，官兵乘胜追杀，分路收捕。福建兵攻破长富村等贼巢三十余处，广东兵攻破水竹、大重坑等贼巢十三处，斩杀贼首詹师富、温火烧及贼党七千有余，俘获牛马货物无算。前后不过三月，漳南数十年盗寇，全数扫平。上疏奏捷，不居己功，从征将士，奏请敕赐奖赉，升赏有差。四月，班师回赣，设立兵符，认真演习，准备扫荡横水、左溪、桶冈、浰头诸大寇，并在河头地方，奏设平和县，治理山民，永绝后患。

九月，朝廷有旨下来，升授阳明为提督南、赣、汀、漳等处军务，并给旗牌，得便宜行事。那时漳寇虽然平定，乐昌、龙门一带许多贼巢，还啸聚不散。阳明本意，着重抚化，非到万不得已，才用兵剿伐，便差人携带牛、酒、银、布，前往犒赏，并发一道极痛切的告示，晓谕他们道：

> 人之所共耻者，莫过于身被为盗贼之名；人心之所共愤者，莫过于身遭劫掠之苦。今使有人骂尔等为盗，尔必愤然而怒；又使人焚尔室庐，劫尔财货，掠尔妻女，尔必怀恨切骨，宁死必报。尔等以是加人，人岂有不怨者乎？人同此心，尔宁独不知？乃必欲为此，

其间想亦有不得已者。或是为官府所迫，或是为大户所侵，一时错起念头，误入其中，后遂不敢出。此等苦情，亦甚可悯。然亦皆由尔等悔悟不切耳。尔等当时去做贼时，是生人寻死路，尚且要去便去。今欲改行从善，是死人求生路，乃反不敢耶？若尔等肯如当初去做贼时拼死出来，求要改行从善，我官府岂有必要杀汝之理？尔等久习恶毒，忍于杀人，心多猜疑。岂知我上人之心，无故杀一鸡犬尚且不忍，况于人命关天？……

我每为尔等思念及此，辄至于终夜不能安寝，亦无非欲为尔寻一生路。惟是尔等冥顽不化，然后不得已而兴兵，此则非我杀之，乃天杀之也。今谓我全无杀人之心，亦是诳尔；若谓必欲杀尔，又非吾之本心。尔等今虽从恶，其始同是朝廷赤子。譬如一父母同生十子，八人为善，二人背逆，要害八人；父母之心，须去二人，然后八人得以安生。均之为子，父母之心，何故必欲偏杀二子，不得已也。吾于尔等，亦正如此。若此二子者，一旦悔恶迁善，号泣投诚，为父母者，亦必哀悯而赦之。何者？不忍杀其子者，乃父母之本心也。今得遂其本心，何喜何幸如之；吾于尔等，亦正如此。闻尔等为贼，所得苦亦不多，其间尚有衣食不充者。何不以尔为贼之勤苦精力，而用之于耕农，运之于商贾；可以坐致饶富，而安享逸乐，放心纵意，游观城市之中，优游田野之内。岂如今日，出则畏官避仇，入则防诛惧剿，潜形遁迹，忧苦终身，卒之身灭家破，妻子戮辱，亦有何好乎？

尔等若能听吾言，改行从善，吾即视尔为良民，更不追尔旧恶。若习性已成，难更改动，亦由尔等任意为之。吾南调两广之狼达，西调湖湘之士兵，亲率大军，围尔巢穴，一年不尽，至于两年；两年不尽，至于三年。尔之财力有限，吾之兵粮无穷，纵尔等皆为有翼之虎，谅亦不能逃于天地之外矣。呜呼！民吾同胞，尔等皆吾赤子，吾终不能抚恤尔等，而至于杀尔，痛哉！痛哉！兴言至此，不觉泪下。

这道告示张贴出去，果然有气质好些的酋长，像黄金巢、卢珂等，率众来降，情愿效死答报。独有那江西、湖南、广西三省接近的桶冈、横水等贼巢，和江西、广东、福建三省接近的浰头等贼巢，恃着贼兵众多，横行不改。到了十月，忽闻横水、桶冈的大贼首谢志珊，率领大贼钟明贵、萧规模、陈曰能等，并约合乐昌贼首高快马，大修战具，添造吕公车，趁着广东官兵有事府江，要想攻破南康，乘虚入广，希图大举。

那时湖广巡抚都御史陈金，差人下书，请三省夹攻。阳明因传集府中从事，商议破敌之计，大家纷纷不定。阳明道："桶冈、横水、左溪诸贼，荼毒三省，为害虽同，事势却各不相同。从湖广方面论，桶冈是咽喉，横水、左溪是腹心；从江西方面论，横水、左溪却是腹心，桶冈便成羽翼。目下我兵坐镇南赣，当然要拿江西做本位，倘不除去江西腹心之害，反和湖广夹攻桶冈，进兵两寇右上间，腹背受敌，势必不利。今我出其不意，进兵速击，可以得志。横水、左溪得手，再攻桶冈，便势如破竹了。"即升帐传令，命指挥郏文领兵千余，从大庾县义安一路前进；知府唐淳领兵千余，从大庾县聂都一路前进，知府季斅领兵千余，从大庾县稳下一路前进；县丞舒富领兵千余，从上犹县金坑一路前进，自己也领兵千余，从南康进屯至坪。约期十一月初一日，诸军齐会，直捣横水老巢。又领副使杨璋、参议黄宏，监督各营官兵，往来给饷，在后催促。十月初七日，各哨齐发。初十日，阳明行到至坪，探卒报说："贼在各地险隘，设着滚木礌石。"阳明暗想贼已据险，势难即近，便率兵乘夜催进，离贼巢三十里下寨，派人伐木立栅，开堑设堠，阳为久屯之计。贼首谢志珊也出来探望，只道大兵未集，战期还远，又料必约湖广兵夹攻桶冈，然后回兵再攻左溪、横水。如此，正好放他过去，在后袭击。计算已定，暗自欢喜。

阳明安营已毕，便差人召集许多善于登山的樵夫，合着乡兵，派官分领，共约四百人，各给一旗，多带快炮钩镰，从间道攀山崖而上，分布远近山顶，多掘灶炊，预备草茅，约定时刻，张立旗帜，举炮纵火相应。又令千户陈伟、高睿，各领数十名壮士，缘崖而上，专夺贼险，尽发其滚木礌石，也约期行事。十二日黎明，阳明进兵到十八面隘，贼依险迎敌，两军正在酣战，忽觉远近山顶，炮声如雷、烟焰四起，官兵旗号，处处飘展，各路又呼哨进逼，铳弩齐发，山贼惊惶失措，以为各处巢穴都被攻破，便弃险乱退。不料指挥官谢昶、马廷瑞突入贼巢，到处纵火追杀，贼军退无所据，各路官兵，又如期合围，才大败奔溃。生擒大贼首谢志珊，斩获贼首五十六名，首级二千一百六十八颗，拿到贼属二千三百二十四名，其余军仗、牛、马什物，不计其数。阳明见连日雾雨，便下令休战犒赏。

二十七日，诸将请乘胜进攻桶冈。阳明知道这桶冈是个天险，四山壁立万仞，中间盘旋百余里，连峰插天，处处深林绝谷，不见日月，便传向导询问，向导回说："桶冈山贼出入要道，只有锁匙龙、葫芦洞、茶坑、十八磊、新池五处，处处架栈梯堑，攀悬绝壁而上。只有上章一路，稍微平坦，却在湖广那边，绕道过去，须得半月路程。"阳明听罢，暗想贼据天险，坐发礌石，已足敌我，倘使劳师远进，又极不便，况且横水左泾余贼，都逃入桶冈，同难合势，守战必用全力，如今要想乘全胜之锋，兼三日之程，争百里之利，去屯兵险地，真是"强弩之末势，不能穿鲁缟"了。想罢，决计把大营移屯近城，休兵养威，派人前往晓谕，乘他犹豫之际，暗暗发兵袭击。便传令将擒获贼目钟景，押进帐中，命释其缚，放回山去，劝令投降。当下钟景奉命而行，绲入贼营，见过大贼首蓝天凤，约会众贼，到锁匙龙聚议。横水、石溪奔来的贼众，坚持不降，往返迟疑，把准备迎敌的事，掉在脑后。那天早晨，天方大雨，各贼会议未散，忽见各地败兵纷纷报来说："四山险隘，都被官兵攻破。"众贼闻信，都惊惶乱散。蓝天凤镇压不住，急急驱遣男女贼众一千余人，把住内隘绝险，隔水列成阵势。安排未毕，见官兵渡水来击，分部左右夹攻，支持不得，且战且退，战到午刻，雨止天晴，官兵格外鼓勇前进，贼才大败。

这样险地，阳明怎样能取胜呢？原来阳明命钟景去后，即传令县丞舒富，领兵数百，屯扎锁匙龙，逼贼出降，令知府邢珣进兵茶坑，知府伍文定进兵西山界，知府唐淳进兵十八磊，知县张戬进兵葫芦洞，一律限那月晦日，乘夜赶到分地。各兵到时，果见贼兵不备，奋力进攻，大破贼巢三十余处，擒斩大贼首蓝天凤等三十四名，从贼首级一千一百零四颗，生擒贼属二千三百零一名。阳明一面料理善后事宜，一面上章奏捷，并请在上犹、大庾、南康三县中间，添设崇义县治，分设巡检司，扼守要害。到了十二月，班师回赣，路过南康，百姓沿途顶香迎拜，所过州县隘所，大家建立生祠，远乡民户，各画像祖堂，岁时拜祝。

当年审问大贼首谢志珊时，阳明道："你这许多党羽，怎样得来的？"志珊答道："也不容易。"阳明便问："怎样？"志珊道："平生遇着世上好汉，断断不轻易放他过去，百计钩诱：知他爱喝酒，便尽量纵他喝个痛快；知他没钱使，便竭力去周济他。待他感恩知德，和他说出实情，就没有不答应的了。"阳明听着这番诱人做贼的话，心中大受感触，退堂下来，和随从的门人说道："我们儒家一生求朋友的好处，与这个难道有二样么？"

二十四、征服三浰

正德十三年（1518），阳明四十七岁

阳明自到南赣开府，虽然天天在那里策画平寇方略，征剿安抚，政务忙碌，却并不把提倡孔孟学说的大事，一刻忘掉，依旧和门人讲说，也常常给信一班学者，去勉励他们，看戊寅年（即本年）与人论学的书，也就很多，中间有两句说："此间朋友，聚集渐众，比旧颇觉兴起。"便可知道。又看他与薛侃书，借题发挥，警惕不少，略道：

> 即日已抵龙南，明日入巢，四路皆已如期并进，贼有必破之势矣。向在横水，尝寄书仕德云："破山中贼易，破心中贼难。"区区剪除鼠窃，何足为异？若诸贤扫荡心腹之寇，以收廓清平定之功，

此诚大丈夫不世之伟绩。数日来，谅已得必胜之策，奏捷有期矣，何喜如之！……

　　湖广闽赣四省交界诸寇，次第平定，只有浰头山贼池仲容，又叫做大鬓，依然聚众称王，扰害百姓。阳明上年去攻横水时，深恐浰头乘其间隙，便派人多发告示，劝令投诚。众贼看了，大家感动，情愿为善。独有那池仲容和众贼道：“我等做贼，不是一年，官府来招，也不止一次，纸上说话，怎么凭信？且待金巢等投降以后，果然没事，再作计议。”那浰头贼黄金巢等，天良发现，情愿去做新民，池仲容留他不得，只好听其出山。

　　金巢等投到军门，阳明释其罪恶，推诚安抚，新民个个悦服，于是选出五百人，随征横水。后来池仲容听得横水攻破，心中着实怕惧，然而他那良心，依旧一丝没有萌动，看看兵机一天迫似一天，便想出一条缓兵之计，命他的兄弟池仲安，带领老弱二百余名，假意投奔军门，情愿随众效死，好乘机探看虚实，准备内应。阳明是心学功夫最深的人，他那一颗心，像明镜一般，当下把池仲容的来意，照个透亮，但他有一个主张，以为世上没有不可化的人类，便将计就计，想去教育一番，即刻受降，把来众妥为安置，小心提防。待得进兵桶冈，命池仲安带领部下，到上新地去截路，使他消息隔断，路远难归。那时池仲安已竟疑惑不定，后来闻得桶冈又破，格外发急，才大修战备，准备迎敌。阳明也差人前往，赏赐浰头各酋长牛、酒，藉此观察动静。池仲容情知隐饰不过，对来使诈说，龙川新民卢珂、郑志高、陈英等，将来掩袭，所以预做防备，并非忧虑官兵。差人回报，阳明佯为听信，大怒卢珂等何得擅兵仇杀，立刻派官查察实情，并传令伐木开道，将回兵浰头，取道讨伐。贼众闻知，且喜且惧，也差人来到军门叩谢。

　　原来卢珂等本是龙川旧招新民，部下有三千人马，却被池仲容威势所逼，封做金龙霸王，然本心不愿从贼，闻得阳明声威远大，卢珂便收拾伪官爵印信，赶来自首，正值阳明假意发怒之时，装做不信，暗暗嘱付行杖人手下留神，喝令将卢珂捆绑起来，打了三十大杖，押入牢中，又使人密告用意。卢珂心中明白，派人回去整顿兵马，听候调遣。阳明又差人到浰头用好言慰谕池仲容，暗中结纳亲信头目，劝同部下自来投诉，然后班师回赣。这是上年闰十二月的事。

阳明回到赣州，召巡捕官入内，佯言道："如今大征已毕，又值时和年丰，这也是难得的奇事，可传令民家，盛作鼓乐，大张灯彩，官民同乐。闻得那些乐户们，现多住龟角尾，恐招盗匪，可一律迁入城中。"又下令大享将士，散兵归农，示不再用。于是赣州城中，家家张灯，处处击鼓，商旅云集，百戏争奇，贼众打听明白，自是欢喜，也就解严不备。那池仲容心中，究竟有些疑惑，和亲信贼目言道："若要伸，先用屈，赣州的伎俩，必须亲去勘破才好。"于是率领麾下悍首九十三人，亲来赣州。阳明探得池仲容果然上路，密派人先行各属，勒兵分哨，候报出发，又派千户孟俊，督领卢珂部下防变。那池仲容到得赣州，安营教场，自与数人亲投军门进见。阳明一看，厉声喝道："尔等都是我的新民，为什么不全体进见？反安营教场，难道还疑心我么？"仲容听罢，惶恐不堪，连称："不敢冒昧叩见，所以安营在外，听候大府命令。"阳明便差人引他们到祥符宫安住。贼众瞧见屋宇清洁，各各欢喜，这是上年闰十二月二十三日的事。

自此府中官僚，逐日盛设羊酒，轮流犒赏，把池仲容绊住馆中，又制成青衣油靴，教贼众学习礼节，借此考察他们志意的向背。无奈那些山野悍贼，良心汩没已久，贪残成性，不可教化，常常出外吵闹滋事。城中士民，怨声载道，都说阳明养寇贻害。阳明闻知，才有杀伤他们的意思。过了数日，池仲容禀辞回山。阳明道："此去三浰，须得八九日路程，今年未必赶得到，新正又要来，赶拜正节，何必这样自取劳苦呢？况且今灯彩正盛，还是盘桓数天，到正月回山罢。"池仲容只得听命，天天喝酒看灯，过残年，拜罢元旦正节，即又禀辞。阳明道："待吾犒赏正节，再行动身。"正月初二日，传令有司，大享于祥符宫中，准备明日大宴。当晚密令龙光，暗领甲士，设伏府中。初三日早，引池仲容等入府，出其不意，个个擒拿，阳明升堂推问，拿出卢珂告状，掷与池仲容观看。池仲容无法抵赖，只得招认，便分别监斩。事讫，阳明暗想不能感化诸贼，必致杀戮，心中着实不快。到了午上，竟眩晕呕吐，水浆不入。

当日晚间，阳明依旧起来，急急传令催发各县属兵，限初七日入巢。各哨兵多从径道疾进，自己也率领帐下官兵，从龙南冷水直捣下浰大巢。众贼散处不备，忽闻官兵四路并进，惊惧出御，尽发精锐千余，据险设伏，并力迎敌于龙子岭。官兵聚做三冲，犄角而前，大战良久，贼连败连战，奋击数十合，才失上中下三浰。官兵共破贼巢三十八处，擒斩贼首五十八名，从贼二千余名，余贼都向九连山，狂奔而去。

那九连山在广东惠州连平东面，周围数百里，四山石壁峭绝，环连九县，比浰头形势，格外猛恶，是个著名老巢，离浰头又须半月路程。阳明因为大功将成，怎肯放过，领兵急急追赶，将到九连，探得贼已据险，且把大兵就林木深处，暗暗扎住，另选精兵七百，取出浰头搜来贼衣，个个换上，候着暮色苍茫的当儿，装做败奔模样，直向山贼所据的崖下间道，狂奔而过。贼众以为同党，多从崖下招呼，官兵也假意应答，贼众疑信参半，不敢攻击，官兵渡险，即转入山上，断其后路。当夜阳明料定兵已深入，必能得势，预令各哨官兵，四路埋伏，遇贼邀击。

次日，山贼探明误放官兵入据要隘，急合力击打，官兵反客为主，从上下击，贼兵正支持不来，忽又闻西路伏兵大起，吓得惊惶乱窜。谁知去路尽断，哪里得脱？当下官兵擒斩无算，获男妇牛马器物，不计其数。贼余党张仲全等二百余人，以及远近村寨，一时被贼胁迫，从恶未久的，势穷计迫，都聚在九连山谷中，呼号痛哭，诚心投降。阳明派知府邢珣，前去验实，酌量责治。珣录名数，安插在白沙地方。阳明一面上章告捷，一面相度地形，在浰头奏设平和县治，留兵防守。阳明班师回赣，一路百姓焚香遮道，歌功颂德，不必细表。

二十五、布告教育宗旨

正德十三年（1518）四月，阳明四十七岁

赣州民风鄙野，又多和盗贼相通，那时可算得没有文化。阳明因为盗贼稍平，民困渐息，急急把增进社会文化，看做根本上第一件大事。要增进文化，全仗兴学；兴学有效，全仗教育；教育得法，全仗教师懂得儿童心理，这是一定的顺序。明朝的小学，叫做"社学"。当下阳明班师回赣，即告论所属各县父老子弟，兴立"社学"，延师教练。阳明规定"教条"颁行各处，又做了一篇训蒙大意，布告教读刘伯颂等道：

> 今教童子，惟当以孝弟忠信礼义廉耻为专务。其栽培涵养之方，则宜诱之"歌诗"，以发其志意；导之"习礼"，以肃其威仪；讽之"读书"，以开其知觉。今人往往以"歌诗"、"习礼"为不切时务，此皆末俗庸鄙之见，乌足以知古人立教之意哉！大抵童子之情，乐嬉游而惮拘检，如草木之始萌芽，舒畅之则利达，摧挠之则衰痿。……故凡诱之"歌诗"者，非但发其志意而已，亦所以泄其跳号呼啸于咏歌，宣其幽抑结滞于音节也；导之"习礼"者，非但肃其威仪而已，亦所以周旋揖让而动荡其血脉，拜起屈伸而固束其筋骸也；讽之"读书"者，非但开其知觉而已，亦所以沈潜反复而存其心，抑扬讽诵以宣其志也。……若责其检束而不知导之以礼，求其聪明而不知养之以善，鞭挞绳缚，若待拘囚。彼视学舍如图狱而不肯入，视师长如寇仇而不欲见，窥避掩覆以遂其嬉游，设诈饰诡以肆其顽鄙，偷薄庸劣，日趋下流。是盖驱之于恶而求其为善也，何可得乎！

这一篇"训蒙大意"，倘把他细细演示出来，可以成一部"阳明教育"的专书。他所以能够发现这极有价值的"儿童心理学"，和这极有价值的

"教学科目"，都从他的"良知哲理"里面化生出来的。而且他的根本教育，完全注重小学，是中国从前教育家中有数的主张。他既然注重小学，所以对于小学教师，看待极重，督责也就极严。阳明一面兴立"社学"，一面举行"乡约"，常常劝谕，时时查察，出入街市，遇着人民叉手拱立，表示敬意，立刻赞赏训诱。经过这一番倡导，居然赣州市民往来街市，都冠服整齐，仪态雍雍，里巷村麓，到处有"歌诗""读书"之耳。从前鄙野之风，就此大变。

那时确有两件事，不但引起当时学者的争论，还惹动后世学者的许多考证。第一件是刻《古本大学》，第二件是刻《朱子晚年定论》。这两件事，读者须另行研究，不再细表。还有表章陆象山的后代，和修濂溪书院两件事，也与学风很有关系。

二十六、平定宸濠
正德十四年（1519），阳明四十八岁

赣南一带，盗贼稍平，朝廷嘉奖阳明功绩，升授都察院右都御史，荫子锦衣卫，世袭副千户。阳明一再上疏，恳请放归田里。大臣中忌他的，多主张准其所请，独有尚书王琼，预料江西宁王宸濠，必将谋反，竭力要安置阳明在江西，暗暗防变。却巧有福州三卫军人进贵等胁众谋反，就借此奏明正德，命阳明前往福建，勘处叛军。阳明乞休不准，只得奉旨，在六月九日动身。十五日午上，行到丰城县界，忽见知县顾佖，仓皇迎来，禀说："宁王宸濠，胁众叛国，且发兵前来追劫。"阳明听罢，默然不语。

原来江西宁藩，世有异志，传到宸濠，格外奸恶。正德初年，宸濠就内通太监，外结奸豪，闻得安城举人刘养正，能诗能文，名重一时，竭力

招进府中，装做尊贤礼士的幌子，去鼓动人心，日夜毒害富民，收刮财物，放纵大贼闵念四、凌十一等，四出劫掠，屯粮聚金，招兵买马，想学他老祖宗燕王棣的故事，入承大统。一天，正德在宫，看到宸濠暗嘱江西当道颂扬自己的"贤孝"一疏，便疑道："保官好升，保宁王贤孝，他要怎样呢？"当下有个太监闻知，把正德疑心的话，出宫传语大臣。于是各大臣有暗中主持的，有明里奏发的。正德准奏，特差太监赖义、驸马都尉崔元、都御史颜颐寿，前往江西宣谕，并革除他的护卫。

然而，正德肯毅然决然的下这道勅旨，暗中还有一个原故：那时有个伶官，叫做臧贤，正德最为宠幸，宸濠闻知，特差秦荣北上，借着学习音乐的名儿，私送白银万两、金丝宝壶一把，巴结得臧贤满心欢喜，甘心和宸濠私通。从此，宸濠的著名侦探林华等，多藏在臧贤家中。臧贤特地把家屋造复壁，外面看去，只见一座一座的木橱锁着，把橱门开将进去，便是一道长巷，暗通密室，躲藏逃避，十分妥便。一天，正德游幸臧贤家中，臧贤取出那金丝宝壶来斟酒。正德看时，精巧可爱，因问臧贤从何处得来，臧贤恃着皇上宠爱，并不隐瞒。正德道："宁叔为何不献给我呢？"那时小刘（亦是伶人，新得正德之宠）随驾在侧，深恨宸濠没有孝敬到他，便把正德的话，记在心头，回得宫来，笑着对正德道："爷爷倒还想宁王的物事呢，宁王不想爷爷的物事就够了！难道记不得江西当道荐的疏么？"正德一听，心中大疑，才准诸大臣所奏，一面差官南下，一面查抄臧贤家。林华闻信，急从复壁脱逃，星夜策马南下，飞报宁王。

正值宁王诞辰，大会宴乐，忽闻警报，大家面面相觑，草草散筵。宸濠召心腹计划，刘养正道："事已危急，明日众官入谢，即可行事。"当夜，集兵以待。明早，诸司入谢，宸濠出立露台，大声宣言道："你们知得大义么？"御史孙遂等应口反对。宸濠大怒，立命左右拿下，拖出惠民门斩首。午上，黑云密布天空，阴暗异常，宸濠下令围劫镇、巡诸司下狱，收夺却信，众官有不屈而死的。宸濠便设立属官，命刘吉、余钦、万锐等为太监，迎接李士实为太师，刘养正为国师，闵念四等多为都指挥，其余官属，不必细述，传檄远近，改易年号，分派亲信，四出收兵，招罗亡命，逼勒壮丁。一时兵势浩大，人人震恐。丰城知县顾佖闻信，才飞报阳明。

那时，阳明默然良久，暗想手下无兵，仓卒之间，又征调不及，如此怎好勤王？想了一会，阳明决计打定主意赶回吉安，再定办法，却值南风大作，船家又听得宸濠发兵追来，吓得不敢回船，便借"逆流无风，不好开行"的话，回绝阳明。阳明仰天长叹道："天若哀悯生灵，愿即反风，若无意生民，我王守仁无生望了！"不一刻，风势渐转，张帆尽起，船家依然不动。阳明大怒，抽出佩剑，顿把船家的耳朵割下，才回船进发。阳明也知道自己据着南昌上游，宸濠要断绝后顾之患，决不会轻易放过，必有追兵前来，势将不利，便心生一计，随把衣冠脱下，和麾下一人两相换过，命那人安坐大船，自己暗与幕士萧庾、雷济一班人，悄悄唤条渔船，暗伏舱中，急急向吉安进发。那大船行未一刻，果见宸濠派内官喻才，领兵一千多名，飞追而来，袭劫大船，拿住假阳明，将要杀死，一人道"杀了他有什么好处"，才舍下大船，四下追寻而去。

当夜，阳明行到临江，知府戴德孺大喜，请入城调度。阳明道："临江地临大江，又与省城相近，是个冲道，不如吉安为便。"又把宸濠的进兵方略，细细推想，分做三条计策，和幕士道："宸濠若出上策，直向北京，出其不意，国家就很危险了；如若出中策，顺流而下，东去南京，大江南北，也要被害；如若出下策，仅仅据着江西省城，那勤王的事，还容易做得。"阳明说到这里，胸中灵机独断，看定第一要着在这南北两京没有准备的当儿，必须阻挠他迟留省城一月半月，然后好集兵牵制，待得南北两京有兵赶到，更成了个夹攻之势，事便易举。阳明却喜自己有便宜行事的特权，就连夜和幕士造成许多文书，假说奉朝廷密旨，又备有兵部题咨，行令两广、湖、襄及南北两京，各命将出师，暗伏要害地方，候宁府兵到，要击袭杀。阳明取得伶人数名，多给安家银两，将文书分缝袷衣絮中，令赶到伏兵处所，飞报窃发日期。将发，忽报捉到宁王太师李士实家属，即命捆缚船梢，又故意做作一番，教他们看明那事。伶人去讫，阳明假意大怒，令将李士实家属，牵上岸去，斩首报来，又暗中使人偷放。士实家属，逃到宁府，把船中所见，备细说知。宸濠立刻派人寻缉，果然拿到伶人，从裌衣絮中搜得文书，遂不敢妄动。后来宸濠又搜到许多文书，说许泰、郤永分领边军四万，从凤阳陆路进；刘晖、桂勇，分领京边官军四万，从徐淮水陆并进；王守仁领兵二万，杨旦等领兵八万，陈金等领兵六万，分道并进，克期夹攻南昌。宸濠忽又搜得李士实、刘养正愿做官兵内应的书信，闵念四、凌十一投降官军的密状。这些把戏，都是阳明一人所玩，弄得宸濠惊疑不定，益发留兵省城，不敢妄动。

阳明探明宸濠中计，暗暗欢喜，四天四夜，赶到吉安。知府伍文定接着，喜极不堪，军民遮道呼号，进得城中，略略抚慰，一面上疏告变，请命将南下征讨；一面传檄四方，露布宸濠罪状，激励列郡起兵勤王。奏章到京，尚书王琼与众大臣道："王守仁在南赣，据南昌上游，反贼必被擒拿，不久，定有捷报。但非命将南下，去助他的声威不可。"因奏明正德，命南和伯方寿祥防江都，御史俞谏领淮兵护卫南都，尚书王鸿儒供给粮食。然后下令，王守仁领南赣兵从临江、吉安一路进攻，御史陈金领湖兵从荆、瑞一路进攻，李充嗣守住镇江，许廷光镇守浙江，从兰镇守仪真。另传檄江西各路，如有忠臣义士，能起义师擒拿反贼者，功成封侯。

宸濠从六月中旬反叛，被阳明闹得观望不进，直到七月三日，才确知中计，懊悔不迭。即命宗支朱栱樤与万锐等，留兵万余，镇守南昌。自与宗支朱栱枅、李士实、刘养正等领兵六万，号十万，派刘吉监军，王纶参赞军务，葛江为都督，总分一百四十余队，分做五哨，浩浩荡荡，出鄱阳、过九江，顺流东下，直攻安庆！

阳明听得宸濠已经出兵，便催促各军义兵，会齐出师。他自己督领知府伍文定及通判谈储、推官王炜等，从吉安起行，到樟树。临江知府戴德孺，袁州知府徐琏，赣州知府刑珣，瑞州通判胡尧元、童琦，南安推官徐文英，赣州都指挥余恩，新淦知县李美，泰和知县李楫，宁都知县王天与，万安知县王冕，各起义兵来会，义气凛凛，将士一心，直向南昌进攻。行到丰城，阳明升帐传令，分布哨道，令伍文定攻广润门，邢珣攻顺化门，徐琏攻惠民门，戴德孺攻永和门，胡尧元、童琦攻章江门，李美攻德胜门，余恩攻进贤门，谈储、王炜、李楫、王天与、王冕等，乘七门之隙，从旁夹击，壮七军声势。阳明又听得细作报到，新旧坟厂，宸濠有伏兵一千多名，安排接应省城。阳明传令，奉新知县刘守绪，领兵四百，从山僻小道，趁夜间破贼营，摇动城中。

正德十四年七月十九日，诸军集，旗帜鲜明，部伍整肃，阳明登市汊誓师，再宣告朝廷威德，露布宸濠罪状，约诸将一鼓附城，再鼓登城，三鼓不胜，立斩伍卒，四鼓不胜，立斩将领。宣誓既毕，诸将个个切齿痛心，踊跃奋发。将晚，众兵徐徐发动，限二十日黎明各到汛地。那时，南昌城中守备极严，滚木、灰瓶、雷石、弩机、毒箭，各种守城器械，色色完备，忽见新旧坟厂败兵狂奔而回，全城大惊。接着，又见官兵四面云集，个个震恐。不一刻，七门战鼓动地，喊声振天，义兵奋勇直前，处处搭上云梯，踊跃登城。贼兵神伤气败，舍命奔窜，南昌遂破。生擒朱栱橰、万锐等一千余人。宁府宫眷纵火自焚，延烧居民房屋，阳明急令众官分头救火，安抚军民，分释胁从，封禁库车，搜出原收大小衙门印信九十六颗。阳明一面略办善后事宜，一面分兵四路，追捕余党。南昌人心大定。

安庆据南都上游，宸濠直攻安庆，是阳明所料的中策。安庆不保，南都就岌岌可危。阳明何以不去救安庆的呢？当会师樟树时，也有人出来说，请先救安庆。阳明道："如今南康、九江，都被贼兵据住，我兵倘要越过二城，去救安庆，贼兵必回军死斗，那时腹背受敌，怎能支持？不如先破南昌，贼恐失去根据，必回兵来救，如此不但可解安庆之围，连宸濠都可坐擒。"那人才嗒嗒而退。待得阳明兵到丰城，宸濠闻报，急急引兵回救，果然不出阳明所料。

二十三日，阳明探得宸濠回兵江西，屯扎沅子港，分兵二万，来收南昌。阳明便召集将士，商量破敌之计。诸将多说贼势强盛，只宜坚壁自守，静待四方援兵到来，再谋进取。阳明道："这便失却时机了！贼势虽然强盛。却没有经过大敌，宸濠又全靠拿爵赏诱人，到如今进无去处，退无归路，兵气早已沮丧，我们趁此疾出奇兵，必败宸濠，先入有夺人之气，正是这等时候。"说罢，忽报抚州知府陈槐，进贤知县刘源清，提兵到来。进见已毕，阳明传令，伍文定、邢珣、徐琏、戴德孺各领精兵五百，出其不意，分道进攻。宸濠也发悍卒千余，从间道来攻收省城。两兵相遇，各各交锋，伍文定等因风势不顺，支持不住，只得退败。阳明闻报大怒，即欲依照军法，立将伍文定、邢珣、徐琏、戴德孺斩首示众，亲自督查。左右竭力代请，禀说："兵无统领，必要散乱，愿都堂恕伍文定等一死，让他们立功赎罪。"阳明才仍命伍军等奋死督战，继令余恩领兵四百，往来湖上，专去诱敌。陈槐、胡尧元、童琦、谈储、王炜、徐文英、李美、李楫、王冕、王轼、刘守绪、刘源清等，各领兵四百余，四面埋伏，多张疑兵，候伍文定兵接仗，包围合击。阳明分布既定，自己端坐都察院中堂，大开中门，令前后可见，和门人宾客，讲道论学，神色态度，和平时一样。

第一日，甲寅，探得宸濠已到樵舍，风帆蔽江，前后数十里。官兵急乘夜进攻，伍文定以正兵当前，余恩备后，邢珣引兵绕出贼背，徐琏、戴德孺各趋左右翼，分杀贼势，按时疾进。

第二日，乙卯，见贼兵乘风鼓噪而来，直逼黄家渡，意气甚骄。伍文定与贼略战数合，佯为败北，缓缓勒兵引退，贼兵争先冲突，前后中断。邢珣已抄到贼背，从后横击，伍文定反军夹攻，左右两翼有徐琏、戴德孺，四面有陈槐等伏兵，一齐发动，把贼兵围在核心，痛杀一阵，擒斩贼兵二千余级，落水而死的几及万人。宸濠大惧，急急收拾残部，退保八字脑。

第三日，丙辰，宸濠亲自激励将士，查明踊跃当先的，赏银千两，被伤兵士，赏银百两；又传令飞调九江、南康守城各兵，准备大战。谁知阳明闻得宸濠大败，必向九江、南康调取守兵，两城恐虚，正好袭取。一旦九江得手，他在湖外就无险可据；南康得手，他更后无退路。却巧建昌知府曾屿，也领兵到来，便好分兵行事。阳明即令陈槐领兵四百，合着饶州知府林瑊部下，攻收九江；曾屿领兵四百，合着广信知府周朝佐部下，攻收南康。那日，贼兵并力冲来，盛气挑战，两下接仗，风势不顺，官兵前队稍稍退却，立刻斩首示众，伍文定挺身立于铳炮之中，胡须被炮火烧着，依然不退，督领各兵奋勇死战。忽官兵队里，飞起一个炮弹，打中宸濠副舟，宸濠吓得连连退走，贼兵大乱。官兵蜂拥过去，擒斩二千余级，落水溺死无算。宸濠败退，聚兵樵舍，连舟结成方阵，尽出金银分赏将士。阳明得报，督同伍文定等连夜预备火攻器物，令邢珣当左，徐琏、戴德孺当右，余恩等埋伏要道，候火发合击。

第四日，丁巳，宸濠闻得九江、南康失守，心中已是焦急，早朝时，严责不肯用命将士，将推出斩首，一时争论不定。谁知官兵偃旗息鼓的飞渡而来，乘风纵火，逼火掩杀，贼兵措手不及，纷纷逃命，哪里还能战斗？宸濠看看火到副舟，将士分散，妃嫔环聚左右，大哭一场，也跳入湖中。宸濠惨痛一会，正想脱身之计，知县王冕领兵一拥而入，生擒宸濠以及世子眷属。接着，各军逼入，连同党李士实、刘养正、刘吉、余钦、王纶、凌十一、闵念四等数百名，都被官兵拿住，擒斩贼众三千余级，落水的数约三万，湖中所弃衣甲、器仗、财物和浮尸，积聚一起，纵横十余里，远远望去，好像新涨了一座湖洲。余贼数百艘，四散逃窜，阳明又派官分路追剿，不许逃入他境，扰害地方。连日大破樵舍、昌邑、吴城，贼兵死伤殆尽。阳明自起兵到此，不满十日，竟把那时国家的一场大祸，烟消火灭了去。

有一班看书的，无论正史、野史里，碰到交锋打仗的事迹，便精神百倍，看过以后，还津津有味的说："某人，计策高妙；某人，义勇无敌。"全不回想某人会生出这高妙计策，某人会发动这无敌的义勇，在没有当事以前，是怎样修养成功的，这便是看书人的大错。还有人说："这等英雄豪杰，是天然生成，不完全靠着学问养成。"那人的读书，更错到十二分了。所以，我们读《王文成公全集》，全在注意阳明平日的学养，临事时的实行。那赣南山贼，原是从前地方官养成，平了他值得什么？那宁王造反，是他们姓朱的家事，平了他值得什么？就是后来思、田八寨的苗民作乱，也是边疆大臣抚化不当，平了他也不值得什么。不过他人只会促成乱端，偏偏阳明一到，就会平服。即此可以见得阳明的修养，更可以见得阳明学术的切于实用了。至于那封侯拜相、荣宗荫子的虚名儿，在世俗上看得很重，在研究学术的看着，何尝值得半文呢？所以下文的一场把戏，毫没有价值。但是，玩在这把戏里面的主人公，要有很深的学养，才能够处之泰然哩。

当下，王冕将宸濠等一干叛逆，押进都察院。宸濠一见阳明，高声呼道："王先生，我愿把护卫所有，一律削尽，请降做平民，可还行么？"阳明答道："这个自有国法。"即令押送囚所，小心监视，就此拜本告捷。

那时，朝廷已差安边伯许泰为总督军务充总兵官，平虏伯江彬为提督等官，左都督刘晖为总兵官，太监张忠为提督军务，张永为提督赞画机密军务，并体勘宸濠反逆事情，及查理库藏宫眷等事；太监魏彬为提督等官，兵部侍郎王宪督理粮饷。声势浩大，直下江西讨贼。行到中途，忽闻阳明捷报，大家不由倒抽了一口冷气，于是一场孩子家玩的把戏，从此开幕。

许泰等愣住一会儿，遂商议要夺阳明头功，必须撺掇皇上亲领六师，奉天征讨，才得济事。因此，一面暗中阻止阳明捷报，一面密请正德御驾亲征。于是，就借着"元恶虽擒，余党未尽，倘不肃清，必有后患"等话头，做个大题目。原来，正德是被这班小人哄惯了的，果然自称"总督军务、威武大将军、总兵官、后军都督府太师、镇国公"，往江西亲征。众大臣竭力进谏，一概不听，竟有廷杖身死的。许泰等闻信，火速领兵直入南昌。顿时，城中大街小巷，都被兵马塞住，连行人都不能走动，阳明只得一一接见。

许泰、江彬、张忠等，傲慢非常，特设旁席，令阳明就坐。阳明暗想，一受节制，将事事听命，那还了得，便装做不知，公然上坐。许泰等没法，只好旁坐相陪，各怀恨在心，造作谣言，说阳明本与宸濠同党，听得天兵亲临，才反兵征讨，擒拿宸濠，藉此脱罪。又说等到皇上南下，须一并拿问。他们称心如意的算盘，是要教阳明把宸濠安放鄱阳湖中，待正德亲与遇战，然后奏凯论功。

阳明充耳不闻，酌带精兵，押解宸濠及宫眷、逆贼情重人犯，突出南昌，将亲到御前献纳。许泰等闻知，急派人追到广信，阳明置之不理，星夜前行，过玉山到草萍驿，上疏献纳叛徒，力止御驾南征。群小阻却不报正德，阳明因暂到杭州候驾。谁知提督赞画机密军务官张永，早在杭州守候。两下相见，阳明和张永道："江西人民，久遭宸濠毒害，经此一番大乱，接着又遇旱灾，更加供给京军、边军粮饷，如此困苦重重，除掉逃聚山谷，去做盗贼，却没有第二条去路。宸濠作乱时，还是胁从；如今穷迫而成，弄得奸党群起，天下土崩。到那时，再想兴兵定乱，也就难了。"张永听罢，连连称是，也慢慢的和阳明道："我的来意，专为着皇上左右，都是小人，要想替你从中调解，并不是与那班小人前来邀功。要知现在情势，顺着圣意，还好挽回万一，倘若逆着，徒然激起小人之怒，于国家大计，毫无好处哪。"于是阳明深信张永，别无他意，即把宸濠等一干重犯付与张永去迄。

忽报皇上用"威武大将军"牌，差锦衣卫千户，前来追取宸濠，阳明不肯出迎，三司竭力苦劝。阳明道："谁能忍心阿谀。"三司又苦劝不休，阳明不得已，令参随负勅同迎入内。有司问"劳锦衣礼"，阳明道："只好给银五两。"有司准命送出，那锦衣卫大怒，不受而出。明日，那锦衣卫来辞行，阳明站起身来，握手言道："我当年坐禁锦衣狱中好久，从没有见过轻财重义像公这样的为人。昨天命有司送上薄物，只算备个礼儿，听得公竟不受，教我惶愧，我没有别的长处，只会做几句文章，将来应当表章我公，好教世人知道锦衣卫里面，也有像公这样一个好人。"说罢，再拜称谢。那锦衣卫竟不能道出一句话来，长揖而别。阳明当把平定宸濠之功，改上捷音，说全靠着"钦差总督"威德，指示方略，才得攻克坚城，俘擒元恶，归功总督军门，藉此止住正德亲往江西，以减轻百姓供给。自此，阳明称病西湖净慈寺，打算不再出山。

张永将宸濠等押到江西，交付许泰等收管，听得正德已到南都，急急东下侍驾，乘机力言阳明尽心为国，忠诚有功，并说许泰、江彬、张忠等，要加害于他。正德遂命阳明兼巡抚江西。阳明目睹江西人民，连遭困苦，恐怕铤而走险，激成大乱，因再奉旨回任。许泰、江彬等正挟着宸濠，百般搜罗，军马屯聚，横行糜费。随军纪功给事祝续、御史张纶，又望风附会，造作谣言，中伤阳明。

阳明进得省城，只见沿路北军，对着他肆坐谩骂，故意来冲道寻衅。阳明如无其事，处处以礼相待。城中居民，早预令巡捕官暗暗嘱咐，收拾细软，移住四乡，只剩老弱守门，打算犒赏北军，许泰等预令禁止，一个不准收受。阳明因传示内外，告谕北军离家苦楚，居民务要竭尽主客之礼，又常常出院视察，遇见北军死丧，特地停车询问，给送棺木，妥为殡殓，徘徊嗟叹，良久才去。北军感动天良，个个叹服。看看冬至节近，阳明传令城中，分奠遇难、遇亡之鬼魂。市民新遭战祸，男女老幼穿着素服，提着纸钱，都悲悲切切的走来哭亡酹酒，声闻不绝。北军听着，个个触动思家之念，多拥到军门，涕泣求归。阳明每和许泰等会话，端身正色，一言不苟。许泰等见着，心中就有几分畏惧，竟奈何他不得。

后来，许泰等想到阳明是个文弱书生，断然不通武术，却喜自己长于弓马，因约阳明较射，好当众侮辱一番，发泄胸中闷气。约书过去，阳明勉强答应。当日，各军会齐教场，甲仗鲜明，部伍齐整，如临大敌。城中市民，也哄动一时，挤来观看，许泰、江彬、张忠等各与阳明见礼完毕，措手齐声请教。但见阳明不慌不忙，跨上马背，流上箭道，别有一样儒雅风流的态度。看看马蹄渐紧，阳明钩弓搭射，照中红心，"飕"的一响，射个正着。北军哄然举手，全场采声如雷，说时迟，那时快，阳明三发三中，北军举手呼跳如狂。许泰等大惧道："咱们北军，难道都归附王都堂了么？"便即日商议班师。

二十七、昭雪冀元亨

正德十五年（1520），阳明四十九岁

　　许泰等虽然班师东下，心中怀恨不已。到得南都，便商议伪造诏书，召阳明引见，安排半途要杀。张永闻知，急差幕士钱秉直，报知阳明。许泰等见阳明屡召不到，料定不敢出江西一步，正好藉此诬他谋反，就齐奏正德，说明阳在江西必反。正德因问："怎么可以验得？"许泰等奏说皇上倘传旨召见，他必不到。正德即下诏，召阳明面见，张永又急令钱秉直告知实情。阳明得旨，立刻东下，行到芜湖，许泰等闻知，大失所望，深恐坐着"诬奏"之罪，火速从中阻止。阳明在芜湖留待半月，一腔孤忠，四面谗口，落得进退两难，便换上纶巾野服，入九华山中，得一草庵，终日默坐。张永闻知，又乘机面奏正德，力言："王守仁实是忠臣，今因许泰等和他争功，已弃官入山，安心修道去了！"正德即差人入山探视，据实回报，正德叹道："王守仁是个道学人，召他便到，怎样会反呢？"因传旨，命阳明回江西视事。

　　江西当兵残之余，宗室、人民，凋敝不堪；官府衙门，居民房屋，十九烧毁。阳明勤劳安抚，竭力赈恤，奏免租税；又把城中没官的房屋，连宸濠所筑违制宫室，以及革毁一应衙门，或修或改，变做公廨；宸濠占夺民间田地、山塘、房屋，也奏请给还原主执业，其余依照市价，变卖银两入官。从此，南昌各属百姓，爱阳明如父母，家家画像，岁岁报祀，和南赣一样。

　　当年宸濠谋为不轨，揽结名士，收罗幕府，凡江西官吏有些才能的，礼遇极隆，屈志结纳，好广植党羽。他知道阳明名重朝野，用兵神奇，暗想若得此人，大事可成，即令刘养正前往游说。当日刘养正奉命而行，到得赣州，拜见阳明，便开口道："如今宁王尊师重道，有汤武之资，想从公讲明正学，公愿赐教么？"阳明笑道："殿下能舍去王爵么？"刘养正闻言，知道阳明不上此船，留住两日，只得别去。阳明自思宸濠来意诚与不诚，倒要借此试探一番，便命门人冀元亨前往，佯与讲学。

那冀元亨，表字惟乾，湖广武陵人氏，也曾中过举人。他的学问，以"务实不欺为主"，而"谨于一念"。阳明爱他忠信可托，命教授公子正宪，因而有此一行。冀元亨到得南昌，径投宁府，坐与宸濠论学。宸濠是个良心失陷的人，忽听一番道学话头，心中以为迂腐不堪，便大笑道："好好一个人，难道就痴到这样么？"说罢拂袖而入。冀元亨也就出府回赣，备细说知，并且断定宸濠必反。阳明大惊道："祸根种于此了！"急派人从山僻小道，护送元亨回乡。

待得许泰等在南昌和阳明寻衅不遂，没法出气，打听得阳明曾叫冀元亨到宁王府讲学，正好借此坐实阳明"私通宸濠"之罪，遂火速派差，将冀元亨捉到，肆行拷打，元亨竟没有半句阿顺话儿，只得严禁狱中。元亨妻子李氏和两个女儿，处着这等环境，毫不恐惧。李氏曾对人说："我夫尊师讲学，岂肯做叛逆的事么？"长日带着女儿，绩麻不息，闲着就读书歌诗。冀元亨监禁狱中，对待同监囚犯，和兄弟一般，见他们苦痛涕泣，就把浅易明白的学问，提起精神，多方讲说。一班囚犯竟欢喜听讲，不但把苦痛忘掉，还渐渐知道迁善改过。当时，各科道交章论辩，阳明也咨部白冤，然直到世宗嘉靖登基，才下诏释放元亨。谁知冀元亨在狱中早已得病，诏书下后五日，竟病死狱中。陆澄、应典一班同门闻知，备棺收殓，讣告同志。阳明闻讣，设位恸哭，厚恤家属。过后提及，还哀痛不止。

那年，阳明巡抚江西，政务虽然忙碌，四方学者，前来请益，依旧讲说不倦。泰州王银，古冠古服，手执木简诗稿，昂然而来，谒见阳明。阳明遥见大异，降阶相迎。礼毕，王银巍然上坐。阳明问道："你这冠儿叫做什么？"王银说："有虞氏冠。"又问道："你这衣服叫做什么？"王银说："老莱子服。"阳明跟紧一步问道："你学老莱子么？"王银答应一个"是"字，阳明再跟紧一步问道："你学老莱子，止不过学着他穿的衣服，还没有学他那'上堂诈跌，掩面啼哭'罢？"王银听到这里，顿时心海中起了个浪花，脸上也就变了颜色，觉得身居上座，老大有些不自在，不由得慢慢儿移到侧首一边。阳明知道他已经心动，便把"致知格物"的学说，和他细讲一番。王银起立大悟道："我们的学问，专在外面装饰做作；先生的学问，是精刻在心里的。"就此，他的有虞氏冠也不戴了，老莱子服也不穿了，恭恭敬敬，执着弟子之礼，投拜阳明门下。阳明便把他的名改做"艮"，表字改做"汝止"。

中国有一等人，稍微有些知识，便大模大样，不肯移樽就教，对着知识不如他的，常把两只眼睛一直，鼻子里哼一哼，冷冷的说道："我和他们'对牛弹琴'啊！"社会上多了这等人，那教育前途，还有希望么？请看阳明先生，他上自士大夫，下至苗民、囚徒、盗贼，只要是人类，无所不行其教育，而且经着他一番教育，没有不感兴鼓舞的。所以阳明纯粹是教育家，那治军行政，只算他的余事。

一天，左右来报说："外面有个哑子，叫做杨茂，是吉安府泰和县人氏，定要求见问学。"阳明高高兴兴的答应了。杨茂进见，连连叩头，阳明做个手势，问他可识字。杨茂点头，表示识得。阳明便用字和他问答道：

> 阳明：你口不能言是非，你耳不能听是非，你心还能知是非否？
>
> 杨茂：知是非。
>
> 阳明：如此，你口虽不如人，你耳虽不如人，你心还与人一般。
>
> （杨茂首肯，拱谢。）
>
> 阳明：大凡人只是此心，此心若能存天理，是个圣贤的心。口虽不能言，耳虽不能听，也是个不能言、不能听的圣贤心。若不存天理，是个禽兽的心。口虽能言，耳虽能听，也只是个能言能听的禽兽。
>
> （杨茂扣胸，指天。）
>
> 阳明：你如今，于父母，但尽你心的孝；于兄长，但尽你心的敬；于乡党、邻里、宗族、亲戚，但尽你心的谦和恭顺。见人怠慢，

不要嗔怪；见人财利，不要贪图，但在里面行你那'是'的心，莫行你那一'非'的心，纵使外面人说你'是'，也不须听；说你'不是'，也不须听。

（杨茂首肯，拜谢。）

阳明：你口不能言是非，省了多少闲是非；你耳不能听是非，省了多少闲是非。凡说是非，便生是非，生烦恼；听是非，便添是非，添烦恼。你口不能说，你耳不能听，省了多少闲是非，省了多少闲烦恼。你比别人倒快活自在了许多。

（杨茂扣胸，指天蹙地。）

阳明：我如今教你，但终日行你的心，不消口里说；但终日听你的心，不消耳里听。

（杨茂顿首，再拜。）

二十八、诏封新建伯
正德十六年（1521），阳明五十岁

阳明连年经历宸濠、忠、泰等事变，益信他那"良知"两个字，可以忘忧患，出生死。他说："守定这两个字，好比船家手里把着舵柄，平澜浅濑，没有不操纵如意，就使遇到颠风逆浪，手里把住舵柄，终可以免掉沉溺的危险。"到了五月，阳明大集门人于白鹿洞，讲明学术。那年武宗正德晏驾，世宗嘉靖继位，特下勅旨，召阳明到京内用。阳明即于六月二十日起程，暗中却被辅臣阻挡。

阳明到得钱塘，便上疏恳乞便道归省，辅臣又暗使嘉靖准奏。八月到越城，九月到余姚，拜见父亲王华，祭扫祖宗坟墓，访到瑞云楼，指着他藏胎衣的所在，洒泪良久，因为想到他老母不及奉养，祖母又不及

亲自含殓的原故。自此天天和宗族亲友，喝酒游散，随处指点"良知"两字。十二月里，正和父亲王华祝寿，大会亲朋，热闹非常，忽报圣旨到来。制曰：

> 江西反贼剿平，地方安定，各该官员，功绩显著。你部里既会官集议，分别等第明白。王守仁封新建伯，奉天翊卫推诚宣力守正文臣，特进光禄大夫柱国，还兼两京兵部尚书，照旧参赞机务，岁支禄米一千石，三代并妻一体追封，给与诰券，子孙世世承袭，正德十六年十二月十九日，准兵部吏部题。

朝廷差行人赏白金绮慰劳，兼下温旨，存问父华于家，赐以羊酒。宣读完毕，接待行人。阳明亲到父亲席前，捧觞上寿。忽见王华皱着眉头说与阳明道："当年宸濠作乱，大家都道你要死于国难的，你竟没有死。又大家都道你这番大难，断不容易平定的，你竟会平定。到后来小人进谗，祸机四发，将近两年，终以为你不能免的了。幸而天开日月，显忠遂良，高官厚爵，滥冒封赏，我父子们今日重聚一堂，这不是侥幸极了么？然而盛便是衰的起点，福就是祸的根源，今日虽然大幸，我却以为大惧哩。"阳明听罢，洗爵跪进道："大人的教训，儿子牢记在心，夜不能忘。"众宾听了，都叹王氏一门会遇的隆盛，又都感觉着"盈虚"的警戒！

二十九、作业教育的证明
世宗嘉靖元年（1522），阳明五十一岁

这一年中，阳明家居。正月，上疏辞封爵，不报。二月，父亲王华去世，居丧。七月，再上疏辞封爵，不允。九月，葬父亲王华于石泉山。此

外，四方学者来问学，大都不见，叫他们回去自求孔孟哲理。有时不能不见，只检出紧要处，略说几句。几百年后的读者，都似乎觉得在这一年中，阳明没有重要的问题可以研究。殊不知，阳明教育中，还包含一种"作业主义"在里面，到此完全可以证明。可惜当年钱德洪记到这里，也没有多搜事实，详细录出，仅仅三两句话，就把他老夫子的大主张，轻轻搁过；反把那请辞封爵的奏稿，大费抄写。可惜呀！可惜！不过我们读书要和学字一样，只要得着古人善书一二行，终身学之，便成名家。那么，钱德洪记得虽然简略，也足够我们研究了。

这年二月十二日，王华七十岁，病殁。阳明先戒家人勿哭，把冕服各事，内外料理完毕，然后举哀。阳明一哭顿绝，病得不能办事。即命门人子弟纪丧，因才分派。其中有个仙居县人金克厚，谨恪可靠，使他监厨。金克厚出纳物品，十分谨慎，稍微有些不合，立刻追还，办得内外井井，不丰不啬。那时浙江的风俗，大户人家举办丧事，礼堂上必须铺设得文绮光采。吊客到来，先上饼糖细点，然后烹鲜割肥，大吃大喝，务要供待得吊者大悦，才算面子。那种竞争奢侈的恶俗，阳明一律革除，只备素食，供应吊客，遇着高年远宾，才添设两样肉食。这种办法，已经算得力矫弊风了。后来湛甘泉老先生，还写信来责备一场，阳明引罪不辩。

百日以后，治丧完毕，倒把个金克厚，从"监厨作业"中，得着许多实学。从此立身处世，读书科考，都照监厨一般做去，竟事事通泰，科科连捷。即在那年中举人、举进士，他竟以为独得之秘。一天，他私下和钱德洪说及，钱德洪道："先生原常说的'学必操事而后实'，真是至教哪！"这"学必操事而后实"一句话，不是和现在教育家所讲的"作业教育"，暗暗符合么？阳明在四百年前，就首先发明。他们当中脑筋敏锐的，就秘守着得到实效。且不要说这四百年中没有学者提倡实行，只愿四百年后的学者，能够不把他这"作业教育主义"再埋没下去，也就算恭喜了呀！

三十、家居讲学

嘉靖二年至六年（1523—1527），阳明五十一岁至五十六岁

这五年中，在钱德洪当时，多录阳明与人论学的书信。这许多信，却是精华，有志阳明学术的，可以进一步向《王文成公全集》中去研究。现在只拣五年中紧要事迹，记出四项：

第一项，这五年中，是阳明讲学全盛时代，也是阳明精神上极快活时代。阳明的大志，只在倡明学术，革新人心，归于大同。此番得闲居越中，没有政务的纷扰，正如所愿。四方学者，也因此日聚日多。所以阳明有"会稽素号山水之区，深林长谷，信步皆是，寒暑晦明，无时不宜，良朋四集，道义日新，天地之间，宁复有乐于是者"一段谈话。他们会学的场所，一处是稽山书院，一处是龙泉寺的天中阁。学者的籍贯，除掉近省以外，可考据得见的，北到直隶，西到两湖，南到广东，这"良知"种子散布的区域，也就不算小了。他讲学讲到这里，越说越简，把他的哲理归约成四句宗旨道：

> 无善无恶是心之体；
>
> 有善有恶是意之动；
>
> 知善知恶是良知；
>
> 为善去恶是格物。

嘉靖三年天泉桥聚会，要算最盛。那日，正当中秋佳节，晚上，月明如昼。阳明命侍者设席碧霞池上，门人随侍的有一百多人。一时间，师生举杯邀月，对月畅饮；酒到半酣，四座歌声渐动。一会儿，只见众门人有投壶的，有聚算的，有击鼓的，有泛舟的，阳明也一时兴发，提

笔赋诗道：

> 万里中秋月正晴，四山云霭忽然生。
>
> 须臾浊雾随风散，依旧青天此月明。
>
> 肯信良知原不昧，从他物外定能撄。
>
> 老夫今夜狂歌发，化作钧天满太清。

> 处处中秋此月明，不知何处亦群英。
>
> 须怜绝学经千载，莫负男儿过一生。
>
> 影响尚疑朱仲晦，支离羞作郑康成。
>
> 铿然舍瑟春风里，点也虽狂得我情。

第二项，阳明对于初及门的学者，必使他有一种经过，也很有研究的价值。他这几年中，不论远近学者，新到门下，执贽请见，阳明暂不和他会面，命钱德洪、王畿等一班先进弟子，引导一番，看他求学的志向，确实坚定，一心一意要请见，方才许他。待得进见，却又和他焚香默坐，相对无言。这种"哑巴教育"，在粗心人看着，不说阳明搭架子，就要说阳明学着释、老的道儿。倘使也焚香默坐，静心一想，便觉初学的有这番经过，在心的方面，极有益处。试问学者心不归一，志不坚定，这教育怎样入得进去呢？

第三项，要说朝廷方面，对于阳明的态度，拿正当心理来论，阳明功高望重，极应该请他入阁办事，平政安民。哪知朝中大臣，正怕他功高望重，倘然进得内阁，私心不利。便一面讽人举劾他提倡"伪学"，一面暗中阻止嘉靖帝召见。所以阳明服满之后，虽然有礼部尚书席书上疏特荐，说："生在臣前者，见一人曰杨一清；生在臣后者，见一人曰王守仁。"在嘉靖帝前推重到如此，依旧前后六年不召。

第四项，虽然是阳明的家事，也不可不略提几句。嘉靖二年九月，改葬父亲王华于天柱峰、母亲郑太夫人于徐山。嘉靖四年正月，诸氏夫人病殁；四月，也祔葬徐山。嘉靖五年十一月庚申，继室张氏生子正亿。此外，还有门人南大吉从薛侃所刻《传习录》三卷以外，增录二卷，前后合五卷，嘉靖三年十月在越中出版。

三十一、恩田平苗
嘉靖七年（1528），阳明五十七岁

在民国纪元前四百年左右，中国南方各省，苗族的势力，还很厉害。南岭一带洞溪山谷，都是他们的世界，而汉民多聚居平原。历朝治苗政策，起初常发大兵征剿，眼看着他出入山谷，无法进攻，只得招抚而罢。明朝开国之初，两广云贵一带，要算恩田八寨的苗瑶，犄角屯聚，最为凶猛。他们善用利镖毒弩，当之立死。况且寨壁天险，进兵无路。都督韩观，曾经统兵数万，前去围攻，竟不能破，也只好唱那招抚的老调。后来都御史韩雍，统兵二十万，去征断藤峡的苗民，虽然破得，但撤兵没有几时，依旧攻陷浔州，据城大乱。当时勉强招抚，敷衍过去，从此时反时服，全看疆吏的措置。

到得正德年间，广西田州土知府岑猛作乱，提督御史姚镆，奉旨征讨，岑猛父子被擒，奏到京师，正论行赏，忽报岑氏手下头目卢苏、王受又勾结苗民，聚众作乱，攻陷思、恩。姚镆调集四省兵将，再行讨伐，谁知日久无功。巡按御史石金，大不为然，上章论劾。内阁会议，侍郎张璁、桂萼，特荐阳明总督两广军务，度量事势，随宜抚剿。那时阳明已有痰疾，奉到谕旨，即上疏力辞，举尚书胡世宁、李承勋自代。辅臣杨一清奏说："姚镆不去，王守仁决不肯来。"遂一面传令姚镆自行告退，一面催促阳明上道。阳明无法推辞，只得扶病动身，从钱塘江乘舟西进，路过江西、湖南，直到广西梧州开府。接着，又奉旨兼理巡抚两广。这是嘉靖六年六月

以后的事。

到此，我们要研究阳明治苗的政策了。他从浙江动身，一路详细查问，把田州苗乱实情，访得彻底彻清。第一层，认定从前两广军门，失却威信和责任，又无兵将可用，专靠土官狼兵（即苗官苗兵）行事，因此他们的气焰，一天高似一天。待得事平，又功归上官，土官狼兵，怀恨在心，遂不时乘机窃发。第二层，当地苗族势力，还大于汉民，改土归流，不但流官镇压不住苗民，反生苗、汉两族的猜忌，所以常常多事。第三层，思田八寨，南接交趾，西连云贵，倘使不把苗民妥为安抚，认真开化，收做有用之民，不但西南各省，弄得稀糟，连南边藩篱，也就此破碎。

当下阳明既把苗疆根源探清，即拟定进兵行剿有"十害"，罢兵行抚有"十善"，还有"二幸"、"四毁"。他一面奏明朝廷，一面与布政使林富、纪功御史石金观看。林石二人大为赞成，阳明便直到南宁，下令尽撤原调防守各兵，限数日之内，解散归农，只有湖兵数千名，为着路途遥远，不易便归，遂令分留南宁、宾州各处，解甲休养，待时发还。

再说那大头目卢苏、王受，都知道阳明治盗江西，一片仁心，不肯好杀，早生了投生的念头，日夜打听阳明南下。后来看着阳明在南宁把数万雄兵，立刻遣散，他们投生的念头，高到沸点，急派手下头目黄富等十余人，先投军门，诉告从前反抗苦楚。阳明把朝廷威德晓谕一番，又把改过自新的话，开示明白。过了一天，卢苏、王受和手下众头目数百人，都囚首自缚，投到军门，哀号控诉。阳明再把朝廷恩德，当众告谕，又喝令左右将卢苏、王受按下，各杖责一百，众头目都同声叩头，代求宽恕。阳明命人解缚言道："今日所以赦尔一死，是朝廷好生之仁；所以杖尔一百，是我等官府执法之义。"大众听了，个个悦服。

阳明即日亲到卢苏、王受各营，安抚余众，人人感泣欢呼，情愿誓死答报，杀贼立功，自赎前罪。阳明又晓谕道："朝廷只愿生全尔等。如今方来投生，难道还忍心再教尔等去死在刀兵里面？尔等逃窜日久，家业破荡，且速归去，完尔室家，依时耕种，修复生理，那各处盗贼，我军门自有区处，不须尔等剿除。待得尔等家事粗定，我军行用得着时，慢慢再来调发。"阳明说罢，众人又都感泣欢呼！阳明即委布政使林富、总兵官张祐，分头安插，督令各归复业。这一来，并没有动一个兵，断一枝箭，竟把那姚镆统带数万大兵，日久不能平定的一场乱事，不消数天，就在几回感泣欢呼里面，暗暗消灭。难道阳明真有什么法力么？不过他能够看清事情的里面罢了！就是这能够看清事情的里面。要有真学问哪！

那时，广西一带汉、苗杂处，正是两族互相消长的时候。在苗民呢，只知道饥餐渴饮，饱淫暖嬉，天大的事情就完了。汉族人数虽然少于苗民，凶悍不及苗民，独有开创的能力，却大过苗民。汉民又有政府帮助经营，学者提倡文化，所以人口日多一日，文明也渐渐开发。苗汉势力的消长，就此一点，分判高下。阳明之政见，主张事事要从根本上着力的：他贬谪到龙场，贵州就有了文化；督兵赣州，江西就兴礼让，平时到东到西，苦口婆心，也只此一事。他此番巡抚两广，目睹这蛮烟瘴雨之乡，芸芸众生，鄙野失学，怎不油然兴感？阳明因此便想在田州建设学校，当地却满目疮痍，居民又逃窜一空，没有学生可招。

阳明遂亲自案行提学道属，着儒学招收儒生，选委教官，和他们讲习息游，兴起孝弟；同时又举行乡约，随时开导；再兴南宁学校，和各学师生，朝夜开讲，看看渐渐奋发。阳明又怕穷乡僻地，不能亲身前去讲演，便委派原任监察御史降合浦县丞陈逅，主教灵山各县；原任监察御史降揭阳县主簿季本，主教敷文书院，并牌示教授方法。却巧有个福建莆田的生员陈大章，到南宁游学，阳明考问他冠、婚、丧、祭、乡射等各种仪节，陈大章均一一通晓。阳明大喜，即派他往各县教演；又牌示各属官吏说，现在各学生徒，大都束书高阁，饱食嬉游，散漫度日，不如督令他们，和陈生朝夜讲习各种仪文节度，好收他们的放心，固束他们的肌肤筋骨，免得博弈饮酒，败坏学风。陈生到时，各官在学舍中妥为招待，选取年少质美有志习礼学生，与他讲解演习。从此，广西的文化，又被阳明提高一步。这一节，关系地方风教还小，关系苗汉两族势力的消长，边疆的拓殖开发，就很大了。

阳明见各事略有头绪，便暗传边城入内，令其速往八寨断藤峡，探明路径出入与苗兵虚实，详细来报。那边城生得矮小丑陋，面黄肌瘦，素日衣衫褴褛，像个叫化子；哭丧着脸，像个苦鬼。看他外貌，谁也想不到他力过猛士，胸藏智略，而且飞山越涧，如履平地。边城曾经浪游名都，遍历关寨，不遇识者。上年怅怅南归，闻得阳明出征思、田，遂径往投效。阳明一见大异，留与西来。

当日，边城奉着密谕，就装做化子，一路行乞而入，周历思吉、周安、古卯、古蓬、古钵、都者、罗黑、杀丁八寨，又把断藤峡、仙台、花相各洞，探个仔细，正是神不知，鬼不觉。边城回得军门，面禀阳明道：各寨苗人头领，起初闻知军门解散防守各兵，还疑有诈意。后来确不见调兵聚粮，才各各放心，不做准备。说罢，又将各寨出入要道，细细禀明。阳明大喜，火速传齐参将张经，指挥马文瑞、彭飞、王良辅，统兵宣慰彭明辅、彭九霄等，以及目兵彭恺、卢苏、王受，各领壮兵，分路布哨，暗间袭击。阳明又令布政使林富、副总兵张祐、参议汪必东、副使翁素、佥事汪溱等，调齐湖兵，佯为遣归，暗捣寨巢。各路分拨已毕，阳明严申军令，限定日期，务要必胜。可怜数万无知苗人，平时靠着山壁天险，啸聚横行，小觑官兵。斯时正在各寨嬉游快乐，忽见四面官兵云集，大家箭不在身，刀不在手，吓得惊惶乱窜，多被生擒死杀。至此，不满一月，各寨荡平。

那时正值七月天气，流火铄金，疾疫大盛，阳明也就班师奏凯。他又周历山川，详问地方父老，山溪苗酋，开图立里，经理城堡。他并顺着苗地实情，设立土官，牵制苗人头领，又特设流官，分设土官巡检，散开苗瑶部众，务使苗汉交和，公私两便。一时间，阳明选官任用，遣将镇守，忙得神倦心疲，病势加重。

三十二、阳明逝世
嘉靖七年（1528）十二月，阳明五十七岁

阳明巡抚南赣，出入山谷，就曾中着热毒，常常上咳下痢；后来退休越中，延医调治，稍微好些，但终不能断根。上年又奉命入广，益发住在那炎荒烟瘴地方，力疾从公，终致旧病重发。到十月间，渐觉已撑持不下来了。于是，阳明便一面上疏乞归养病，一面决计从梧州直下广东，到韶、雄左右候命，谁知朝廷留中不报。

船路过乌蛮滩，船家指说，上面便是伏波庙，阳明还上去拜谒；待到得增城，一来这里是他老友湛甘泉的故居，二来此地有他五世祖王纲的祀庙，阳明也上去设祭题诗。不料，阳明又因此加重腹泻，疲乏不堪，两脚不能坐立。他还念着许多门人，伏枕草书，去勉励他们；他心里也知病势无望，遂把归田的夙愿，渐渐丢开，只想和他的阳明洞，会过一面，就此长别，也算了却最后私愿。

到了十一月中旬，看看不能候待朝命，阳明只得缓缓东归。二十五日，将过梅岭，广西布政使王大用在侍。阳明因言道："你知道孔明所以托付姜维么？"王大用闻命，心中不觉凄然，即发兵沿路护送，暗选上好的寿木，私带后车。行到南安，阳明一行上船，其门人周积，在那里做推官，赶来拜见，看阳明咳喘不止，半晌，才慢慢问道："你近来进学如何？"周积回说："被政务牵累。"周积因问："道体如何"？阳明道："病势危亟，只存些元气罢了！"周积退出，迎医诊视。

二十八日晚上，阳明忽问："这时候船停泊什么地方了？"侍者回说，已到青龙铺，阳明就默默无话。二十九日早上，阳明命传周积入侍。周积站立好久，才见阳明慢慢睁开两眼，向周积看了一看，说道："我去了！"周积一听，泪如涌泉，回问道："先生可有遗命？"阳明微微的笑了一笑，

说道："此心光明，还有什么说的。"言罢，瞑目而逝。

那时，门人赣州兵备道张思聪，已把王大用所选寿木，暗招匠人，亲自监工作成，带着追到南安，此时即将阳明灵躯，迎入南野驿，就中堂沐浴，铺榇设褥，丧里褃袭，如礼衾敛。十二月三日，张思聪和官属师生，设祭入棺。次日，阳明舆榇登舟，远近士民闻知，遮道痛哭，像没了爷娘一般。自此一路从赣州、南昌过去，不但官府迎送祭奠，连深山穷谷的男女老幼，都穿着素服，匍匐哀迎，一路哭声不绝。钱德洪、王畿等一班门人，和公子正宪等，都迎来成丧，讣告同门亲友。到嘉靖八年四月，才迎入府中，奠枢中堂，如礼举哀。阳明的四方门人，纷纷来吊，从初丧到卒葬，聚居不散。那年十二月，安葬阳明于洪溪，墓地离越城三十里，距兰亭五里。

第二编

生　活

（王勉三　著）

例言

（一）王阳明不仅是明代的大师，而且更是中国的大思想家，大哲学家；他的学说，不仅影响中国，而且还影响到了日本。至今日本人士，仍是极端的崇拜信仰着。像这样伟大人物的生活，真值得为我们所应当知道的。——此本书之所以作也。

（二）本书根据典籍，用有条理的文字，来介绍王阳明的生活，如家庭、幼年、游历、应试、政治、改过、讲学、贬谪、剿匪、平逆、晚年……之各种生活，均包举无遗（琐屑无关大要，与荒诞不足征信者，则从略）。至于阳明的时代背景，因与他的生活有密切的关系，故亦兼为述及。目的务将整个的王阳明，完全显示出来，在使读者，对于王阳明，有一个深切的了解和认识。

（三）本书引文，选择至为谨严；而引用者，亦适如其当，无冗堆滥举、纷列杂陈之弊。

（四）本书参考卷籍，虽不下十余种；但书籍无穷，个人所见，究属有限。内容贫陋，自知难免，尚祈读者谅之！

（五）本书因限于篇幅、时间，其不能满读者之意，料必甚多；加以作者学殖荒落，俗务萦扰，自不免有纰谬浅陋、贻笑方家之处。读者倘肯惠然不吝指正，作者愿诚恳地接受。

（六）此书所能告成，内子陈端玉实予以不少助力，且更任校雠劳苦。心感之余，聊志以谢！

一、导言

我们中国有件极可珍贵的宝物，可惜遗失在日本去了，现在愿我们大家，赶快去拿回来，自己享用，不要长此让它留在异国，替异国去发扬文化，扩张国力；而我们失主，不闻不问，还是摆起"天朝大国"的架子，以为本国的宝物很多，遗失了一两个，算不了怎么一回事，那就太可惜，而且是太不对呀！

这件宝物，是怎样一件东西呢？它有怎样的价值，可令人珍贵呢？遗失了不拿回来，有怎样的利害呢？想要明了这几个问题，须得请看下面的答案。

这件宝物，不是别的东西，就是曾经支配中国思想界，有百余年之久的"王学"！

至于要明了"王学"的价值，与其极可珍贵之点，则请先看几位明眼能识宝物的大家，对此宝物的评估：

黄梨洲说：

> 有明学术，……自姚江指点出"良知"，……便人人有个作圣之路，故无姚江，则古来学脉绝矣！前夫阳明者，皆阳明之导河；后夫阳明者，皆阳明之华胄。……要皆以"王学"为中心。

毛大可说：

> 顺治末年，……赖世祖曰："守仁之学，有似孟子。"……皇上谕之曰："守仁之学，过高有之，未尝与圣学有异同也。"大哉王言！盖自是，而姚江绝学，经二圣断定，千秋万世，又谁敢有非之者！

梁启超说：

> 至于"王学"的大概，……可以说"王学"是中国儒教、印度佛教的结合体。也可以说是中国文化和印度文化结婚所生的儿子。……实在说来，明末的一百年内，"王学"支配了全中国，势极伟大。我自己很得力于"王学"，所以极推尊他。

好了，即此评估，已可了然"王学"的价值之一斑，不必再去"繁征博引"了。

以上是评定"王学"的价值，极可珍贵，值得我们加以研究奉行的。至于王阳明的本身，是否也值得研究；我们再看几位大儒，对于阳明本身下的批评怎样：

刘蕺山说：

> 周子其再生之仲尼，明道不让颜子，横渠、紫阳亦曾、思之亚，而阳明见力，直追孟子。自有天地以来，前有五子，后有五子，斯道可谓不孤。

毛大可说：

> 尧、舜相禅，全在事功；孔、孟无事功，为千秋大憾。今阳明事功，则直是三代以后，数千百年一人。即令无学，亦既在孝悌忠信、正谊明道、志士仁人之上；而学复如是，虽使亲入圣门，亦应不出由、赐下。

黄道周说：

> 文成出，而明绝学，排俗说，平乱贼、驱鸟兽……自伊尹以来，乘昌运，奏显绩，未有盛于文成者也。

梁启超说：

阳明才气极高，不但学问，便是事功也很伟大。

好了，有了这以上的批评，也可想见其余了。为使读者深一层的易于认识阳明起见，作者特再下一个简而且浅的介绍："阳明不仅仅是一个大哲学家，而且还是大文学家、大教育家、大军事家、大政治家。他的文学天才、教育主张、军事学识、政治才能，在在均能与他的哲学相媲美。别人纵博而不能专精，他却是愈博愈专愈精，他所以能超越前人之处即在此。"

我们看了上面的说话，已都知道王阳明是极有价值可以研究的一个人了；而他的学说，尤其是有研究的价值了。

既然是王阳明与他的学说，都有可研究的价值，那么，我们应当怎样去研究呢？研究之先，应从何处下手呢？

这也不用多谈，当然应该先从他的生活方面下手了。梁启超说："居恒服膺孟子知人论世之义，以谓欲治一家之学，必先审知其人身世之所经历，盖百家皆然；况于阳明先生者，以知行合一为教，其表见于事为者，正其学术精诣所醇化也。"这几句话，真是确切而有至理。"经历"即是生活，要是想研究"王学"与王阳明，则非先从阳明生活方面下手不可。

阳明的生活，是个容易叙述的吗？不，不容易。虽然有年谱、行状等参考，然而决不能学写誊清账簿一般依样葫芦，有一件写一件的呆板工作。如若是这样"誊清"式写的阳明生活，倒不如直截了当的，看年谱、行状，还比较的好些。

综计他一生的生活，学骑射，学任侠，学词章，学佛修道，讲学化夷，投身政海，削平盗逆……许许多多的事迹，也不是这样一本小册子，所能叙述得完；更不是学殖荒落的我，所能胜此重任！

最后，我敢大声告诉读者说：

第一，这本《王阳明生活》，乃是作者初次的试作，目的在藉以引起读者研究阳明生活的兴趣。

第二，这本《王阳明生活》，是备作读者研究"王学"一个小小的参考资料。

第三，这本《王阳明生活》，是个催起读者、收回遗失在日本的珍贵宝物之推动机。

二、幼年生活与其家庭

世代的书香门第

要是提起阳明的家庭，可以用八个字来概括它。哪八个字呢？就是"书香门第，诗礼人家"这八个字。自从他的六世祖性常，一直到阳明，代代都是饱学名士，而且都是气节高超、孝行纯笃的；阳明的一生学问事业，实在受了家庭不少的影响。

阳明最初的祖先，是晋朝光禄大夫名览，原本琅琊人。览的曾孙羲之（就是我国称为"字圣"的），少随父旷渡江，家于建康，不久徙会稽；后来子孙，又迁剡之华，再迁石偃，复迁达溪。二十三世迪功郎名寿者，重迁至浙江余姚。由此以后，再也没有迁移到别处了。

到元末明初时，阳明的六世祖，名纲字性常的，以文学知名，兼有大将之才，尤善识鉴。元末，天下大乱，奉母避兵于五泄山中，少与明诚意伯刘伯温友善。元亡明兴，刘伯温特荐于朝；时性常年已七十，而齿发精神还如少壮，官为兵部郎中，不久，潮民不靖，遂擢广东参议；往督兵粮，携十六岁子彦达往，竟及于难。彦达亦随入贼中，见父被害，则从旁哭骂求死，贼欲杀之，其贼酋不允，并容他缀羊革裹父尸而归；御史郭纯奏其事闻于上，为庙祀增城，并录用彦达。奈彦达痛父之死，愿躬耕养母，终身不仕，所以没有出来做官。

与准字公度，乃彦达子。少秉父教，隐居不出；时朝廷督有司访求遗逸甚严，使者至县，欲起翁，翁闻亟避，因而坠崖伤足，始免。但又恐有罪，不得已，以子世杰代之。与准长于《易》，曾著《易微》数千言。

世杰少有圣贤之志，尽通四书五经，及宋诸大儒之说。代父被征，备邑庠弟子员，旋即无意仕进。母临终时，嘱以家贫宜仕，乃应贡；祭酒陈敬宗荐于朝，未报而殁，著有《槐里杂稿》数卷。

天叙名伦，世杰子，人称竹轩先生，这就是阳明的祖父了。他的父亲死后，遗留下的仅仅书史数箧；竹轩于书无所不讲，故异常渊博。魏瀚说他："善鼓琴，每风月清朗，则焚香操弄数曲；弄罢，复歌古诗词，而使子弟和之。识者谓其胸次洒落，方之陶靖节、林和靖无不及焉。"我们由此也可想见其为人。阳明之所以能成名，受祖父影响颇深，尤其是文学的方面。

阳明的父亲，名华，字德辉，别号实庵，复号海日翁；因曾读书龙泉山中，所以人又称他为龙山先生。从小，其祖授以古诗歌，经耳后便能背诵。六岁时，便道德非常之好，能拾金不昧。幼年气概迈众，见者无不惊叹。应试，大魁天下；不畏权势，敢于谏君之失。阳明忤刘瑾，瑾移怒德辉；瑾微时，极慕德辉品望，闻阳明的父亲，即是德辉，怒稍解。阴使人召德辉，谓一见可立令跻相位。德辉峻拒不可，因此瑾欲陷之为快。母亲岑夫人殁后，寝苫疏食，哀毁逾节。那时他也已有七十多岁了。阳明的道德，多为他父亲遗传，"有其父必有其子"，这话真不差呀。

德辉的元配夫人姓郑，就是阳明的母亲。阳明少年时期，他母亲便与可爱的亲儿长别了。继室姓赵，生了一女，嫁给徐爱（字横山，乃阳明门人）。又生二子，名守文、守章。侧室姓杨，生守俭。都是阳明的兄弟，但都远不及阳明。

阳明的夫人姓诸，因不育，抚从子正宪为子。诸卒，继娶张夫人，生一子，名正亿。生后不久，阳明便死了。

阳明的天资，本来就聪敏异常，又加之生到这样的好家庭里，受的又是家庭中良好教育，再复感受祖父、父亲的道德、文学影响，故能成就如许大功业，造成一个伟大的哲学家。

奇异的诞生

说起阳明的诞生，好像是一篇神话体的小说。你若说是"荒诞不经，不足为信"罢，他的朋友及门人都写述得实有其事，不像是杜撰的；你若说是相信他的朋友和门人的写述罢，却又荒谬异常，毫无可信的价值。科学家说"事所必无"，宗教家或者要说"理所或有"。总之，作者所叙述的，乃是根据阳明的朋友与门人等所传说；至于太荒诞不经的，则不能不删削去了。

大凡普通的小孩子，在母亲腹内到了十个月，就要如同瓜熟蒂落了；阳明却是不然，他比别人要多四个月。他母亲妊娠了十四个月，阳明才诞生，这事奇不奇怪呢？

这事还不能说是绝对的奇怪，奇怪的事，还在后面呢。

在阳明刚要诞生的时候，他的祖母正在熟睡，忽然天上五色云里，立着一个绯袍玉带的神人；鼓吹导前，神人手里抱一个很可爱的婴儿，由云中降下，把婴儿授给阳明的祖母，说："这个佳儿，是特地送给你家的。"祖母大喜。哪知陡然惊醒了，方知是个梦。正在暗思这个梦做得古怪，忽闻家中有小儿啼哭的声音，于是便有人来报喜，说是添了孙儿了。阳明的祖母，便知这个小儿的来历不小；又将这个异梦告诉给阳明的祖父听，他的祖父也为之惊奇不止。因此给阳明起个乳名，叫做云，意思说阳明是云中的神人送来的。渐渐人人都知道这件奇事了，于是人众便指阳明诞生的所在，名为"瑞云楼"，也无非是说这是一种祥瑞的意思罢了。

这事已就算得是件奇事了，但是还不止此，奇事还有啊。

阳明一出世，便得一种怪病，这个病，就是不会讲话，天生的一种哑病。普通的小孩子，到了两三岁，就要学讲话了。阳明到了五岁，还是如同哑巴一样；除了能啼哭以外，简直一句话都不能讲。这一来，倒把家里的人忧虑万状；任凭如何高明的医生，请来诊治，都是束手无策。虽然吃了许多药，也毫无一点效验可言。大家都以为阳明成了一个天然废疾的人，恐怕不易治痊；哪知偏偏来了一个奇怪的和尚，不用药，只要三言两语，就把这个废疾治好了。你看，这是多么怪异啊！

有一次，阳明在门前同着一些小孩子，正在嬉戏。忽然来了一个和尚，求见阳明的祖父竹轩，并说能治阳明的哑病。竹轩当然非常快乐，又命阳明来拜见和尚。和尚一见阳明，便叹惜着说："好个小儿，可惜把给你们说破了！"又向阳明的祖父说道："天机是不可泄漏的，你们如何就随便拿来泄露呢？你们既然泄露，他自然不会讲话了。"阳明的祖父，也大为悔悟。和尚说毕，就飘然而去。阳明的祖父，便把阳明的"云"的名字改了，不许他人再唤作"云"；重又给阳明取个名字，叫守仁，字伯安。果然古怪，名字一改，阳明也忽然能张口讲话了，这究竟是不是一件很有趣味的奇事呢？

三、不凡的童子

一个天才的小诗人

诗人两个字，是多么清雅而又神圣的。一个小孩子，居然也号起诗人来了。他不但是个小诗人，并且还是一个有天才的小诗人，这真值得人们的赞羡不已啊。

阳明确是一个富有天才的孩子，记得有一次——那时不过六七岁——他忽然背诵起他祖父曾读过的书来，而又诵得很纯熟。祖父非常地惊异了，就问："你这个小孩子，年纪这么小，又没有读过书，如何能知道背诵，而且背诵得这样的纯熟呢？"他笑着回答说："我先前，口里虽然不能讲话，但听却是会听的；因曾听得祖父读书，我在旁边也默记得很熟了。"

他的祖父知道，这是天生的夙慧，心里也自然非常偷快。

祖父从此，就教阳明读书。他的祖父，是个极有学问的大儒，阳明又是个聪颖绝伦的小孩子，这读书进步之速，不问可知，是有一日千里之势了。

阳明十岁的时候，他父亲已应试中了状元，于是派人回家迎请阳明的祖父至京侍养，阳明便随着祖父，与可爱的故乡暂告离别，一路到京师来。

到京后，有一天，他的祖父，带着阳明，约了许多朋友，到金山寺里去饮酒游山。来的也尽是知名之士，他们饮着高兴了，大众都提议吟诗。——这位富有天才的小诗人，表现他天才的机会也来到了。

许多诗人，正在捻须的捻须，搔首的搔首，时候已过了许久，诗都没有做出来；这位"初生犊儿，不知畏虎"的小诗人阳明，却早已将诗做好，再也忍不住不说了："你们的诗，还没有吟出，我的诗却已做好了。"

这真是笑话，以一个十一岁的小儿，连乳气都没有退尽，居然在一班大诗人面前，自己承认会做诗，这不是笑话么？无论是谁，恐都不敢相信罢。

阳明的天才，知道的只有他的祖父。于是就命阳明将做好的诗吟出来。阳明念道：

> 金山一点大如拳，打破维扬水底天。
>
> 醉倚妙高台上月，玉箫吹彻洞龙眠。

等阳明念完这首诗，把大众都惊异住了。——但他们还不敢十分相信，疑是他祖父的代笔，故意使他孙子来博一个天才之名的。

这真是的，以一个垂髫的童子，就会吟诗，并又做得这样好，谁个能相信这事呢？

于是想出一个面试无弊的法子，就是另出一个吟"蔽月山房"的题目，要阳明当面做出来，藉以觇其真伪，就可知道，内中是不是他祖父作的弊。

题目一出，这个童子，便毫不思索的又吟了出来：

> 山近月远觉月小，便道此山大如月。
>
> 若人有眼大如天，还见山高月更阔。

这一下，真把大众惊住了。果然诗人是没有年龄限制的。于是，大众再也没有什么异言，只有惊异！赞叹！羡慕！悦服！

他祖父从此又更加喜欢他了。

"何为第一等事"

在幼年时候，阳明便豪迈不羁，颇有侠士之风。一个礼教信徒的父亲，于是忧虑起来。他恐怕他的儿子：天生一副好灵性，一旦误入歧途，则会拿来误用了，似又太可惜。因此便想聘请一位学识湛深的先生，来约束训导，使阳明能日往上进。——父亲是常常这样地怀忧着。

但祖父却知道孙子，是决不会走入歧途的；他确比阳明的父亲，还能了解阳明。这原因，就是阳明从祖父在家读书，他就知道的。阳明幼年的品格、气质、心性，都为祖父所深知，故此，祖父觉得父亲的怀忧，是完全不曾了解他的儿子的缘故。

怀忧的父亲，终竟请了一位先生来，教阳明读书。

有一次，阳明和一个同窗学友，走在长安街上，偶然遇着一个看相的相士。相士一见阳明，便要看阳明的相；看完之后，便说道："我与你相之后，须要记着我所说的话：你的须到拂领的时候，便是初入圣境了；等到须上丹田时，便是在结圣胎了；再后，若是须到了下丹田，那时圣果已圆，你就做了圣人了。"说完之后，相士便走了。

以一个十一岁的小孩子，就会给相士相出将来会做圣人，并且果如相士之言，丝毫不爽。这是相士的相法灵验呢？还是后来好异的人所附会的呢？……

自从听了相士的言语之后，阳明果真受了感触，常常对书静坐凝思，想学做圣人起来了。一个小小的童子，就有志要学做圣人，这是何等的志向！何等的胸襟！即此一端，也就够作一般少年的模范呀！

因为要立志学做圣人，就觉得世上再没有比这还重要的事，于是就去问他的塾师道："什么是人生第一等的事？"那位脑筋充满了利禄思想的塾师，回答道："读了书，登了第，做了官，这就是人生的第一等事。"真的，在腐儒的心目中，这"读书、登第、做官"六个字，确是人生第一等事。读书的目的，是在应试登第；应试登第的目的，是在做官；做了官之后，人生至高无上的目的，乃算达到，便死而无憾了。哪知阳明却志不在此，他说："读书希望登第做官，恐怕不是第一等事罢！读书希望学圣贤，才是第一等事呢！"

这样大胆无畏不疑的说出这一句"读书学圣贤才是第一等事"的话，足使他腐朽的老师，为之咋舌惊异。使他不能不佩服他学生的立志之高超，他更不能不惭愧自己的立志之卑鄙。

过后，这话给阳明的祖父也知道了。便笑问着阳明说："你读书是要学做圣贤吗？"祖父是这样笑问着，由此，也可知他心里喜慰是如何了。

在此时，阳明做圣人的种子，已经播下了，我们再向后看：它如何萌芽！如何灿烂！如何结果啊！

四、少年时代之阳明

慷慨的游踪

到京师居了两年，出了一件最不幸的事，并且是抱恨终天的一件不幸事啊！

当他在京，忽然听得一个最不好的消息。原来他慈爱的母亲，竟抛弃了他十三岁的儿子阳明，而瞑目长逝了。

这是多么悲惨的一个消息，当他初听知这个噩耗的时候，几于心胆俱裂，肝腑俱摧；他此时伤痛，几已达到了极点。

从此，他才觉得"死"是人生第一悲痛的事，而且没有法子可以避免这个"死"字的。因为演了这一幕悲剧之后，他渐渐感觉得人生的可厌；

于是，就起了修道学佛的念头。因为"道"与"佛"，是能不死不灭的。他的人生观，和他的思想，已趋向消极态度一途了。

因母亲的死，几乎使我们这位大哲学家，跑到佛、道两条路上去，永远不到儒家的这条路上来。还好，他的消极态度、悲观思想，不过一时的为情感、意志、环境所冲动；故不久，仍旧恢复原来的思想、态度。

在京，又住了许久。于是抛却一切悲观消极的思想、态度，想作慷慨的游历了。

游历出发的目的，是在居庸关外。因为此时，国内正盗贼蜂起，国外又边患叠生。他很想藉此到关外去，研究一个御边之策。原因是：国内的盗贼，比较上易于剿平，不致为什么大患；最堪忧虑的，是边寇猖狂，以致大好神州，有沦于夷狄之隐患；所以便要想法子去抵御它。这是阳明眼光远大、见识精到的地方；也是他将来政治上极有名的主张。

到了居庸关，便至许多夷人所在的部落，窥察边地形势，又历询诸夷人的情况，于是边情利害之处，了然已有成算，早以得着御边之策。后上疏所陈《边务八事》，就是此次游历考察的心得。也算没有辜负这次游历的本衷和目的了。

他又知道，国家正值多事之秋；仅仅晓得握管作文，是不能为国纾忧、经略四方的。便在关外，跟随着胡人学习骑射，练得很为纯熟，胡人也不敢稍为侮犯他。他要练习骑射的宗旨，是要为国效劳，抗御外侮；从此，我们可知他真是意气卓越、一个爱国好男儿呀！

因爱国思想，久萦脑际；于是，思起古时一个爱国家、御外侮的马伏波将军来了。他很企慕马伏波，能立功异域，为国争光，是青年一个最好的模范！他因企慕马伏波太切，故有一次，曾梦谒马伏波庙，他还作了一首诗。诗道：

> 卷甲归来马伏波，早年兵法鬓毛皤。
>
> 云埋铜柱雷轰折，六字题文尚不磨。

阳明这首诗的隐意，便是想继伏波之风，立功异域；可惜他虽有伏波之志，但因环境与伏波所处者不同，只好仍让伏波专美。一个负有绝大军事学识之爱国者，仅仅只在国内作剿贼平逆之用，不能如伏波一样，立功异域，这是多么可为阳明惋惜的事啊！

他因天下沸乱，很想将自己研究的心得，上策朝廷，藉供采择；但是被祖父阻止了，并斥他太狂妄。——虽然此时被祖父所阻，可是后来还是陈了《边务八事》的疏，究竟将他的心得，贡献于朝了。

新婚

阳明的婚事，是从小由他父亲做主，替他订的。这次在江西，要举行婚礼。因新婚，而在新婚那天，就闹出一件极有趣味的笑话。这个笑话，至今还留在后人的口中，永远永远地不会忘记。

他的外舅，姓诸名养和，是江西布政司参议。闻知阳明已由京回归余姚，又知他已有十七岁，而自己的女儿，也已成人；正是"男大当婚，女大当嫁"的时候。于是命人到余姚去请阳明，亲到江西来迎娶。若是依阳明的意思，似乎还可以再过几年也不为迟；无奈祖父母抱孙的心太切，只好依从。原来他心里，总蕴藏一种修道的观念，没有抛弃，故此对于婚事，却倒是非常冷淡。

到了江西，就到外舅的官署里委禽。新婚合卺的那天，自然花烛辉煌，非常热闹。在这热闹的时候，那位新郎王阳明，却不见了。于是四处寻觅，结果渺无踪迹。把诸家惊骇疑虑得不知怎样才好，尤其是一班贺喜的宾客，更弄得莫名其妙，都纷纷诧异猜疑不止。——聪明的读者，请暂时掩卷，莫看下文，来猜一猜，这位新郎为什么事不见了？究竟到什么地方去了？这真是一个极有趣味的哑谜呀。

原来这一天，因太热闹了，这位好静的新郎，实在很厌恶这样；所以乘人不备的时候，便私自出了官署，往外面闲游。不知不觉的，却走到了铁柱宫，进去看见一个精神健旺的道士，在榻上趺坐；阳明是个极想修道的，今见道士，正好藉此问修道养生的道理，于是便同道士谈论养生问题起来。道士音如洪钟，滔滔不绝的往下谈，阳明也津津有味的往下听；最后相坐对谈，更觉投机。阳明此时，已听得入迷，把身外一切的事都忘了。什么洞房花烛？什么百年大事？他一古脑儿都不知忘在什么地方了。他已忘记自己还是一个将要饮合卺酒的新郎；更忘记还有一位新娘子，在那里冷冷清清、孤孤凄凄的等候哩。

就是这样同着道士相坐谈了一夜，直到第二天，才被诸家的人找着。这时，他方才记起来了。记起昨天，原来是他的新婚佳期，被自己糊里糊涂的同道士谈忘记了；只好重又回来，补行婚礼。这样健忘的故事，真是古今少有；阳明个性之奇特，于此也就可以想见了。

结了婚之后，在外舅的官署里，闲着没有事情可做，看见官署里藏蓄的纸很多，便天天临池学书；许多篓里的纸，都被他临写已完，由是书法大有进步。他曾自己说过，他临帖学书的心得道：

> 吾始学书，对模古帖，止得字形；后举笔不轻落纸，凝思静虑，拟形于心，久之始通其法。……

在以前宋朝时候，有个东莱吕祖谦先生，也是在新婚蜜月里，著了一部文学杰作，叫做《东莱博议》；而这位阳明先生，在新婚后临帖学字，书法大进。这都是我国文坛上，两个最有名的佳话。

学生生活

无论什么人，要想成一个伟大人物，必须先要从名师受业。翻开中国伟人的历史来看，哪一个不是受了名师的陶镕、指授，才能成就他的大功业、大学识，我们的阳明，自然也不能逃出例外。他有两个先生，一个是教授文的，一个是教授武的，现在来分别说之：

（一）娄一斋——教文的 娄一斋，名谅，上饶人，是个大学问家。对于理学——就是哲学，有深切的研究，那时正在广信讲学。阳明在江西结了婚之后，便带着他新婚的妻子，同归余姚；舟至广信地方过，闻知娄一斋在此讲学，他素来听说一斋学问非常之好，他就很为钦慕，苦于没有机会去见晤一次。这回恰好路过此地，便舍舟上岸，前去访谒。一斋见了阳明，异常喜爱，于是对阳明谈了许多宋儒"格物"之学。并又说："圣人是可以学得到、做得到的。"这一次的谈话，使阳明得了不少的益处。娄一斋是个大理学家，所说的话，都是极有价值的。阳明想研究哲学的动机，便在这时开始了。后来能够发明"知行合一"的学说，在中国哲学史上，创辟一新境域，也得力于这次一斋谈话影响的不少。所以一斋就是阳明的第一个先生。

（二）许璋——教武的 许璋，字半圭，上虞人，是个大军事学家。凡天文、地理，及孙、吴韬略，奇门九遁之术，无不精晓。阳明的军事学识，多半受之于半圭；我们只看这样会用兵的阳明，就可以推测他的先生半圭的学问了。半圭是个淡于名禄，而又爱讲修道的。阳明在阳明洞养病时，也常同他的先生半圭，共参道妙。及阳明大功告成之后，送半圭一些金帛，半圭丝毫不肯受；阳明又想荐之于朝，半圭反说道："爵赏非我所愿要的，你又何必以这些东西来相强呢！"后来活到七十多岁才死。阳明以文哭之，题其墓曰："处士许璋之墓"。

这两个先生，真可说是阳明的两位益师。学说上的成就，得力于教哲学的先生娄一斋；功业上的成就，得力于教军事学的先生许璋。要是没有这两位先生，阳明无论怎样，不能成就这样的伟大，然这正是阳明之幸啊！

在这年，龙山公因丁外艰，回归余姚，于是命阳明和从弟冕阶、宫，同着妹婿牧相等，在一处研究八股文，讲经析义，预备应试科举之用；人多一点，也无非是取其易收切磋之效。阳明白天里，对于课业，倒不十分用功去练习；可是每天晚上，候其余的人都入睡乡之后，他反而搜求经、史、子、集，殚精穷思的研究起来。

他为什么要这样呢？原来他另抱了一个宗旨。他觉得学习八股文，无非徒供猎取功名仕禄之用，此外就毫无用处；至如经、史、子、集，是人终身受用不了的。而且是每个人，都得应当研究的。所以，略于八股，而独特别致力于经、史、子、集了。

过后，他的几位长辈同学——冕、阶、宫、牧相，都觉得阳明所作的文字，大有突飞猛进，一日千里之势，愈做愈佳，竟无半点瑕疵可寻，均皆自愧不如。及知阳明在每天晚上，另又用功于经、史、子、集，于是都赞叹着说："他原来在学八股文之外，又另去用功于经、史，那我们怎能及得他呢？"

可怜的他们，只知以仕禄为目的去研究八股文，哪知世上还另有大学问、大道理，亟需研究的。他们要不是因附着阳明的一点关系，恐怕他们的名字，我们都莫能知道——虽然我们不甚景仰他们——他们只有寂寂无闻，同草木一般腐朽了。由此可见，人去研究学问，也须要放开远大眼光，立定高尚宗旨，不误入歧途才对呀！

阳明因多读书，气质也一天一天的变化了。他先前有一最不好的习惯——少年最容易犯的坏习惯，就是善谑；换句话来讲罢，就是他先前很喜作轻薄语。这当然是件不好的毛病，他自从研究圣贤书籍之后，已觉得这是很不好的习惯，非得速改不可；他悔了，他悔以前这许多的过失了。

他立志改过之后，由是不蹈先前的覆辙了。气质陡然一变，大众都很惊异起来。他们惊异阳明，忽然去了淳于髡、曼倩的谑态，却蓦地带上一副晦庵、伊川的理学面孔了。于是都来诘问他，为什么这样？他回答说："我先前爱放逸善谑，现在我已悔悟，那都是过失，我决定立志改去不再犯了。"大众虽是听着他这样说，可是还不敢十分相信他能毅然勇于改过；等待过了许多时，方才证明他的改过，并不是欺人之谈。大众不由得不对阳明肃然敛容，发生敬重之心，再也不敢同他来戏谑了。

五、应试生活

"三人好做事"

弘治五年，浙江举行乡试。那时的明朝，对于科举考试，是特别注重的。读书要想出人头地，都非去应试一下不可。像这种科举制度，专门考试八股文，本来不是一件好事，无非牢笼人才，桎梏思想罢了；古人也曾骂它是："作经义贼中之贼，为文字妖中之妖。"但你不要出头便罢，如想出头，那么，这道关口——科举，不从此经过就不行。

阳明的父亲，便是此中出来的第一个成功的人——状元；当然也想他的儿子，同他一样成功。所以在家命阳明学习八股，就是为的应试。在此，我们不能责备阳明同他的父亲，说他们是脑筋腐败。要知那时读书，除了习八股去应试，再没有第二条出路呀！

这次浙江举行乡试，当然是读书人出头的机会到了。阳明也来此应试，哪知在考场中，夜半的时候，忽然发现两个很长大的人，都穿着绯绿的衣服，东西分立着，大声说道："三人好做事！"说毕，就不见了，许多来应试在场的士人，都异常惊异，更不知这句"三人好做事"的话，是含着什么意思。本来爱迷信，差不多成了中国人的第二天性，尤其是在考场里。就是没有什么事情，也要疑神疑鬼，闹得不休；何况真又出现这两个长人，并且大声讲了话呢？

"三人好做事"这句话，究竟含着什么意思呢？又说的是哪三个人呢？——这个问题，盘旋于在考场应试的士人的脑际，结果总不能找出一个相当的答案。

还是等阳明擒了宁王以后，这个问题，便给人们答了出来。

长人口中所指的"三人"，就是胡世宁、孙燧与阳明。在这次应试考场里，他们三人，恰都在内。后来宁王图谋不轨时，首先摘发其奸的，便是胡世宁；其次，尽忠殉难的，便是孙燧；又次，平逆擒藩的，便是阳明。——至那时，人们方才明白，明白了长人说的话的意思。所指的"三人"，即是胡、孙、王；所指的"事"，即是宁王的叛逆。

这确是一件特别凑巧的事，宁王之乱，几危及明室鼎祚，幸亏一个胡世宁，首先摘发其奸，使人知濠之恶，不去归附；又亏一个孙燧，慷慨尽忠，使人感愤勃发，纷纷抗贼；又亏一个阳明，设计调兵，平乱擒逆；由是明室社稷宗庙，均告无恙。而这三人，既是同乡（均浙江人），又是同榜（这次浙江乡试均被取中），复是同一事（宁王叛乱），这不是一件最凑巧的事么？

至若考场中，两个长人所讲的话，虽然幸而言中；但终恐是后人因他们三人同乡、同榜、同事，故加附会，亦未可知。实在是说得太神乎其神，教我们不敢相信呀！

两次京师会试的失败

浙江乡试已毕，阳明在家就取朱熹所著的遗书，沉思研读，欲求宋儒格物之学。有一天，他想到先儒谓众物必有表里精粗，一草一木，皆涵至理；于是就取竹来格，格来格去，结果还是格不出其理，由苦思而致得疾了。这种研究学问的精神，就是后来造成他哲学发明的因子哩。

因格物不得其理，渐觉这圣贤二字，自己是没有份了。连圣贤的道理，都不能明，如何可以作圣贤呢？此路不通，于是又去研究词章之学，打算作一文学家了。

到了次年春季，就是会试京师的时期，阳明与试，不料落第而归。以一锐进的少年，忽然遭了这个打击，心里的不快，是不言可喻。但我们莫误会了他，不是为落第、得不着仕禄而不快，他实在是抱着一腔爱国的热忱，未曾发泄，不能不藉这科第，作为进身阶梯，方可立功报国，显亲扬名；若是以为他是急于求进为利为禄，那就未免误解了他哩。

在那时，有个宰相李西涯，素来是很器重阳明的。见他这次落第，心里非常惋惜，并且还对阳明慰藉着说："你这次科第，虽然失败，但来科的状元，是一定会归你的。"又戏请阳明作一篇《来科状元赋》，他也就提起笔来，略不思索，一挥而成。当时在座的诸老，无不赞称之为"天才"，西涯也自佩服赞赏不已。

后来这事，渐渐传将出去，便有许多人嫉妒起来。说："要是让阳明真个作了状元，他的眼中，还有我们这些人吗？"于是一个天才卓越、意气飞扬的少年，几成了众矢之的。

过了三年，又要京师会试。预备作来科状元的阳明，因遭忌抑者的暗算，结果大失所望，还是"名落孙山"。与阳明同舍应试下第的人，都以这落第为耻，非常懊丧；哪知阳明，却完全不以为意，反来慰藉着别人说："这应试落第，算得什么一回事呢？诸君还以此为耻么？我却是以不得第而动心，方才为耻哩！"大家不由得不佩服他的胸襟阔大。真的，对于科第荣辱，实在不在阳明的心上，得了也没有什么可骄，失了也没有什么可耻；看他后来，对他的门人徐爱说"君子穷达，一听于天，但既业举子，便须入场，亦人事宜尔。若期在必得，以自窘辱，则大惑矣……"的一篇话，就可知道他这时，不是矫情骗人了。

两次的失败，在普通人，是无有不懊丧万状的；然而阳明却不如此。他回到余姚时，与一班朋友，反在龙泉山寺，结起诗社来；每日拈题分韵，大作其诗。阳明的文学天才，本就超群绝伦，无出其右；而他的诗，更是旁人莫能及。那时，有个致仕方伯魏瀚，也是个作诗的能手，原是阳明的父执。有次与阳明共登龙山，对弈联诗。不料所有佳句，总是被阳明先得了去，魏瀚实在佩服到了极点，连说："你的才太高，我惟有甘拜下风，退避数舍。"可惜他在少年时代的作品，集里大多数未曾收入。有人说，这是因他年少的作品，未臻炉火纯青之候，故不收入集中。但我们可以断定的，魏瀚既是个雄才自放的老诗人，也这样的佩服，被他压倒，作品当然总还不坏；惜乎我们不能一读，真是一个遗憾啊！

环境冲动的矛盾个性

阳明在余姚住了些时，仍又到京师来。这时边警甚急，举朝仓皇，朝廷想推择一个有大将之才的去捍卫国家，抵御外侮。可是一班醉生梦死的朝臣，谁都不敢负起卫国御侮的责任；即使有一二忠义奋发之士，但又非大将之才，不能荷此重任。阳明感到国家需才如此之急，而真才又如此之缺乏；专靠文事，是不足卫国御侮的。于是就立志从事兵家之学，并慨然说："武举之设，仅得骑射击刺之士，而无韬略统驭之才；平时不讲将略，而欲临时备用，不亦难乎！"本来，阳明对于骑射，早就娴习，对于军事学识，也受过了许璋的传授；但因为专心文事，所以对于军事一道，倒忽略未讲求了。这次受了边患复炽的感触，又才觉得军事之学，是不可抛弃，而且很为重要。于是便把兵家的秘书，一一精研熟究起来。

要是说起阳明少年时代的个性，却是一个极矛盾，而又极可笑的。一会儿抱着极端入世主义；一会儿又抱着极端出世主义。一会儿要学文；一会儿又要学武了。一会儿报国心极重；一会儿又一切都不愿管，只抱个人享乐主义，入山修道了。这大概他太富于冲动性的原故，只要环境一有转换，他便会受这转换的冲动，把原来的宗旨、心情，都给改变了，连他自己都拿不定。你看他刚才把一切抛开，专致力于研究兵法，预作他日为国效忠，这是何等爱国精神的表现！可是，不久他就变了宗旨，又去弃武习文了。——依然又去研究哲学了。

自从探求格物之理不得，乃去致力词章艺能之学，后来又觉这是不足以通至道的学问，也没有什么大用处，便就遗弃，仍复回头研究哲学。又因自己所学不足，想遍访天下名师益友，互相切磋启导。但又不遇，他已徘徊歧路，惶惑莫知所从了。

有次，又去翻阅朱熹的书籍，忽读到上光宗的疏内有段"居敬持志，为读书之本；循序致精，为读书之法"的话，心中很悔以前自己的错误，虽然探讨甚博，却未循序致精，宜乎无有所得。于是，一反前之所为；又循其序，思得渐渍洽浃。但是，物理终是物理，吾心还是吾心，总判然是两样东西，不能融合为一。愈思脑筋愈模糊，愈不能得其解了。沉郁既久，老病复发，他更觉得这"圣贤"二字，自己确实没有份了。

因两次沉思朱熹的学说，不得其解而致病，使他渐感觉朱子的哲理，有许多短缺地方，不得不另图开辟。结果，便造成千古光耀与朱学并驾齐驱的"王学"。

为厌弃哲学，又偶闻道士大谈其养生之论，"圣贤"已知无分；遂想跟着道士入山修道，去讲养生的学问，不再过问世事。这个念头一起，他的人生观，陡的又变了。

一时要报国，一时又想入山；一时想作圣贤，一时又想讲养生；一时热度，几达沸点；一时又降到冰点之下。学业复杂，信仰无定，我们无以名之，惟有名之曰：环境冲动的矛盾个性而已。

弘治十二年，阳明已有二十八岁。在这年春季，又届会试之期，想入山做道士的念头，已经收起；又是豪兴勃勃，要来雪以前二次之耻了。揭榜之日，赫然名居南宫第二，赐二甲进士出身第二人。虽然不是状元，却比状元也差不了几多；有志者事竟成，以前之二次失败，就是助成这次的成功。较之一班稍为失败，而就气沮神丧、不再求前进的少年，真有天渊云泥之比呀！

一脚跳进了宦海，生活上自然起了大大的变化。这次试中，就是生活转变的一个大关键。我们看他少年的生活，已闭幕了；而政治的生活，却启幕将开始表演了。

六、初入仕途的政治生活

游历心得的贡献——御边政策

这一次会试，本来是应让阳明居第一名的，因为徐穆力争，所以退居第二；虽是第二，却反比第一名徐穆的声望大得多。天子又命他观政工部；这时他已成为一个新贵少年，大有意气不可一世之概哩。

秋间，工部特差阳明去督造威宁伯王越的坟墓，阳明很勤苦的替他鸠工修造；后来造好，威宁伯王越的家里人，都很感谢，特地送他许多金帛礼物，作为酬劳，阳明丝毫都不肯受。威宁伯家里的人，见他坚辞不受礼物，只好再用别的东西来送给他；明知财物他决不受，除非是点高贵清雅的物品，或者他还肯留下。想来想去，只有威宁伯自己用的一把宝剑，现在还遗留在家里，而且家中又没人会使用；于是便把这剑送给阳明，并坚要收下，不准再辞。阳明一见这剑，心中不胜惊异。原来他在未及第之先，就梦见威宁伯赠他一把剑；现看见的，就是梦中所见的宝剑一样。这样奇巧的事，教他如何不惊异呢？一来是威宁伯家里的人要他非收留此剑不可，二来正符梦中情事，所以就拜谢收了下来。

有天，京师忽然天空里发现彗星，弄得京师内外，人心惶惶，惊惧变色，都视为大祸将至。这时又值边境不宁，虏寇猖獗，愈觉疑虑纷纷，连天子也有点心惊胆战。因为这个彗星，是个极不祥之物；如果一出现，就是刀兵四起，国事陵夷的先兆，惟有赶快设法禳解才好。至于禳解的法子，就是天子自己向天祈祷，引过自责；又一方面，下诏求言。这次京师忽然发现这个不祥之物，天子当然也异常忧虑，循例向天祈祷，又循例下诏求言了。

求言诏一下，阳明发展抱负的机会，也就来到。蕴积胸中的治边政见，藉此正可以大大地发泄一下，于是便上了一疏。这篇疏内所陈共有八事：第一，是蓄材以备急。他眼见那时朝廷，虽设武举，所得不过偏裨之材，并非能韬略谋猷的大将。而公侯的子弟，又是虚应故事，阳奉阴违。一会议便仓皇失措，如何还能负起大任？国家不预为储蓄大将之材，以备急需，这是最危险的。第二，是舍短以用长。他觉人材是不易得，过于吹毛求疵，决定是不对。即子思所说"勿以二卵，弃干城之将；勿以寸朽，弃连抱之材"的意思。第三，是简师以省费。这是主张兵贵精而不贵多。

多而不精，且又耗饷。第四，是屯田以给食。这里颇含有寓兵于农之意。也是省饷持久的兵家要诀。第五，是行法以振威。这乃因他愤恨当时一班丧师辱国的人，藉着来头大，靠山好，虽是丧师辱国，却反逍遥法外，"朝丧师于东陲，暮调守于西鄙"。这样法等虚设，如何不懈战士之心、兴边戍之怨呢？惟有严厉执法，不稍宽徇，方可克敌制胜。第六，是敷恩以激怨。这是说要抚恤为国丧亡的将士，使死者无怨言，生者会感动。一方面激励其爱国心，一方面又使其恨敌复仇。第七，是捐小以全大。即兵法"将欲取之，必固与之"的诱敌之策。第八，是严守以乘弊。这是说中国的军队，工于自守；胡虏的军队，长于野战。最好用中国军队之所长，严守勿战，蓄精养锐，以逸待劳，乘其疲罢，然后用奇设伏，出其不意，以击溃之：这篇疏是阳明以前调查胡虏虚实、研究兵法秘诀、参合当日情势的结晶品，也是阳明初步政治军事才能的表现。因其见得远彻，所以说得这样剀切。只可惜因权臣秉柄，天子暗弱，竟把这疏，摒置而不采用，以致国势日削，竟召覆亡之祸，都是明代天子自取啊！

九华山之游

自陈上《边务八事》的疏后，阳明的声望，更加隆起。天子虽然未采用他的奏疏，但是也很器重他有胆有识，才能迈众。授他为刑部云南清吏司主事职，并命他往直隶、淮安等府，会同各该巡按御史，审判重囚。什么叫做重囚呢？就是犯了很重大罪的人，名为重囚。这些囚犯，其中真实犯了很重大罪的人，固然不少；但是没有犯罪，受了冤枉的，也不能说绝对无有。阳明在审判的时候，很为留心注意，丝毫不忽；一件一件，都断得异常清楚公平。有罪的自然逃不出森严的法网；无罪被诬的，自然就都得释放。狱平之后，人民都称颂不已。

在京当小京官，乃是最清闲的一个差事。阳明也是小京官中之一，幸亏还做了两件事——造威宁伯坟，与审江北重囚——藉以破破岑寂，一到这两件事办完之后，依然还是清闲的日子。有次，忽动游山之兴，乃往安徽青阳九华山去游历，游毕还做了一篇《九华山赋》，这赋做得颇为当时人所传诵的。

他做的赋内并含有三重意思：第一，抱着救国救民的极端入世思想；第二，因入世不能，却又抱着独善其身、个人享乐的极端出世思想；第三，是如若初心可绍，还是入世贯彻初衷为得。这赋实可以代表此时阳明的思想，由此也可窥见其生活尚在歧路上彷徨着。这赋里面前面多是说山，后段则几全是述个人的怀抱。我们于此要认清此时的阳明，乃是一个极端入世主义者。他的出世观念，乃是由于入世不能所致，决非原来的本旨。他之所以想出世之切，便是他愈想入世之深了。

在游九华山时，住宿的是无相、化城诸寺。那时有个道士，名叫蔡蓬头，善谈仙。阳明遇着他时，款待极其恭敬，问他关于仙家的事。蔡蓬头答以"尚未"。阳明恐他是因人多处不便说，便避开左右的人，将蔡蓬头引到后亭，再拜而问，蔡蓬头笑道："你的后堂之礼貌虽隆，但你终忘不了官相呀！"说毕就一笑而去。原来蔡蓬头，明知阳明不是学道修仙的流侣，所以不愿多谈。

这时，阳明似真要抱着求仙的思想了，恭恭敬敬的问蔡蓬头，结果反受一顿讥讪，无故被他奚落而去。照情理说，他似应死心塌地，不再往仙家的路上跑，免得白碰钉子了。但他偏不忘情，又听见人言：地藏洞有个异人，坐卧松毛，不食人间烟火，确是一个活仙人。"求仙若渴"的阳明，听了这话，好奇的心又被打动。心想：这乃是一个好机会，不要轻轻错过了。于是就动身前往，沿途经历了许多的艰险，才能走到地藏洞。恰巧那位异人，正在熟睡未醒。阳明不敢去惊动他，就在异人的足旁坐下，一边用手来慢慢摩抚异人的足。异人忽地惊醒了，睁眼一见阳明，也不疑讶，好像已预先知道他来了的一样，只问："路这样的艰险，你是如何来的呢？"问了之后，就同阳明谈论最上乘的道，末后又说："周濂溪、程明道，是你们儒家的两个好秀才啊！"依这话的意思，便是有勉励阳明，还是学儒家周、程最好。言外之意，便是教他莫向仙家的路上跑，免得误了自己。阳明到了第二次再去访他，异人已不在原地方；这大概为避免阳明重来，所以早就暗自迁徙别处去了。阳明只好怅怅而归，后来时常发"会心人远"之叹，就是为的想念这个异人。

在这时期，阳明好像入了魔似的，天天总在发"仙迷"，几乎除了学道修仙以外，简直再没有别的事情，放在心上。我们这位大哲学家，难道就长此以往，这样的发"仙迷"么？不啊！不啊！光明的灯，已在那里，辉煌开始将要照耀着他，他不久就会弃这黑暗的歧途，去走上那光明的大道了。

七、改过自新的生活

溺于词章仙佛之最后觉悟

阳明在幼年时候，还能遵规循矩，立志上进；哪知一到了少年时代，便任性所为，宗旨无定。学业既是复杂异常，信仰又是朝迁夕易。综记起来：一溺于任侠，二溺于骑射，三溺于词章，四溺于神仙，五溺于佛氏。这五溺之习，到了此时方才悔悟，而归正向圣贤之学。由此可以知道少时之豪放纵性，适所以锻炼其品格性情，养成其晚年之大器啊！

他在以前，原是个肆力古诗文的人，所作文字，力避当时一种模拟的风气，推倒一些陈腐的滥调，努力表现他创作的天才；至今中国文学史上，他还是高据一席，与韩、柳、欧、苏诸人并驾齐驱。可知他不独在哲学上获了大成功，就在文学上也是获了成功的。

初入京师，与太原乔宇，广信汪俊，河南李梦阳、何景明，姑苏顾璘、徐祯卿，山东边贡等人，以才名争相驰骋；这般人都是长于词章的文学家，其中更以李梦阳、何景明二人为最负盛名。阳明因这时也爱研究诗章，故亦加入他们的团体，随着一样去以文笔赌出锋头。过了一些时，他才悔悟，同这般人去争词章之虚名，是不对的，而且也没有什么好结果的。充其成功，也不过是个晓通词章的文学家，究与自己有何补益？乃叹道："我焉能以有限的精神，去学这些无用的虚文呢？"从此就收拾词章旧习，与一班词章之友告别，打算回越另找新工作来干了。

次日，便上疏告病归越调养。这也并非饰词，在以前他就有个虚弱咳嗽的毛病，幸亏有个高明医生，给他诊愈了，但是病根尚未治绝；故此嘱他服食药石，还是不能间断，否则恐有复发之虞。阳明因见病已痊，对于医生的叮咛嘱诫，早已遗忘。自从造威宁伯的坟，勤督过度；又加以奉旨往淮甸审理重囚，沿途冲风冒寒，辛苦自不待言；复以审判时用心太过，以致旧疾又复萌芽。更以回到京师，呕心血，绞脑汁的争词章之雄；在日里要治理案牍，晚上又要燃灯攻读五经，及先秦两汉的书史。龙山公也曾屡屡教他不可过劳，并禁止家人，不许书室里置灯；但是每等龙山公一就寝后，依然还是燃灯重读，每每读到夜深人静，还是未曾去睡。照这样长此下去，就是再强健无病的人，也要生出病来；何况阳明，以一文弱书生，而又宿疾未痊愈呢？他的疾之复发，是不消说得的，而且还加上一个呕血的重症；少年肺痨，似已形成。这一病势，来得不轻，龙山公也为忧虑异常。阳明自己也知道这病复发的原由，多系劳苦过甚所致；兼之又悔词章之虚而无用，白白地糟蹋精神。因此便上了一乞养病回籍调息安养的疏，幸得天子允许，遂暂弃政治生活，回乡养病过清闲生活去了。

回乡后，便筑室于会稽山阳明洞，自号为阳明子。所以后来学者，都称他为阳明先生，就是根据这阳明子之号而来的。久在恶浊的城市中、烦嚣的生活里，一旦换到这山清水秀地方，新鲜净爽的空气之中，所见的是草色花香，所听的是泉声鸟语，便觉心旷神怡，另有一个天地。阳明的疾，忽地霍然愈了一半，他不由得不醉倒在这大自然的怀抱里啊！

静居在阳明洞不久，病已好了许多；无事时，便习道家的导引术。至于这导引术，究是何人授给阳明，则不可知。此术行之既久，渐渐能先知未来的事，现在我要引一段阳明能知未来的故事在后面。这段故事，是根据《阳明年谱》而叙述的，至若是否真有其事，作者亦不敢妄为臆断。圣人也曾说过："至诚之道，可以前知。"阳明所行导引术，是否即是"至诚之道"？究竟如何"可以前知"？那就无从知道了。

　　阳明在筑室于阳明洞时，有一天，他的朋友王思舆等四人，闻知他在洞中行导引术，思欲偕往一访，藉观其修道若何；不料，刚行出五云门时，便遇着阳明派来欢迎他们的仆人。原来阳明，果能知道未来的事了；他已知王思舆等今日来访了，故特命仆人先往迎迓，并对仆人言：来者系为何人，同伴共有几位，由何处而来，在何处必能遇见，现在果如他的所料，毫厘不爽。仆人乃将阳明所料一一告知王思舆等，王等大为惊异，均以阳明果真得道，能知未来的事了。晤面之后，思舆等佩服恭维得几乎五体投地，阳明自己也得意非常。过后好久，他自己忽然悔悟，这行导引术、能知未来，乃是左道异端之事，决不是正道。故说："此簸弄精神，非道也。"由此便摒弃导引术，抛开一切杂念。已而静久，又想离世远去，但又舍不掉祖母同父亲；此念在心，总不能释。又久之，更彻底地大觉大悟了。想道："此念生于孩提，此念可除，是断灭种性矣。"于是对于求仙修道一事，根本觉悟，不再误入迷途了。从此一大觉悟，便顿由黑暗的歧途，而跃上了光明的大道，以前种种，譬如昨日死；以后种种，譬如今日生。学业复杂，变为学业纯粹；信仰无定，变为信仰专一。溺于任侠、骑射、词章、神仙、佛氏的王阳明，从此悔过自新，要作一中国的大哲学家了。要作修身敦品、重节砥行的大圣贤了。这一最后的觉悟，即是他一生成败的大关头，他的人生观，已在此一刹那之间，大变而特变了。我们再要看以后他所过的生活，须得另换一副新眼光；不可用看过去的阳明的旧眼光，来看这现在未来崇高博大的阳明先生呀！就是作者，写到此处，也是要另换一副笔墨及手腕，来叙述这位勇于改过的阳明先生之理学生活、圣贤生活啊！

授徒讲学

　　自从觉悟之后，便不再在阳明洞作这"播弄精神"的玩意儿了。一切学道修仙的迷念，被他都击得粉碎无余；离世远去消极的观念，一变而为入世致用积极的观念了。离开了阳明洞，便移居西湖，因自己的病尚未十分复原，西湖也是一个养病的最好所在。阳明趁养病的余闲，在寓则读读书、写写字；出外则周游南屏山、虎跑泉的胜景，领略山光水色，倒也清闲自在。又因心无杂骛，病也一天比一天的痊好。

有一次，他在湖边闲眺，见一个和尚，正在那里坐禅关。闻已坐了三年，也不语，也不视；他一见就知这个和尚，已是走入魔道。便思破他的迷念，乃大声喝道："这和尚终日口巴巴，说甚么？终日眼睁睁，看甚么？"坐禅入定的和尚，被他这一喝，不由得不陡起一惊，即开视对语起来。他又问道："你这和尚，家里还有甚么人没有？"和尚回答说："有个母亲在家里。"他又诘问道："既然有母亲在家里，你起不起念呢？"和尚对道："不能不起念。"阳明知道和尚已有醒悟的转机，即以"爱亲本性"之旨向他晓谕。和尚一颗枯寂如死的禅心，被阳明当头棒喝的一声，又加上一篇义正词严的大道理，好似如梦方觉；听见阳明说到极亲切的地方，更是禁不往涕泪如雨。立时禅关也不坐，和尚也不做，弃钵抛经，连日赶回家去，侍奉母亲去了。

在西湖静居许久，病也渐渐调养大愈，因旷职日期太多，不能不告别可爱的西湖，依旧回到京师来，销假视事。

恰值这年山东举行乡试，巡按山东监察御史陆偁，素来很为钦慕阳明的品端学粹，特聘请他担任这次乡试的总裁之责。阳明碍于情面，不便推辞，故就应允下来。

同着陆偁到了山东，开始要举行考试。其中所有《试录》，均皆出于阳明的手中；从此他的经世之学，便喧传遐迩，大家都已知道，并且无不佩服。他还做了一篇《山东乡试录序》，更博得许多人们的赞颂。

阳明是尝过考试滋味的，故此对于考试其中之利弊情形，了然于心。他知道中试所取者，难免不无"沧海遗珠"之事，故说："夫委重于考校，将以求才也，求才而心有不尽，是不忠也；心之尽矣，而真才之弗得，是弗明也。……虽今之不逮于古，顾宁无一二如昔贤者；而今之所取，苟不与焉，岂非司考校者，不明之罪欤！"他自己是落第过数次，故此深恐有遗珠之憾，他又藉以勉励应试诸生，绍继前贤，不要"司考校者以是求之，以是取之，而诸生之中，苟无其人焉以应其求"，这都是他以己度人，立心忠厚之处。

乡试完毕，没事再可流连，重复回到京师。九月里，改为兵部武选清吏司主事，官秩依然一样，只不过工部换到兵部而已。

自从山东《乡试录》一出，阳明的声誉，益发光大。那时一般学者，都溺于词章记诵之学，专务虚名；对于讲求身心的学问，圣贤经传的要旨，再也没有人去愿意潜心研究探讨。阳明却毅然首先提创，使人先立必为圣人之志；闻者渐渐相继兴起，多愿执贽及门，甘居弟子之列，随后来者接踵不绝，弟子益众。阳明见学者多来附和他的主张，窃喜圣学昌明之期不远，他就开始实行授徒讲学了。

明代此时师友之道久废，阳明一旦发起授徒讲学，大家都不免目他是立异好名，其实他们何尝能知阳明用心之苦、立志之大呢？

在许多人，都目为阳明是立异好名的当儿，却有一人，不但不附和众人的俗见，反极端的赞成阳明，钦佩阳明的毅力大志。这人就是阳明后来第一个益友甘泉湛若水先生。

甘泉是增城人，字元明，名若水，时为翰林院庶吉士，也是当时一个著名的大儒。他们俩初次会面时，阳明就说："守仁从宦二十年，未见此人。"甘泉也说："若水泛观于四方，未见此人。"邂逅定交，大有相见恨晚之概。由是这两位大儒，共同携手，以发扬圣学为己任。从此圣学果日趋于昌明，讲学之风大盛，直到明末，流风犹自未息。虽然明室之亡，一半是在讲学，这是后来之学者不善，故致流弊丛生，不可即说是倡始者之过。要知倡始者，原是法良意美呀！

八、贬谪中的虎口余生

抗疏入狱之生活

这一期阳明的生活，可以名之为："倒霉生活"，也可以说是阳明最倒运的时代。我为什么用这样不好的字句，来加于他的生活之上呢？因为他在这一时期里，为了一道疏，弄得官秩大降，又受行杖，又下狱，又等于"充军发配"式的贬谪；好容易侥幸从虎口里"九死一生"逃出来，所过的生活，只有危险痛苦。这如何不是倒霉？更如何不是倒运呢？

弘治十八年，孝宗崩驾，继登大位的，就是武宗。改元正德。武宗为孝宗长子，名厚照。他一登位，却不像他的父亲那样勤于国政；他所喜欢的是佛学梵语，自称为广法王西天觉道圆明自在大定慧佛，还教手下的人，铸了一个大定慧佛的金印，佩在身上。在宫里，又建一个豹房新寺；又曾命使臣，到远方去迎佛教；虽有臣子进谏，他都斥而不纳。然这乃宗教上的信仰，不能即说是他不好的地方；他不好地方，是喜欢声色狗马，宠信的是些奸佞阴险的小人。又喜微服私行，曾夜入人家，大索妇女，以致乐而忘返。总而言之，他是一个无道昏君罢了。阳明遇着这样的主子，就是他"倒霉""倒运"的机会到了啊。

武宗所以这样无道，固然是他自己的不好；然而最大的原因，就是受了一班小人的诱导。其中有个最坏的坏蛋，名叫刘瑾，是兴平人，本姓谈，从小就有些鬼聪明，立志要做太监，因此拜在中官刘某的名下为螟蛉义子，藉以为进身之阶，故此冒作姓刘。在孝宗时候，坐法当死，幸得救免，故切齿痛恨廷臣，誓欲复仇为快。武宗在东宫作太子时，他知武宗将来必继孝宗之位，故此百般的附顺奉承。武宗在为太子时，已被他引诱得无所不为，种下坏根，故此武宗同他非常要好，到了身登九五之后，便命他掌钟鼓司。每逢退了朝，与他不是肆意鹰犬，就是纵情歌舞；刘瑾以此益得武宗欢心，又升为内官监，总督团营。刘瑾性素阴狠险诈，至是擅作威福，无恶不作；以致国事日非，万民嗟怨。这时却恼了一位大臣刘健（洛阳人名希贤，时为文渊阁大学士），便首先出头谏劝武宗，不可宠幸阉宦，导作狎游。武宗不从，瑾复矫旨削去刘健的官爵，罢归田里为民。于是又恼了两位正直敢言的臣子，一个是戴铣（字宝之，婺源人，时为南京户科给事中），一个是薄彦微（阳曲人，时为四川道监察御史）。因见刘健无故削职，不胜愤怒，便共上一疏，大意请帝起复刘健，磔诛刘瑾，以谢天下，而整朝纲。武宗见疏，斥其不应故彰君恶，以沽直谏美名，特差锦衣卫将戴、薄等拿解赴京；弄得朝臣都噤若寒蝉，不敢再谏。但其中却有一位不怕死的小臣，偏要抗疏戴、薄了。这人是谁呢？不用我讲，读者早已知道了呀。

阳明见武宗被刘瑾一班阉宦，引得日事荒淫，不治国事，就已预备拼了生命，要严劾刘瑾的。刘健削职，他就欲上疏抗救；这次戴、薄被解赴京，他一腔忠愤之气，再也忍捺不住；明知那时的刘瑾，势焰正炙，自己不过一区区兵部主事，当然鸡蛋碰石卵，总是自己吃亏。而且武宗正恨有人谏劝，不谏固然可以无妨；要是进谏，百分之九十九是"死得成"的。但想做忠臣，又决不能贪生畏死。他于是就上疏道：

臣闻君仁则臣直。大舜之所以圣，以能隐恶而扬善也。臣迩者窃见陛下以南京户科给事中戴铣等上言时事，特敕锦衣卫差官校拿解赴京；臣不知所言之当理与否，意其间必有触冒忌讳，上干雷霆之怒者。但铣等职居谏司，以言为责。其言而善，自宜嘉纳施行；如其未善，亦宜包容隐覆，以开忠说之路。乃今赫然下令，远事拘囚；在陛下之心，不过少示惩创，使其后日不敢轻率妄有论列，非果有意怒绝之也；下民无知，妄生疑惧，臣切惜之。今在廷之臣，莫不以此举为非宜；然而莫敢为陛下言者，岂其无忧国爱君之心哉！

惧陛下复以罪铣等者罪之，则非惟无补于国事，而徒足以增陛下之过举耳。然则自是而后，虽有上关宗社危疑不制之事，陛下孰从而闻之？陛下聪明超绝，苟念及此，宁不寒心！况今天时冻冱，万一差去官校，督束过严，铣等在道，或致失所，遂填沟壑；使陛下有杀谏臣之名，兴群臣纷纷之议，其时陛下必将追咎左右莫有言者，则既晚矣。伏愿陛下追收前旨，使铣等仍旧供职；扩大公无我之仁，明改过不吝之勇。圣德昭布远迩，人民胥悦，岂不休哉！臣又惟君者元首也，臣者耳目手足也；陛下思耳目之不可使壅塞，手足之不可使痿痹，必将恻然而有所不忍。臣承乏下僚，僭言实罪，伏睹陛下明旨，有"政事得失，许诸人直言无隐"之条，故敢昧死为陛下一言，伏惟俯垂宥察，不胜干冒战栗之至！

疏上，武宗大怒，刘瑾更是切齿痛恨阳明，不应道他有危宗社。于是在阙下，先杖四十，打得阳明皮开肉烂，死去活来；然后又下在狱中，现在他所过的，是黑暗囹圄中的生活了。

囹圄生活，是个极黑暗、而且极痛苦的。下狱的时期，又是十二月，正风紧雪飞、天寒地冻的时节，阳明的苦况，也就可想而知。天寒岁暮，思乡忆亲；况又待罪遭谗，生死莫测，阳明处此境域，真是万感纷集，乱箭攒心。我们且看他在狱中的作品，如：

> 天寒岁云暮，冰雪关河迥。
>
> 幽室魑魅生，不寐知夜永。
>
> ……

> 兀坐经旬成木石，忽惊岁暮还思乡。
>
> 高檐白日不到地，深夜黠鼠时登床。
>
> ……

屋罅见明月，还见地上霜。

　　客子夜中起，旁皇涕沾裳。

　　……

　　天涯岁暮冰霜结，

　　……

　　思家有泪仍多病，

　　……

　　幽室不知年，夜长苦昼短。

　　……

　　来归在何时，年华忽将晚。

　　萧条念宗祀，泪下长如霰。

　　等等句，都足描写他心中的苦怨。他还做了一首《有室七章》的古诗，玩其字里行间，还是时时流露忠君爱主之意；体效《国风》，义取《离骚》，阳明幸而不死，或则就是得此诗之力，亦未可知。诗道：

　　有室如簏，周之崇墉。室如穴处，无秋无冬。

　　耿彼屋漏，天光入之。瞻彼日月，何嗟及之。

　　倏晦倏明，凄其以风。倏雨倏雪，当昼而蒙。

　　夜何其矣，靡星靡粲。岂无白日，窀寐永叹。

　　心之忧矣，匪家匪室。或其启矣，殒予匪恤。

　　氤氲其埃，日之光矣。渊渊其鼓，明既昌矣。

　　朝既式矣，日既夕矣。悠悠我思，曷其极矣！

　　在狱中囚了许多时候，天子旨下，将阳明贬谪为贵州龙场驿驿丞。阳明出狱时，又做了一首《别友狱中》的诗，道：

> 居常念朋旧，簿领成阔绝。嗟我二三友，胡然此簪盍。
>
> 累累囹圄间，讲诵未能辍。桎梏敢忘罪，至道良足悦。
>
> 所恨精诚眇，尚口徒自蹶。天王本明圣，旋已但中热。
>
> 行藏未可期，明当与君别。愿言无诡随，努力从前哲！

贵州那时，与京师相去万余里，还是未开化的蛮荒之域，他的朋友，都替他忧虑不已，均恐一入荒漠瘴疠之远地，没有生命还家的希望。但阳明之意，却不在此。他答汪仰之的三首诗中，第一首道：

> 去国心已恫，别子意弥恻。
>
> 伊迩怨昕夕，况兹万里隔。
>
> 恋恋歧路间，执手何能默。
>
> 子有昆弟居，而我远亲侧。
>
> 回思菽水欢，羡子何由得。
>
> 知子念我深，夙夜敢忘惕。
>
> 良心忠信资，蛮貊非我戚。

由此诗中，可以知他是"蛮貊非我戚"了。他之念念不能忘者，就是他家中的人。甘泉子也说道："谪贵州龙场驿，万里矣，而公不少怵。"益足证明他是不惧远谪了。

甘泉是与阳明感情最厚的朋友，虽是一旦判袂，却也并不显出嗟怨之态，特歌九章以赠，并以勉励阳明。如"与君心已通，别离何怨嗟"，便已道出道义相交，心已互通，虽隔千万里之远，也如一室晤对一样。又如"愿言崇明德，浩浩同无涯"，便有以贤圣之道相互勉之意了。阳明也和以八咏，内第三首云：

> 洙泗流浸微，伊洛仅如线。
>
> 后来三四公，瑕瑜未相掩。

嗟予不量力，跛鳖期致远。

屡兴还屡仆，喘息几不免。

道逢同心人，秉节倡予敢。

力争毫厘间，万里或可勉。

风波忽相失，言之泪徒泫。

在这一赠一酬的诗中，便可窥出这两位大儒的人格，是如何的崇高伟大了。

艰难困苦的途中

阳明这次出狱远谪，全是出于武宗之意，若依刘瑾的心，似非置他于死地不可；但武宗不欲这种干，故也不敢在狱暗加陷害。他既出狱远谪，瑾心还是不甘；于是暗遣心腹，嘱在路途乘隙刺杀阳明，务要去其生命，以泄宿憾。刺客领命，于是追随阳明来了。

阳明由京赴杭州，在北新关遇着自己的兄弟守文等。难后手足重逢，不胜伤感，曾有诗纪其事云：

扁舟风雨满江关，兄弟相看梦寐间。

已分天涯成死别，宁知意外得生还。

投荒自识君恩远，多病心便吏事闲。

携汝耕樵应有日，好移茅屋傍云山。

时方盛夏，因积劳致肺疾复发，乃养病静慈，旋移居于胜果寺，得门人徐爱为伴。徐爱乃是阳明妹婿，而拜阳明之门的；阳明门人中第一高足，就是徐爱；最先北面称弟子的，也是徐爱。这年为有司所选，将同蔡希颜、朱守中（均阳明门人）入京，阳明还做了一篇《别三子序》赠勖他们之行。不料这天夜深时候，刘瑾遣的两个刺客已到了，阳明的环境，顿时险恶危殆起来。

恰巧有个救星，就是胜果寺的邻居沈玉殷。他素来钦服阳明，因见有两操北音的汉子，挟着阳明出寺前行，心里就大疑；尾随之行三里许，追至密向阳明说："顷见彼二汉之挟公行，恐不利。"阳明也明知生命操于刺客的手中，危机四伏，无力抗拒，只好任其所为了。沈又与刺客虚作殷勤，问何故欲杀阳明；刺客云为杀之覆命，始知乃系瑾所主使。沈又向刺客道："王公今夕，当然不能生存，我具斗酒，与之诀别，且与君等痛饮，君等愿意答应吗？"刺客料知阳明，已成釜中之鱼，笼中之鸟，决不会有何变卦，也就允许姓沈的话。饮毕，刺客均大醉。破晓，沈乃密教阳明他逸；以石沉江，解遗巾履，放岸上，作自溺状。事后，沈故作痛哭，说阳明已投江自溺；刺客也明知乃沈所行诡计，虽怒沈，亦无可如何，恐害沈而己亦获贪杯之罪，阳明因此便侥幸脱险了。

阳明的兄弟守文，这时正在杭州应乡试，闻沈报阳明投江，于是大家都说阳明已自溺死。他父亲又派人至遗巾履处捞觅尸身，一班门弟子互相告知痛哭；独有徐爱不哭，并谓阳明决不会自溺，又说："先生将昌千古之绝学，岂忍轻于一死乎？"后果然被他料着。

阳明既脱虎口，私自庆幸，乃附商船往舟山。忽遇飓风大作，一日夜忽吹至闽界福州武夷山。登岸行山径数十里，见一古寺，想要叩门进去投宿，寺僧不许。天色已晚，没有法子，只好跑到另外一个野庙香案下息卧。哪知所卧的地方，却是一个虎穴。到了夜半，虎绕廊大吼，但没有进去，等到天明，虎方他去了。

寺僧每晨总要到野庙里来一次，见有旅客残藏，则取其行囊以去，习以为常的。讵料是夜虎但绕廊大吼，并不敢入；寺僧意昨夕叩门借宿的客人，必已饱于虎腹无疑，将往收其囊。至则阳明犹酣睡未醒，均大为惊异，称之为非常人。又邀他到庙里，庙里有个异人，原来就是前次阳明新婚之日，在铁柱宫遇着对谈忘归的道士，他乡忽遇故知，自然喜悦非常，乃向道士说："我遭阉瑾之祸，幸脱余生，行将隐姓潜名为避世计。"道士大不赞成他这消极的行为，并说："你有亲在，又有名朝野，要是从此匿迹，则将来设有不肖之徒，假借你的名望，鼓舞人心，万一逮你的父亲，诬你北走湖、南走粤，那你又将如何办呢？倘若朝廷寻究你的家中，岂不反造成赤族之祸么？"说完又拿出一首做好了的诗，给阳明看道：

> 二十年前已识君，今来消息我先闻。
>
> 君将性命拼毫发，谁把纲常重一分？
>
> 寰海已知夸令德，皇天终不丧斯文。
>
> 英雄自古多磨折，好拂青萍建大勋。

这诗便是勉他不可消极地作出世想，应积极地作入世想。阳明看了，颇为感动；又以道士所言，殊有道理。道士复为阳明占一课，说还是归家赴谪地最好。阳明计乃决定，于是濡墨提笔，题诗壁间，留作此行纪念。诗道：

> 险夷原不滞胸中，何异浮云过太空。
>
> 夜静海涛三万里，月明飞锡下天风。

辞别道士，又有诗纪其事云：

> 肩舆飞度万峰云，回首沧波月下闻。
>
> 海上真为沧水使，山中又遇武夷君。
>
> 溪流九曲初谙路，精舍千年始及门。
>
> 归去高堂慰垂白，细探更拟在春分。

由武夷至南京，时龙山公因阳明获罪，故迁为南京户部尚书，特私往省视。

居了数日，便起程取道赣、湘，赴贵州龙场。途次草萍驿，遇大风雪，颇为困苦。至广信，时正元夕。次鄱阳湖，忽遇娄一斋等，相见惊喜，有《夜泊石亭寺用韵呈陈娄诸公因寄储柴墟都宪及乔白岩太常诸友》诗。至袁州登宜春台，也有诗以纪其事。复至萍乡谒濂溪祠，宿武云观，亦均有诗。入湘在醴陵道中，遇风雨，困殆不堪。至长沙遇周生请益，有《答周生》诗。在长沙因泥潦侵途，不良于行，兼以齿痛之病，游岳麓有句云：

> 醴陵西来涉湘水，信宿江城沮风雨。
>
> 不独病齿畏风湿，泥潦侵途绝行旅。
>
> ......

便是述留滞长沙之原因。离了长沙，过天心湖，又遇巨风，瞬息行百余里。日暮抵沅江，舟已为石所损，补好诘朝复行。风更大，晚泊湖边，风雨越发厉害，舟惧不敢行；但舟中粮已告罄，不进亦将饿死，乃在岸傍慢驶。少时雨阻，趁风续进，夜抵武阳江，惊魂方定，乃入市籴米作晚炊，共庆再生。

在路途因颠沛流离，不禁有去国怀君身世飘零之感，于是便做了一首《去妇叹》，大意是说：

楚人有间于新娶，而去其妇者，其妇无所归，去之山间独居，怀绻不忘，终无他适，予闻其事而悲之，为作《去妇叹》。

这里所说楚人，便隐指天子；其妇便是隐喻自己；新娶便是指刘瑾。是仿屈原《离骚》之意而作的，先为说明，然后再来看他的作品吧：

> 委身奉箕帚，中道成弃捐。
>
> 苍蝇间白壁，君心亦何怨。
>
> 独嗟贫家女，素质难为妍。
>
> 命薄良自喟，敢忘君子贤。
>
> 春华不再艳，颓魄无重圆。
>
> 新欢莫终恃，令仪慎周还。
>
> 依违出门去，欲行复迟迟。
>
> 邻妪尽出别，强语含辛悲。
>
> 陋质容有缪，放逐理则宜。

姑老藉相慰，缺乏多所资。
妾行长已矣，会面当无时。

妾命如草芥，君身比琅玕。
奈何以妾故，废食怀愤冤。
无为伤姑意，燕尔且为欢。
中厨存宿旨，为姑备朝餐。
畜育意千绪，仓卒徒悲酸。
伊迩望门屏，盍从新人言？
夫意已如此，妾还当谁颜。

去矣勿复道，已去还踟蹰。
鸡鸣尚闻响，犬恋犹相随。
感此摧肝肺，泪下不可挥。
冈回行渐远，日落群鸟飞。
群鸟各有托，孤妾去何之。

空谷多凄风，树木何萧森。
浣衣涧冰合，采苓山雪深。
离居寄岩穴，忧思托鸣琴。
朝弹别鹤操，暮弹孤鸿吟。
弹苦思弥切，巉屼隔云岑。
君聪甚明哲，何因闻此音。

　　阳明是个极端忠君主义者，在这一首诗里，就已完全表现出来了。妙在把自己一片忠君心肠，借弃妇口中能曲曲折折的道出，真不愧为一篇绝妙的佳作。

他从此起，一直到龙场去了。沿途也做了许多诗，纪其行程，这里不再为多引了。

在这一节的上半节内，作者叙述阳明的脱难生活，读者不觉得它太神话，像《西游记》、《封神榜》、《天方夜谭》一样么？不说作者的脑筋腐败，在这科学昌明时代，还大提倡其迷信么？关于这一层，作者实在十二万分的抱歉，对于阳明这次的行程，寻遍各家所述，都纷纷异说无定，不能得个较确切明了的叙述。钱绪山编的《阳明年谱》，黄久庵撰的《阳明行状》，湛若水撰的《阳明墓志铭》，尤西堂作的《王文成公列传》，均各执一说，无从定其是非，而怪诞之记述特多。执经问难之及门诸子，尚且意见分歧，不辨其师之行程所经，无怪后人更要模糊不清了。若以阳明所作武夷、长沙、岳麓、罗旧、沅水的诸诗而言，则行状似乎较为可信；但其中过于怪诞虚幻，实有不能令人可信之点。毛西河曾对此下过最激烈的攻击，证明其妄。他说：

> 时径之龙场，而谱、状乃尽情诪诞，举凡遇仙遇佛，无可乘间掇入者，皆举而掇之于此。二十年前，二十年后，开关闭关，随意胡乱。亦思行文说事，俱有理路；浙江一带水，与福建武夷、江西鄱阳，俱隔仙霞、常玉诸岭峤；而岭表车筏，尤且更番叠换，并非身跨鱼鳖，可泛泛而至其地者。即浙可通海，然断无越温、台、鄞、鄮，不驾商舶，得由海入闽之理。且阳明亦人耳，能出游魂，附鬼怅，朝游舟山，暮飞铁柱，何荒唐也！

这种攻击，真有一针见血之概。用真理实据，证明其迷信附会之不当，即起钱、黄等复生，亦不能不低首认罪。但说阳明是径之龙场，似又难以置信；武夷、长沙诸诗，明明是阳明所作，何得云是径至龙场？若依我之臆解：阳明是由京赴杭，避瑾逆谋乃逃匿于武夷，旋即赴南京省视，后再至赣由湘入滇。所有许多荒诞不经之事，均为弟子欲彰其师盛德令名，故加附会，以坚后人信仰的，决不可信。大凡中国人最重的是迷信，所谓是个贵人，必定总有许多神话，加于其身。在中国历史上之伟大人物的传记，几乎触目皆有这一类的附会之词。钱绪山作年谱，可惜也不能逃出这个恶例，但明眼人自然不会受他的骗了。

九、龙场生活

初至龙场

龙场（今修文县），在贵州西北万山中。蛇虺群居，魑魅昼见，实在是西南最荒莽的地方。至明始设郡县，地均夷人（即今之苗民），鴃舌不可辨其言语，兼之万山丛莽，瘴疠特多；除却夷人，或则中土亡命之徒，来至该处。但夷人居此，倒也甚为安舒；而自中土来的亡命，率多不胜疫瘴，或被夷人所杀而死，其存者不过十之二三。阳明未到此地之前，早知此种情形，所以在未来以前，便把生死置之度外了。

阳明初到龙场，哪晓得夷人却有一种怪俗习，凡是自中土来的人，先就卜问蛊神，对于来者，可否留居。如卜吉，则不杀，而任其留居；否则便殴杀之。幸亏一卜而吉，方始安然无事。但初至时连居住的房屋都没有一间，只好暂栖于蔓荆丛棘里面，后乃迁到东峰以一石穴，结个草庵，权作安身之所。曾有诗以纪其事道：

> 草庵不及肩，旅倦体方适。
>
> 开棘自成篱，土阶漫无级。
>
> 迎风亦萧疏，漏雨易补葺。
>
> 灵濑响朝湍，深林凝暮色。
>
> 群僚环聚讯，语庞意颇质。
>
> 鹿豕且同游，兹属犹人类。
>
> 污樽映瓦豆，尽醉不知夕。

缅怀黄唐化，略称茅茨迹。

　　这个草庵，虽然是高不及肩，然较之在荆棘之中，总要强出百倍。幸亏阳明还带来几个仆从，方得将这草庵合力筑成。居住地方，虽已弄好，可是饱腹的米粮，又将告罄。于是仿夷人火耕之法，来从事于农了。

　　在东峰得一洞，改名为阳明小洞天。他诗中有"童仆自相语，洞居颇不恶。人力免结构，天巧谢雕凿"语。足见此洞不恶。他的草庵，也就筑在这洞中。

　　夷人性本好杀，但因阳明和蔼，故反争相亲敬。见阳明食物告罄，互为贡赠。感化不数月，俨然如骨肉一样。阳明又教给他们，削木为梁柱，刈草为盖，建造房舍之法。由是四方模效，穴居野处的夷人，均有屋宇住了。

　　夷人因有屋住，非常感激，又见阳明所居的洞穴草庵，非常阴湿卑污。大家便合力经营，替阳明伐木砍树，搬石排泥，不到一月，做了一所很好的屋子。阳明自然也很感谢这些朴质忠实的夷人，肯如此为他尽力。这间屋做得很为讲究，轩、亭、堂等都有。阳明把它一一题个名：轩名为何陋轩，亭名为君子亭，堂名为宾阳堂，又名其窝曰玩易窝，并且还做几篇文章纪述此事。

　　新构既成，阳明的学生闻之，也渐渐从远方来集了。均请名阳明之新构为龙冈书院，阳明有诗云：

谪居聊假息，荒秽亦须治。

凿巇薙林条，小构自成趣。

开窗入远峰，架扉出深树。

墟寨俯逶迤，竹木互蒙翳。

畦蔬稍溉锄，花药颇杂莳。

宴适岂专予，来者得同憩。

轮奂非致美，毋令易倾敝。

营茅乘田隙，洽旬始苟完。

初心待风雨，落成还美观。

锄荒既开径，拓樊亦理园。

低檐避松偃，疏土行竹根。

勿剪墙下棘，束列因可藩。

莫撷林间萝，蒙笼覆云轩。

素缺农圃学，因兹得深论。

毋为轻鄙事，吾道固斯存。

又《诸生来》云：

简滞动罹咎，废幽得幸免。

夷居虽异俗，野朴意所眷。

思亲独疚心，疾忧庸自遣。

门生颇群集，樽罍亦时展。

讲习性所乐，记问复怀腼。

林行或沿涧，洞游还陟巘。

月榭坐鸣琴，云窗卧披卷。

澹泊生道真，旷达匪荒宴。

岂必鹿门栖，自得乃高践。

在新屋之侧，又辟一园，名为西园。园虽不大，却宜种蔬。阳明有首
《西园》诗，就是他享受愉乐生活的供状。诗道：

方园不盈亩，蔬卉颇成列。

分溪免瓮灌，补篱防豕蹢。

芜草稍焚薙，清雨夜来歇。

濯濯新叶敷，荧荧夜花发。

放锄息重阴，旧书漫披阅。

偃枕竹下石，醒望松间月。

起来步闲谣，晚酌檐下设。

尽醉即草铺，忘与邻翁别。

　　他又生平最好泉石，恰遇龙场四面，都是丛山幽洞，所以每逢晴日暇时，他总在四山去寻幽探胜。但在山巅看见行云驰逐，又免不了勾起他的思家慕亲之念；有时因为思念太切，竟辗转不能成寐。生活上虽然愉乐，而精神上依旧苦痛、烦闷与不安。兼以他的门生，来了不几天，又都走了，剩下的还是孤孤独独的一个老师。他的门生来此，是特意来省视先生的，不是来从学的，所以住了三宿便去了。阳明却很想他们能留住这里，从事求学，但是谁个又愿舍去家乡，而流恋于瘴疠之远域呢？阳明有《诸生去》的诗道：

人生多离别，佳会难再遇。

如何百里来，三宿便辞去？

有琴不肯弹，有酒不肯御。

远陟见深情，宁予有弗顾？

洞云还自栖，溪月谁同步？

不念南寺时，寒江雪将暮？

不记西园日，桃花夹川路？

相去倏几月，秋风落高树。

富贵犹尘沙，浮名亦飞絮。

嗟我二三子，吾道有真趣。

胡不携书来，茅堂好同住！

　　在上面已曾说过，龙场乃是瘴疫最盛之地，凡是中土来的人，什九都会被这瘴疫染死，纵不死也得要害一场病；能够不死不病的人，却是极少。

这一次阳明所带了的三个仆人，不约而同的一齐染了瘴疫病。三个人呻吟床褥，都不能起来作事。阳明只好自己去析薪取水来造饭，造好还要送给仆人吃，阳明这时是多么苦啊。

仆人的病，固然是大半受了瘴疠所致，但也有一小半的是中怀抑郁，思乡忆家。阳明也已知道，于是要想设个法子来安慰他们，藉以排遣他们的愁闷。最后想出用古诗歌及越调曲，又杂以诙笑，来安慰他的仆人。果然有效，仆人的病，日有起色，不久也都愈了。

有一天，从京师来了一个吏目，是个老人，携着一子、一仆，来赴任的。经过龙场，阳明很想同他谈谈中原近时的事情，不料第二天，他们已动了身，后来，有人来说这三个人走到蜈蚣坡都死了。阳明闻着，心里却异常凄惋难受。又念他们死在异乡，尸骨无人瘗葬，便带了两个童子，持畚、锸前去掩埋；并又做了一篇文，来祭死者。这篇文章，就是在中国文学史上极著名的《瘗旅文》，情意沉痛悱恻，文词感喟苍凉，在在都有千古不朽的价值。其一种由同情心发出来如泣、如诉、如怨、如慕的哀音，几乎令人不忍卒读。阳明其余文章，均可无有，只要有这一篇《瘗旅文》，也就足可高据文坛一席了。

> 维正德四年，秋月三日，有吏目云自京来者，不知其名氏，携一子一仆，将之任，过龙场，投宿土苗家。予从篱落间望见之，阴雨昏黑，欲就问讯北来事。不果。明早遣人觇之，已行矣。薄午，有人自蜈蚣坡来云："一老人死坡下，傍两人哭之哀。"予曰："此必吏目死矣。伤哉！"薄暮，复有人来云："坡下死者二人，傍一人坐叹。"询其状，则其子又死矣。明日，复有人来云："见坡下积尸三焉。"则其仆又死矣。呜呼伤哉！念其暴骨无主，将二童子持畚、锸往，瘗之。二童子有难色然，予曰："嘻！吾与尔犹彼也！"二童悯然涕下，请往；就其傍山麓为三坎，埋之，又以只鸡、饭三盂，嗟吁，涕洟而告之，曰："呜呼伤哉！繄何人？繄何人？吾龙场驿丞余姚王守仁也。吾与尔皆中土之产，吾不知尔郡邑，尔乌为乎来为

兹山之鬼乎？古者重去其乡，游宦不逾千里，吾以窜逐而来此宜也；尔亦何辜乎？闻尔官吏目耳，俸不能五斗，尔率妻子，躬耕可有也。乌为乎？以五斗而易尔七尺之躯；又不足，而益以尔子与仆乎？呜呼伤哉！尔诚恋兹五斗而来，则宜欣然就道；乌为乎？吾昨望见尔容蹙然，盖不任其忧者。夫冲冒雾露，扳援崖壁，行万峰之顶，饥渴劳顿，筋骨疲惫，而又瘴疠侵其外，忧郁攻其中，其能以无死乎？吾固知尔之必死，然不谓若是其速；又不谓尔子、尔仆亦遽尔奄忽也！皆尔自取，谓之何哉！吾念尔三骨之无依而来瘞尔，乃使吾有无穷之怆也。呜呼痛哉！纵不尔瘞，幽崖之狐成群，阴壑之虺如车轮，亦必能葬尔于腹，不致久暴露尔；尔既已无知，然吾何能为心乎；自吾去父母乡国而来此三年矣，历瘴毒而苟能自全，以吾未尝一日之戚戚也；今悲伤若此，是吾为尔者重，而自为者轻也，吾不宜复为尔悲矣。吾为尔歌，尔听之。"歌曰："连峰际天兮，飞鸟不通。游子怀乡兮，莫知西东。莫知西东兮，维天则同。异域殊方兮，环海之中。达观随寓兮，奚必予宫。魂兮魂兮，无悲以恫。"又歌以慰之曰："与尔皆乡土之离兮，蛮之人言语不相知兮，性命不可期。吾苟死于兹兮，率尔子仆，来从予兮。吾与尔遨以嬉兮，骖紫彪而乘文螭兮，登望故乡而嘘唏兮。吾苟获生归兮，尔子尔仆，尚尔随兮，无以无侣悲兮。道旁之冢累累兮，多中土之流离兮。相与呼啸而徘徊兮，餐风饮露，无尔饥兮。朝友麋鹿，暮猿与栖兮；尔安尔居兮，无为厉于兹墟兮。"

时刘瑾闻阳明未死，且父子相见于南都，益大恚，矫旨解龙山公职致仕归乡。阳明得家书，俱知其状，自念一切得失荣辱之心，早已俱亡，惟是生死一念，尚不能释然于怀。故特制一石椁，预备等候死神降临；日夜端居静默，久之胸中洒洒，也毫不着念了。

哲学上惊人的大发明

阳明被刘瑾陷害，贬谪到这蛮烟瘴雨、荒山绝域的龙场来，许多人都要为替阳明惋惜，叹为人生的大不幸。诚然，阳明到龙场，历尽艰险，尝尽苦痛，实可惋惜，也实可云为不幸。但作者之意，则不然。作者不但不惋惜，不但不叹是大不幸；反要快慰，贺为是阳明的大幸。这究竟是什么道理呢？我先引孟轲的话来答复吧。孟轲说："天之将降大任于是人也，必先苦其心志，劳其筋骨，饿其体肤，空乏其身，行拂乱其所为；所以动心忍性，增益其所不能。"这话真是一点也不错，也就是我替阳明快慰、贺为大幸的本意了。他虽然受一时的小艰苦，却反因以造成了他在中国哲学上有了惊人的大发明，使中国的思想界，顿时起了一种新观念。伟大的创造，就是在艰难困苦中得来。质言之，即是贬谪在龙场的时候，方才发现出来他的"王学"。我们如何不为他快慰，更如何不贺他，说是大幸事呢？

他发明新哲学的动机，就是他初到龙场时候，心里却怀了一个问题。他的问题是："假使圣人处此，更有何道？"这个问题，横梗在心里，总想觅个最圆满的答复。澄心静虑，苦求精思，结果他的问题答复了，并且异常圆满。

因苦求精思，偶在一天晚上，忽然大悟"格物致知"之理，寤寐中似有人在耳旁告诉提醒一样，不觉喜极呼跃而起，把他的仆人都骇了一大跳。他喜极几乎要发狂了，他说："圣人之道，吾性自足，向之求理于事物者，误也。"他将发明的新哲学以五经之言证之，莫不吻合。他此时的快乐形状，真非笔墨所能形容，他此时比穷措大掘着了金窖，还要快乐百倍。他快乐的热度，已达到了焦点。不，恐不止此，连寒暑表都给热破了。

他发明的究竟是什么新哲学，教他这样的快乐呢？他所发明的新哲学，约有三个要点，兹分别说明如后：

（一）心即理理即心　阳明极端崇服信仰此说。他说："析心与理而为二，而精一之学亡。世儒之支离，外索于刑名器数之末，以求明所谓物理者；而不知吾心即物理，初无假于外也。"他这种哲理，是非常唯心的，已具微妙深邃，形而上学之基础。为求读者易于了解起见，再引《传习录》上一篇问答于后：

爱问："至善只求诸心，恐于天下事理有不能尽。"

先生曰："心即理也。天下又有心外之事，心外之理乎？"

爱曰："如事父之孝，事君之忠，交友之信，治民之仁，其间有许多理在，恐亦不可不察。"

先生叹曰："此说之蔽久矣，岂一语所能悟，今姑就所问者言之：且如事父不成去父上求个孝的理；事君不成去君上求个忠的理；交友治民不成去友上、民上求个信与仁的理。都只在此心，心即理也。此心无私欲之蔽，即是天理，不须外面添一分。以此纯乎天理之心，发之事父便是孝，发之事君便是忠，发之交友治民便是信与仁。只在此心去人欲、存天理上用功便是。"

爱曰："闻先生如此说，爱已觉有省悟处；但旧说缠于胸中，尚有未脱然者。如事父一事，其间温清定省之类，有许多节目，不亦须讲求否？"

先生曰："如何不讲求，只是有个头脑，只是就此心去人欲、存天理上请求。就如讲求冬温也，只是要尽此心之孝，恐怕有一毫人欲间杂；讲求夏清也，只是要尽此心之孝，恐怕有一毫人欲间杂。只是讲求得此心，此心若无人欲，纯是天理，是个诚于孝亲的心，冬时自然思量父母的寒，便自要去求个温的道理；夏时自然思量父母的热，便自要去求个清的道理；这都是那诚孝的心发出来的条件。却是须有这诚孝的心，然后有这条件发出来。譬之树木：这诚孝的心便是根，许多条件便是枝叶。须先有根然后有枝叶，不是先寻了枝叶然后去种根。《礼记》言：'孝子之有深爱者，必有和气；有和气者，必有愉色；有愉色者，必有婉容。'须是有个深爱做根，便自然如此。"

（二）良知　良知的学说，首倡自孟轲。《孟子》内"不虑而知者，其良知也"，就是"良知"的发见。复由陆象山推衍，至阳明始发扬光大。他说："良知之人心，无间于贤愚，天下古今之所同也。""知善知恶是良知。""是非心之知也。是非之心，人皆有之，即所良知也。""知是心之本体，心自然会知。见父自然知孝，见兄自然知悌，见孺子入井，自然知恻隐。此便是良知"。

看了上面他自己解释良知学说的要义，便可了然。他还做了《咏良知四首示诸生》的诗，大意不外是说：良知乃是人人心里都有的，无须外求。他还以为"良知"二字，就是圣门的口诀。

（三）知行合一　阳明此处所谓的知，是重在事实上，要直接去应用；不是玄渺虚漠理上的知。这个知行合一的学说，在哲学上要占极重要的位置。兹引《传习录》上，他解释这学说的话来看吧：

爱因未会先生"知行合一"之训，与宗贤、惟贤往复辩论，未能决，以问于先生。

先生曰："试举看。"

爱曰："如今人尽有知得父当孝、兄当悌者，却不能孝、不能悌。便是知与行分明是两件。"

先生曰："此已被私欲隔断，不是知行的本体了。未有知而不行者，知而不行，只是未知。圣贤教人知行，正是要复那本体。不是着你只恁的便罢。故《大学》指个真知行与人看，说'如好好色'、'如恶恶臭'。见好色属知，好好色属行。只见那好色时，已自好了。不是见了后，又立个心去好。闻恶臭属知，恶恶臭属行。只闻那恶臭时，已自恶了。不是闻了后，别立个心去恶。如鼻塞人虽见恶臭在前，鼻中不曾闻得，便亦不甚恶，亦只是不曾知臭。就如称某人知孝，某人知悌。必是其人已曾行孝行悌，方可称他知孝知悌。不成只是晓得说些孝悌的话，便可称为知孝知悌。又如知痛，必已自痛了，方知痛。知寒，必已自寒了。知饥，必已自饥了。知行如何分得开？此便是知行的本体，不曾有私意隔断的。圣人教人必要是如此，方可谓之知。不然，只是不曾知。此却是何等紧切着实的工夫。如今苦苦定要说知行做两个，是甚么意？某要说做一个，是什么意？若不知立言宗旨，只管说一个两个，亦有甚用？"

爱曰："古人说知行做两个，亦是要人见个分晓。一行做知的工夫，一行做行的工夫，即工夫始有下落。"

先生曰："此却失了古人宗旨也。某尝说知是行的主意，行是知的工夫。知是行之始，行是知之成。若会得时，只说一个知，已自有行在。只说一个行，已自有知在。古人所以既说一个知，又说一个行者，只为世间有一种人，懵懵懂懂的任意去做，全不解思惟省察，也只是个冥行妄作。所以必说个知，方才行得是。又有一种人，茫茫荡荡悬空去思索，全不肯着实躬行，也只是个揣摸影响。所以必说一个行，方才知得真。此是古人不得已补偏救弊的说话。若见得这个意时，即一言而足。今人却就将知行分作两件去做，以为必先知了，然后能行。如今且去讲习讨论做知的工夫，待知得真了，方去做行的工夫。故遂终身不行，亦遂终身不知。此不是小病痛，其来已非一日矣。某今说个知行合一，正是对病的药。又不是某凿空杜撰，知行本体，原是如此。今若知得宗旨时，即说两个亦不妨，亦只是一个。若不会宗旨，便说一个，亦济得甚事？只是闲说话。"

他的学说发明之后，便在中国思想界辟了一个新境地。他的学说实在是最合应用的，也是非常真理的。我再引梁启超先生批评"王学"的话，以便估定"阳明学说"在中国哲学上的价值：

至于王学的大概，……简单说来，可以说："'王学'是中国儒教、印度佛教的结合体"，也可以说是："中国文化和印度文化，结婚所生的儿子"。其实这种结合，自宋之周、程、张、朱已经成立，不过到"王学"，始集大成。……实在说来，明末的一百年内，"王学"支配了全中国，势极伟大。我自己很得力于"王学"，所以极推尊他。但是"末流之弊，无可为讳"。"王学"末流的毛病，太偏于形而上学的、玄学的、主观的、冥想的一方面。……所以讲到这里，不能不怨"王学"末流之弊病，在太重主观，轻视实际。

梁先生这一段批评"王学"的话，实在公允而有见地，"王学"的长处，也不抹煞；"王学"的短处，也不回护。真可以名之为"王学"的"千秋定论"！

几封书信的力量

阳明到龙场居了不久，许多夷人，几尊敬他同神明一样。不料有一天思州的守官，特遣差人至龙场来，侮辱阳明。在守官心里想：阳明这个小小的驿丞，哪里还敢反抗，总只有任凭侮弄而已。守官的差人，得意洋洋的到龙场来，果对阳明侮辱不堪，谁知由此竟惹动了夷人的公愤。他们敬之如神明父母一般的阳明，如何肯令差吏来任加侮辱，于是大众便把差人捉住，拳打脚踢，一顿饱打，几乎打得半死。打完，方放差人抱头鼠窜而去。

差人回到思州，见了守官，诉以阳明怂恿夷人，特地殴辱了他。守官大怒，便在上司之前，极力攻击阳明，不应唆使夷人，殴打差吏。那时有个宪副姓毛的，特遣人至龙场，谕阳明以祸福利害，令往守官处请罪谢过。阳明便覆道：

> 昨承遣人喻以祸福利害，且令勉赴大府请谢；此非道谊深情，决不至此，感激之至，言无所容。但差人至龙场凌侮，此自差人挟势擅威，非大府使之也；龙场诸夷与之争斗，此自诸夷愤愠不平，亦非某使之也。然则大府固未尝辱某，某亦未尝傲大府，何所得罪而遽请谢乎？跪拜之礼，亦小官常分，不足以为辱，然亦不当无故而行之。不当行而行，与当行而不行，其为取辱一也。废逐小臣，

所守以待死者，忠信礼义而已；又弃此而不守，祸莫大焉。凡祸福利害之说，某亦尝讲之。君子以忠信为利，礼义为福，苟忠信礼义之不存，虽禄之万钟，爵以侯王之贵，君子犹谓之祸与害；如其忠信礼义之所在，虽剖心碎首，君子利而行之，自以为福也。况于流离窜逐之微乎？某之居此，盖瘴疠虫毒之与处，魑魅魍魉之与游，日有三死焉。然而居之泰然，未尝以动其中者；诚知生死之有命，不以一朝之患，而忘其终身之忧也。大府苟欲加害，而在我诚有以取之，则不可谓无憾；使吾无有以取之，而横罹焉，则亦瘴疠而已尔，虫毒而已尔，魑魅魍魉而已尔，吾岂以是而动吾心哉！执事之谕，虽有所不敢承，然因是而益知所以自励，不敢苟有所隳堕，则某也受教多矣。敢不顿首以谢！

毛宪副接着这封信之后，就转送给守官看。那位守官也自觉惭服，明知衅由自己所起，怎好再怪别人。对此事，也不再提；只苦了那位差人，白白地给夷人饱打了一顿。

这时水西有个安宣慰使，素闻阳明之名，非常钦敬，想与阳明交好，特使人送许多米、肉、金帛等物给阳明，阳明却丝毫不受，一概谢绝。使者坚欲阳明收下，他无法再拒辞了，只好收下二石米与柴炭、鸡、鹅之类；至于金帛、鞍马之物，无论如何，决不肯受。过后，阳明写了一封信给安宣慰使，一方面感谢他所馈赠的物品，一方面教他不要再送这些东西来。一篇正义严词的信，弄得那位想交好阳明的安宣慰使，从此不敢再馈送东西给他了。

水西地方，朝廷以前原预备设卫置城的；城筑好，便因他事而中止了，但是驿传尚存之未废。这位安宣慰使，久恨驿传，据在他的腹心，不好作何异动，便想将它去掉，以便任其畅所欲为；朝廷没有驿传，再也不能知晓他所为何事了。不过若果废去驿传，设被朝廷知道了，祸又不小。他明知擅废驿传，是要犯大罪的，而自己又极端想去掉它，事在两难，于是特遣人来请教阳明，问驿传是否可废？阳明就回了他一封信，力言驿传不能擅废。并且说：这是有关朝廷的威信，若是擅自废除，恐要获重咎。信内又说：

> 凡朝廷制度，定自祖宗，后世守之，不可擅改，在朝廷且谓之变乱，况诸侯乎？……使君之先，自汉唐以来，千几百年，未之或改，所以若此者，以能世守天子礼法，竭忠尽力，不敢分寸有所违。……不然，使君之土地，富且盛矣，朝廷悉取而郡县之，其谁以为不可？夫驿可减也，亦可增也，亦可改也；宣慰使亦可革也。由此言之，殆甚有害，使君其未之思耶？

一篇利害分明的大道理，摆在安宣慰使的面前，吓得他再也不敢萌此妄念，想废驿传了。

有个姓宋的酋长属下之阿贾、阿札等，忽然叛乱起来，到处骚扰人民。这次阿贾等作乱，有许多人都说是安宣慰使的主使，阳明也知系安之暗使，于是便又写了一封信，责备他不应按兵不动，坐视阿贾之难而不讨平，并劝他自动速讨叛将以赎罪。安氏不觉悚然，自悟其过，遂乃率师一鼓将阿贾、阿札等就荡平了，人民也都赖以安宁。一个桀骜不驯的安宣慰使，却被阳明的几封信，弄得俯首帖耳，不敢不从。以一个小小驿丞，居然能使拥着重兵的宣慰使服从训导，不敢为非，真是创见罕闻的事。

我们由此可见一个人的道德学问，感人之深，比什么感动人，都要来得切、来得有效力呀！

贵阳讲学

阳明的学说，渐由龙场传到贵阳了。

贵阳提学副使席书，闻着阳明的学说，非常钦佩，特地亲自到龙场来，问朱熹、陆九渊学说同异之辨，究在何处？他这次到龙场的目的，就是想阳明能给他一个圆满的答复和解释，哪知阳明对于朱、陆异同，完全不语；却只把他自己悟出的格物致知的道理，反说了一大套。席书满腹怀疑，又不好怎样再问他，只得快快而归。

次日，又复来问，阳明便举知行本体的道理，详细地讲给他听；又证五经诸子之说，无不尽合，席书至此才渐渐知道阳明的学说的价值。阳明见他已有领悟之状，乃又反反复复地讲明，席遂恍然大悟。说："圣人之学，复睹于今日，朱、陆异同，各有得失，无事辩诘；求之吾性，本自明也。"于是欣然而归，告诉给毛拙庵宪副，亟称阳明之学说，毛闻之亦钦服不已。遂修葺贵阳书院，愿率贵阳诸生，以事师之礼而事阳明，特敦聘阳明，主持书院讲学。阳明也正想把他研究哲学心得，贡献给世人；今见毛宪副来请讲学，岂有不愿之理，于是就到贵阳来了。曾有诗以纪其事道：

> 野夫病卧成疏懒，书卷长抛旧学荒。
> 岂有威仪堪法象，实惭文檄过称扬。
> 移居正拟投医肆，虚席仍烦避讲堂。
> 范我定应无所获，空令多士笑王良。

诗中所说，因疾正拟投肆觅医，却也不是假话。他原来身体就不很十分强壮，此次到龙场这样疫瘴之地，如何能免不生病哩？有许多人都劝他请巫人来祷神，病必可痊，但他不愿作这迷信无益之举动，以故作罢。

阳明一到贵阳书院之后，便要实行他的教育主张了。他的主张是：

立志：

> 志不立，天下无可成之事。虽百工技艺，未有不本于志者。今学者旷废隳惰，玩岁愒时，而百无所成，皆由所志之未立耳。故立志而圣则圣矣；立志而贤则贤矣；志不立如无舵之舟，无衔之马，漂荡奔逸，终亦何所底乎？昔人有言："使为善而父母怒之，兄弟怨之，宗族乡党贱恶之，如此，而不为善可也；为善则父母爱之，兄

弟悦之，宗族乡党敬信之，何苦而不为善、为君子。使为恶而父母爱之，兄弟悦之，宗族乡党敬信之，如此，而为恶可也；为恶则父母怒之，兄弟怨之，宗族乡党贱恶之，何苦必为恶、为小人。"诸生念此，亦可以知所立志矣。

勤学：

已立志为君子，自当从事于学；凡学之不勤，必其志之尚未笃也。从吾游者，不以聪慧警捷为高，而以勤确谦抑为上。诸生试观侪辈之中，苟有"虚而为盈，无而为有"；讳己之不能，忌人之有善；自矜自是，大言欺人者，使其人资禀虽甚超迈，侪辈之中有弗疾恶之者乎？有弗鄙贱之者乎？彼固将以欺人，人果遂为所欺，有弗窃笑之者乎？苟有谦默自持，无能自处；笃志力行，勤学好问；称人之善，而咎己之失；从人之长，而明己之短；忠信乐易，表里一致者，使其人资禀虽甚鲁钝，侪辈之中，有弗称慕之者乎？彼固以无能自处，而不求上人，人果遂以彼为无能，有弗敬尚之者乎？诸生观此，亦可以知所从事于学矣。

改过：

夫过者，自大贤所不免，然不害其卒为大贤者，为其能改也。故不贵于无过，而贵于能改过。诸生自思，平日亦有缺于廉耻忠信之行者乎？亦有薄于孝友之道、陷于狡诈偷刻之习者乎？诸生殆不至于此。不幸或有之，皆其不知而误蹈也，素无师友之讲习规饬也。诸生试内省，万一有近于是者，固亦不可以不痛自悔咎；然亦不当以此自歉，遂馁于改过从善之心。但能一旦脱然洗涤旧染，虽昔为盗寇，今日不害为君子矣。若曰吾昔已如此，今虽改过而从善，将人不信我，且无赎于前过；反怀羞涩凝沮，而甘心于污浊终焉，则吾亦绝望尔矣。

责善：

"责善朋友之道"，然须"忠告而善道之"。悉其忠爱，致其婉曲，使彼闻之而可从，绎之而可改，有所感而无所怒，乃为善耳。若先暴白其过恶，痛毁极诋，使无所容；彼将发其愧耻、愤恨之心，虽欲降以相从，而势有所不能，是激之而使为恶矣。故凡讦人之短，攻发人之阴私，以沽直者，皆不可以言责善。虽然，我以是而施于人，不可也；人以是而加诸我，凡攻我之失者，皆我师也，安可以不乐受而心感之乎？某于道未有所得，其学卤莽耳。谬为诸生相从于此，每终夜以思，恶且未免，况于过乎？人谓"事师无犯无隐"，而遂谓师无可谏，非也。谏师之道，直不至于犯，而婉不至于隐耳。使吾而是也，因得以明其是；吾而非也，因得以去其非。盖教学相长也。诸生责善，当自吾始。

在他的教育主张中，我们看得出几个重要之点：（一）为学第一在立志，志圣则圣，志贤则贤；不立志，就似舟无舵，似马无衔，其危险不堪设想。（二）读书不以聪慧警捷为高，而以勤确谦抑为上，这就是"士先器识，而后文艺"的意思。（三）人不贵于无过，而贵于过而能改。（四）责善朋友，须忠告善道。师虽尊严，亦可谏之，但直不至于犯，而婉不至于隐耳。这便是他对教育上的主张和精神。

阳明这次讲学，最重要的就是阐明自己的学说。但是贵阳地方，地处僻远，智识闭塞，一般学生，从来不知什么是"知行合一"。所以阳明尽管讲得舌敝唇焦，而他们依然毫无领悟。这也难怪他们，连一个提学副使，尚且要细细地讨论，方可明白，诸生怎能一旦就可了解这种精微深邃的大哲学呢？

十、谪限满期后的升迁

治庐陵县

为忤了刘瑾，弄得贬谪到龙场，三年之后，谪的期限也满了。朝廷升他为庐陵县的知县，在宦海一落千丈的阳明，渐渐的要往上升浮了。

赴任时，路过常德辰州，遇见旧日门人冀元亨、蒋信、刘观时等，又闻得他们都能卓然自立，不谐流俗，不禁大喜。说道："谪居两年，无可与语者，归途乃幸得友，悔昔在贵阳，举知行合一之教纷纷异同，罔知所入，兹来与诸生静坐僧寺，使自悟性体，顾恍恍若有即者。"即又在途中寄信与冀等说："前在寺中所云，静坐事非欲坐禅入定也。盖因吾辈平日为事物纷拏，未知为己，欲以此补小学收放心一段工夫耳。明道云：'才学便须知有用力处，既学便知有得力处。'诸友宜于此处着力，方有进步，异时始有得力处也。"这段话，就是阳明告学者悟学的法子，是很有价值的。

他自从上任之后，对于政事，不用盛刑，专以开导人心为本。这不是他的迂腐处，乃是他为政的重要学问处。他已知道用刑是治不好人民的，惟有正本清源，先从开导人心起，方易收民善之效。他考稽旧制，选举县中三个年高德厚、品端行粹的老人，作为治理词讼之事的总裁判，自己只在旁边做个监督，坐视三老审判。他为什么要这样做呢？原来我国人的心目中，最敬重的就是年岁又高、德行又好的老人，所以俗有"凡事要好，须问三老"之谚。阳明已看到了这点，故选三个有德的老人来主持讼事；如若有人诉讼什么事，便使三老向来诉讼的人，委曲劝谕。一般人民，均悔过自责；甚至受了感动太深的，还要泣下。明代的诉讼之风，原是非常之盛；而庐陵县的人民，更是健于讼争。自从阳明这样把人心一一开导，便都觉得诉讼，是件极不好的事；除非是出于万不得已，方来诉讼，否则再也不来。由是积弊已除，囹圄为之日清。

在庐陵县不仅仅是息了讼风，他还做了几件德政，值得我们说一说的。

有一次，县里流行症大盛，罹者多不能免，一般人都怕病症传染厉害，每逢自己家中，如有一人染着了流行症，则其余的人，一概都潜自离开了，诚恐感受病者的传染；这病者每每因病还不曾死，可是汤药饘粥不继，反多饥饿而死的。阳明一方面派遣医生，分行救治；一方面又出谕劝令子弟，须兴行孝悌，各念骨肉，莫忍背弃。由是染疫而死者渐少，浇薄之风俗，也为之一变。

在县里盗贼颇为横行，民间既无防御之法；以前的长官，又无抚缉之方；盗势由此益盛。阳明便立一种保甲法，保甲法就是与现在的调查户口差不多；又谕寇至须互相救援，坐视者科以重罪；又令各家家长，须严束子弟，毋染薄恶，已染者宜速改过向善，过去不咎，否则即治以法。盗风由此乃戢。

天时亢旱，以致火灾流行，有次竟延烧千余家。这原因即在衢道太狭，居室太密，架屋太高，无砖瓦之间，无火巷之隔。所以一遇火起，即难救扑，往往成为巨祸。阳明便立一法，以为救济：凡南北夹道居者，各须退地三尺为街；东西相连接者，每间让地二寸为巷；又间出银一钱，助边巷者为墙，以断风火。沿街之屋，高不过一丈五六，厢楼不过一丈一二，违者有罚。火灾从此也渐渐减少，即或起火，亦不能成为巨祸了。

此外，还有绝镇守横征，杜神会借办，清驿递，延宾旅，在庐总共不过七个月，便做出许多有益于民的成绩。他走了之后，庐陵人还是口碑载道，思慕不已。

昌明圣学的时代

刘瑾自阳明谪后，威权日甚，所有朝廷大小事，皆由瑾专决，故思图谋不轨，也想尝尝做皇帝的滋味。哪料被张永将他作恶的实据，一件一件都觅着了，极力在武宗面前参劾。武宗至此始悟刘瑾之奸，遂执瑾，籍其家，又将瑾磔之于市。野心勃勃的刘瑾，皇帝的滋味，毕竟没有尝着，抄家杀头的滋味倒被他尝着了。

刘瑾既死，其奸既暴；凡是曾反对过刘瑾的，不问而知是忠臣了。遂将瑾所陷害的人，均复起用。阳明是反对瑾贼最力的人，自然也在起用之列。于是升为南京刑部四川清吏司主事。因此阳明离开庐陵，又再入京师朝觐履新了。

他这次晋京所抱的目的，就是要肩起昌明圣学的担子。换句话来说罢，他就是要将自己的学说，阐明起来，发扬起来。

这时有个黄绾字宗贤的，时为后军都事，少便有志圣贤，专致力研究紫阳、象山、横渠、敦颐、伊川、明道等之书籍；耳闻阳明之名甚久，因不知阳明所学究竟若何，所以未来访谒。但他的朋友储公罐，却是深知阳明的，于是就写信给他道："近日士大夫，如王君伯安趋向正，造诣深，不专文字之学，实不多见。足下肯出与之游，丽泽之益，未必不多。"黄绾至此，方知向日未谒之失，于是即夕趋见，阳明与语喜道："此学久绝，子何所闻？"黄答："虽粗有志，实未用功。"阳明道："人惟患无志，不患无功。"又问："已识湛若水先生否？"答："未识。"阳明无意中忽得这个志同道合的黄绾，心中真快乐已极，次日便约黄绾与若水相晤，订与终日共学。此时，黄绾还是阳明的同志之友，后来还是执了贽，愿列门墙，因他实在太佩服阳明，不敢自居友位，情愿列门徒。最后，果然作了王门的一个大弟子。

在刑部不久，又调到吏部，阳明把公事办完之后，就同若水、宗贤等，互相研究圣学。因为感情亲密，所以饮食起居，也是在　处，不肯离开。此时还有一个同僚方献夫，位职在阳明之上，因闻阳明论学之旨，大为倾服，也执贽事阳明以师礼。

若水奉旨，忽欲出使安南，阳明特作诗送他之行，饮食起居不离的同志，忽然去了一个，可知他此时心绪，是如何怅惘寡欢了。

阳明的官运，此时忽然亨通起来，由主事升员外郎，升郎中，接着又升太仆寺少卿。但他此时，对于政治生活，陡地反起了厌烦，殊不愿官上升官。他对于做官，根本已觉得讨厌了。可是君命由不得自己，只好"钦此、谢恩"了。

他此时所要想过的生活，乃是山水生活；他所梦想的，是结庐于天台、雁荡之间，终老余年。但朝廷怎能容他这样去过安闲生活呢？梦想依然是梦想啊！

乘履新之便，顺道先拟归家中省亲一次，这回同来的有个门人徐爱，在舟中与论《大学》宗旨，徐爱大悟，喜极跃起，手舞足蹈，似疯狂一样者数日。他这次快乐热度，同他的老师在龙场初发明知行合一的学说的快乐热度，差不多是一样达于沸点。

阳明这回入京师，及门者特别增多。他的学说，信仰者也愈加增多。昌明圣学的旗帜，拥护"王学"的口号，遍见于京师各处。阳明此次进京的目的，已完全达到了。

遨游啸咏山水的生活

阳明由二月到家以后，预备偕同徐爱到天台、雁荡去游历，又写信给黄绾，约他同去。因亲友羁绊，时刻弗能自由，以是暂作罢论。等到五月终，他决定要去游历了。时值烈暑炎天，而阻者益众且坚，于是又不能动身。没法子，权在附近小山上游赏，暂时过过山水瘾再说。到了七月，他实在不能再待了。黄绾又久候不至，他也不愿再等。于是同徐爱等数人，从上虞入四明，观白水，寻龙溪之源，登杖锡，至于雪窦，上千丈岩以望天姥、华顶。年来梦想的山水生活，一一都实现了。

游毕，复从奉化取道赤城，适遇天旱，山田尽干裂，人民都在彷徨望雨，使他亦为之惨然不乐。遂自宁波，还归余姚，半月旅行的生活，暂告中止。归后，黄绾遣使者以书来迎，阳明覆书深惜他不同此行。原来阳明之意，非独专事山水之娱，乃是想藉登游山水之便，以好点化门人。黄绾是阳明所深爱的弟子，竟未能与于这次胜游，所以他心里，总觉得这是很歉然的一件事。

在家勾留太久了，徐爱又已去，兼以亲友催促，于是离家赴滁州上任去了。

滁州山水佳胜，素已著名，地僻官闲，这一下正合了阳明的心意。他带着一些门人，任意遨游琅琊让泉的地方，领略湖山泉石之胜，一方面又指导他们悟理为学的工夫。门人如若有什么疑难问题，随问随答，无不满意。由是从游弟子益众，每逢月夜，环坐龙潭约数百人，歌声常振山谷。这时阳明的生活，清闲极了，也舒服快乐极了。

清闲舒服快乐的生活，毕竟是不能久享的。在滁州仅居了半载，官又加升为南京鸿胪寺卿，要离开滁州往南京去了。

走的时候，门人都来亲送，一直送到乌衣地方，还是不忍分手，均留居江浦，等候阳明渡江后方肯归去。可知他们师、弟之间的感情，是如何的深且挚啊！

到南都后，徐爱也来了，时弟子又群集师门，日夕渍砺不懈原来阳明，自正式授徒讲学之后，他的门人，多半是随着他的足迹的。

自阳明离滁州后，他在滁州的一班学生，因离师的原故，渐渐放言高论，或背师教。有人来便告诉阳明，阳明也叹息着说："吾年来欲惩末俗之卑污，引接学者，多就高明一路，以救时弊。今见学者渐有流入空虚，为脱落新奇之论，吾已悔之矣。"

有许多人，都以"王学"空虚为诟病，由他这篇话看起来，可知其过，乃在阳明弟子，而不在阳明了。这种流于空虚的毛病，不但现在滁州的学生是如此，就是后来钱德洪等也是如此，这可以说是"王学"的不幸。

阳明正因学生将自己的学说误解了，必中非常懊丧，恰巧又有两个门人名王嘉秀、萧惠的，好谈仙佛，阳明于是警诫他们说："吾幼时求圣学不得，亦尝笃志二氏；其后居夷三载，始见圣人端绪，悔错用功二十年。二氏之学，其妙与圣人只有毫厘之间，故不易辨；惟笃志圣学者，始能究析其隐微，非测臆所及也。"

因学生易犯流于空虚的毛病，故他不能不严重告诫。许多学者都说"王学"易流空虚，颇近禅学，在此处似可证明批评的不错。但阳明本意，原是不要教人流于空虚的；在上面两段谈话中，也可以证明。至于真正得着阳明真传的，只有清初大师黄梨洲一人而已。——因他学"王学"而不流于空虚，能作实在工夫也。

纯孝至情流露的陈情表

阳明从幼，便有一件最不幸的事，就是他的母亲早逝了。幸亏他的祖母鞠育，费尽许多心血，才能把他抚育长大。他自从过政治生活后，便与慈爱的祖母离开；虽也间或乘便回家省视一次，但不多时，又依然要别去。他这回到京时，他的祖母已经有了九十六岁，他常常忧虑着，祖母的年寿已高，恐再不能在这尘间多留。自己若不早点辞职归家，侍奉祖母一些时，恐怕一旦见背，便要抱无涯之痛，而有不能再见的终身遗憾了。适遇朝廷举行考察之典，拣汰不职僚员，他乘这个机会，便上了一个表章道：

> 迩者，朝廷举考察之典，拣汰僚。臣反顾内省，点检其平日，正合摈废之列。……况其气体素弱，近年以来，疾病交攻，非独才之不堪，亦且力有不任。……若从末减，罢归田里，使得自附于乞休之末，臣之大幸，亦死且不朽。

表上以后，满希望皇帝能给他一个"准如所奏"，便好还乡了。哪知结果，却大失所望。于是又上疏道：

> 顷者臣以朝廷举行考察，自陈不职之状，席藁待罪；其时臣疾已作，然不敢以疾请者，人臣鳏旷废职，自宜摈逐以彰国法，疾非所言矣。陛下宽恩曲成，留使供职，臣虽冥顽，亦宁不知感激自奋，及其壮齿，陈力就列，少效犬马；然臣病侵气弱，力不能从其心。臣自往岁投窜荒夷，往来道路，前后五战，蒙犯瘴雾，魑魅之兴游，蛊毒之与处；其时虽未即死，而病势因仍，渐肌入骨，日以深积。后值圣恩汪濊，掩瑕纳垢，复玷清班，收敛精魂，旋回光泽；

其实内病潜滋，外强中槁，顷来南都，寒暑失节，病遂大作。且臣自幼失母，鞠于祖母岑，今年九十有六，耄甚不可迎侍，日夜望臣一归为诀；臣之疾痛，抱此苦怀，万无生理。陛下至仁天覆，惟恐一物不遂其生；伏乞放臣暂回田里，就医调治，使得目见祖母之终。臣虽殒越下土，永衔犬马帷盖之恩！倘得因是苟延残喘，复为完人，臣齿未甚衰暮，犹有图效之日，臣不胜恳切愿望之至！

疏上，自以为这样情词恳切的陈情表，总可以感动得天子，允他所请。哪知天下的事，每每有出人意料之外的。你所要做的事，偏没有给你做；你所不愿做的事，偏会要你做了。阳明这方面正在竭力积极的上表辞职，哪晓得原来的官职不但没有辞掉，反而升为都察院左金都御史，巡抚南赣等处了。

原来那时南赣、汀、漳等处，群盗蜂起。尚书王琼素知阳明富于军事学识，故特保荐他任巡抚平盗之责。这真把他急煞了，官未辞掉，反而又升一官；归计不遂，反要赴赣平盗了。这教他怎么办呢？于是又复上表，做第三次陈请。

第三次的辞职表上了，皇帝就下了一道手谕说："王守仁不准休致，南赣地方，现今多事，着上紧前去，用心巡抚。"

这样二十几字的一道"御批"，使得阳明再也不敢提起辞职的话。皇帝的威权，是不可测的；他不准辞职，你若还是要辞职，他如怒你不该违抗意旨，给你一个"不遵君命"的罪名，那你就会身与首宣告脱离关系了。阳明已经尝过了一次贬谪的滋味，怎敢再去冒险呢？只好把辞职归家的念头，暂时收起，预备为国驰驱，提兵戡乱了。

阳明的生活，又将由政治转入军事了。我们以前所看的，都是文的生活，现在要看他武的生活了。文剧已经演过，武剧现正开始演奏，请读者朝后看罢。

十一、剿平诸寇

倡行十家牌法

阳明，有的人知道他是个大理学家，有的人知道他是个大教育家，有的人知道他是个大文学家，有的人知道他是个大政治家，但是从来没有人能知道他还是一个大军事家。偏偏给王琼知道，特荐举他现任剿寇与后来讨逆之责，造成一番轰轰烈烈的丰功伟业。使后人对于阳明，更加一层景仰；对于阳明的学问，更深一层认识。这些功劳，不能不归之于王琼。若没有王琼的赏识、举荐，阳明纵有极深湛精邃的军事学，也无人能够知道和注意。那么，他的军事学识，只有永远埋没在他个人的心里腹里，永没有表现暴露的机会。至于他何以能负有如许绝大的军事学识呢？这一半是受了许璋的衣钵真传，一半是自己平日下苦功研讨的心得。合起两个"一半"，就成就了"一个"大军事家的王阳明。

他出京到赣，将实行过他的剿匪生活。在半路上万安地方，就遇着有流寇数百，沿途大肆劫掠，以致许多的商船，都不敢前进。他便联好了很多商船，结为阵势，扬旗鸣鼓而来。一班贼寇，都误以为是官兵来剿灭自己了，一个个均惊惶失色，罗拜于岸，哀恳他说："我们不是贼匪，我们都是饿荒的流民，来请求赈济的。"阳明见他们已悔罪了，便派人上岸晓谕说："至赣后即差官抚插，各安生理，勿作非为，自取戮灭。"许多贼匪都因惧怕法纲，一一自行散归。这虽是一件极平常的小事，然可足见他的才能之一斑哩。

自到赣后，他第一步便做严查户口、清贼内应的工作。原来赣中奸民颇多，为贼寇作耳目，无论官府有何举动，贼寇便已知道，预为防备。故官军剿匪的结果，百分之九十九是失败。阳明知道内贼不除，外贼决不易平。他秘密调查通匪之首领，为一军门老隶，为虎作伥，异常狡猾。于是把这老隶捉来，问他愿生还是愿死？如愿生，须将贼中虚实，暨一切情状，尽量照实供出，可以贷其不死；否则即身首不保。老隶自然是愿生不愿死的，遂把贼情完全实吐了。又因奸民过多，良莠无从查起，乃于城中立十家牌法。这十家牌法，就是与现在的户口调查表一样，但较现在之户口调查表为严密，似含有国民革命军的"连坐法"的意味，也可说是连环保结式，为治盗匪一个最好的法子，这是阳明特创的。

他初行此法时，便先晓谕人民道：

> 本院奉命巡抚是方，惟欲剪除盗贼，安养小民。所限才力短浅，智处不及；虽挟爱民之心，未有爱民之政。父老子弟，凡可以匡我之不逮，苟有益于民者，皆有以告我，我当商度其可，以次举行。今为此牌，似亦烦劳；尔众中间，固多诗书礼义之家，吾亦岂忍以狡诈待尔良民。便欲防奸革弊，以保安尔良善，则又不得不然。父老子弟，其体此意。

他料到要行这十家牌法，人民不知，必多怨恨的，所以剀切的晓谕他们，要体念政府是为保安良民起见，不得不行的。纵受须臾苦痛，但可享受永久的安宁幸福。

"御外之策，必以治内为先"，这句话真是不错，自十家牌法一行之后，再也没人敢私通匪类、传递消息、窝藏奸宄了。

一面施行治内政策时，一面又精选民兵，所有老弱之卒，一概淘汰，择许多骁勇绝群、胆力出众的壮年汉子，分别教练御侮破敌之术；又令各县长官，照样选择勇壮士卒，分守城隘。各处防备已妥，自己择教的精兵，又已纯熟，于是实行出兵作剿匪工作了。

肃清贼寇

明朝是一个贼寇最多而又最横行猖獗的时代。就是明朝的国家，后来也是亡于李自成、张献忠的手里，虽有许多官兵进剿，结果总是劳而无功。自经阳明领兵剿灭，不留一点遗孽，清平将及百年，而无匪踪。这种武功，这种用兵如神，真可说是旷古所未有的，真值得称为"大军事家"四个字！也真不愧这四个字！

他所平的贼寇，头绪纷繁，几无从叙起。兹为使读者易于明了起见，分段述之于下：

（一）平漳州贼　漳州贼魁詹师富、温火烧，是时率众横行，势极猖獗。阳明到赣仅十日，见警报甚急，于是先行进剿。一面移文湖广、福建、广东三省长官围剿，一面自己誓师出发。因贼域早已蔓延四省之广，凡一省剿匪，其他三省必须同时合作，已勒为令。但阳明对于此举，颇不赞成。盖既久候三省，同时进兵，则多费时日，贼易早窜；且仓促之变，尤非随机扑灭不可。故他带着副使杨璋，不等三省兵来，早已下了动员令。遇贼于长富村，战而败之，贼退象湖山，追至莲花石，适于会剿兵遇，乃行合围之策；围宽，反被贼溃出，阳明怒责失律者；后佯云将退师犒众，贼闻不备，遂袭而大破之，漳贼尽平。是役斩贼首七千余级，为时不过二月零三日。

（二）平乐昌、龙川贼　平了漳贼之后，而乐昌、龙川尚多啸众肆掠，将用兵剿之，先犒以牛酒银布，复谕之曰：

> 人之所共耻者，莫过于身被为盗贼之名；人心之所共愤者，莫过于身遭劫掠之苦。今使有人骂尔等为盗，尔必愤然而怒；又使人焚尔室庐，劫尔财货，掠尔妻女，尔必怀恨切骨，宁死必报。尔等以是加人，人岂有不怨者乎？人同此心，尔宁独不知？乃必欲为此，其间想亦有不得已者。或是为官府所迫，或是为大户所侵，一时错起念头，误入其中，后遂不敢出。此等苦情，亦甚可悯。然亦皆由尔等悔悟不切耳。尔等当时去做贼时，是生人寻死路，尚且要去便去；今欲改行从善，是死人求生路，乃反不敢耶？若尔等肯如当初去做贼时拼死出来，求要改行从善，我官府岂有必要杀汝之理？尔等久习恶毒，忍于杀人，心多猜疑。岂知我上人之心，无故杀一鸡犬尚且不忍，况于人命关天？若轻易杀之，冥冥之中，断有还报，

殃祸及于子孙，何苦而必欲为此。我每为尔等思念及此，辄至于终夜不能安寝，亦无非欲为尔等寻一生路。惟是尔等冥顽不化，然后不得已而兴兵，此则非我杀之，乃天杀之也。今谓我全无杀人之心，亦是诳尔；若谓必欲杀尔，又非吾之本心。尔等今虽从恶，其始同是朝廷赤子。譬如一父母同生十子，八人为善，二人背逆，要害八人；父母之心，须去二人，然后八人得以安生。均之为子，父母之心，何故必欲偏杀二子，不得已也。吾于尔等，亦正如此。若此二子者，一旦悔恶迁善，号泣投诚，为父母者，亦必哀悯而赦之。何者？不忍杀其子者，乃父母之本心也；今得遂其本心，何喜何幸如之；——吾于尔等亦正如此。闻尔等为贼，所得苦亦不多，其间尚有衣食不充者。何不以尔为贼之勤苦精力，而用之于耕农，运之于商贾。可以坐致饶富，而安享逸乐，放心纵意，游观城市之中，优游田野之内。岂如今日出则畏官避仇，入则防诛惧剿，潜形遁迹，忧苦终身，卒之身灭家破，妻子戮辱，亦有何好乎？尔等若能听吾言，改行从善，吾即视尔为良民，更不追尔旧恶。若习性已成，难更改动，亦由尔等任意为之。吾南调两广之狼达，西调湖湘之士兵，亲率大军，围尔巢穴，一年不尽，至于两年；两年不尽，至于三年。尔之财力有限，吾之兵粮无穷，纵尔等皆为有翼之虎，谅亦不能逃于天地之外矣。呜呼！民吾同胞，尔等皆吾赤子，吾终不能抚恤尔等，而至于杀尔，痛哉！痛哉！兴言至此，不觉泪下。

这篇谕文，无论什么人见了，都得要受它的感动，尤其是它那一种蔼然哀怜无辜之情，能使人读了，不觉泪下。果然龙川贼首卢珂、郑志高、陈英等，见此谕文后，便即刻率众来降，并愿效死以报。后浰头贼将黄金巢，亦率五百人效顺。阳明不费一兵一矢之劳，居然一纸谕文，就把乐昌、龙川之贼平了。

（三）平大庾贼 龙川贼降，以大庾贼最近，议先破之，招新民之在寨的，用卢珂、郑志高等设计，潜行纵火，破寨十九所，斩贼首陈曰能，并其从者五百十级，大庾贼遂平。为时仅二月零五日。

（四）平横水、左溪贼　阳明那时驻南康，去横水三十里，乃夜抽乡兵善会登山的四百人，使各执旗，赍铳炮，由间道攀崖，伏于贼巢附近高岩，预嘱大兵进攻时，即以火炮响应。又预遣指挥谢昺，率壮士夜上窃险，先发其滚木擂石之伏险的贼徒。于是进兵，贼刚迎敌，忽山顶炮声兀起，烟焰蔽天，回头一看，则红旗满山，以为官军已占据了寨，将弃险走，而谢昺的兵呼噪出，贼益怯战，阳明麾兵进攻愈猛。贼大溃，遂破长龙等五寨，及横水大寨。

先是未剿横水以前，预遣都指挥许清，自南康心溪入，知府邢珣，知县王天与自上饶入，皆会横水。指挥郏文自大庾义安入，唐淳、季敹自大庾聂都稳下入，县丞舒富自上犹金坑入，皆会左溪。惟知府伍文定、知县张戬从上犹、南康分入，以遏奔轶。至是果各奏其功：邢珣、王天与各破磨刀、樟木、貌湖八寨，会于横水；唐淳破羊牯脑三寨，又破左溪大寨，郏文、舒富、季敹各破狮子、长流、箸坑、西峰十二寨，会于左溪；最后伍文定、张戬亦以遏轶兵，连破数寨；于是横水、左溪之贼均平，计斩贼首谢志珊等五十六，从贼二千一百余，俘贼二千三百余，散归者无算，为时只二十日。

（五）平桶冈贼　横水、左溪之贼既平，因粮尽兵竭，且桶冈险不易下，拟先抚谕，不从再剿之。遣通贼戴罪官民李正岩、刘福等，直入贼寨谕抚，约次日会锁匙笼候抚，贼初畏威允从，既而变悔，因犹豫不决，故未暇为备。至期，一面派人至锁匙笼如促降者，一面暗遣邢珣入茶坑，伍文定入西山界，唐淳入十八磊，张戬入葫芦洞，俱冒雨进。贼首蓝天凤、钟景方出锁匙笼候命，忽闻阳明的军都至，急返内险，据水而阵；阳明遂领兵进剿，大破之。贼首蓝天凤、钟景、萧贵模等，均面缚叩军门乞命，桶冈贼遂平，为时仅一月十一日。

（六）平大帽贼　帽贼池仲容，前见阳明抚谕，乃观望不至，但其将黄金巢却已归顺。阳明破横水，黄竟立功，池始惧罪。在阳明征桶冈时，亦遣其弟仲安来从，非助官军，乃是乘间预作贼应的。阳明已知其诈，故抑置后队，不使夺隘；及桶冈破，池氏兄弟大恐，益增战具。阳明知有变，至三浰界，见贼戒备颇严，诡问其故。答说："卢珂、郑志高是我们仇敌，戒备系防他来暗袭，不是防备官军的。"阳明假怒着说："你们都是从征有功的，不应以私害公。"值仲安在军，而卢、郑密告三浰反状，阳明乃出仲安面质，佯责卢、郑为诬陷，假杖系之于狱，而阴使卢弟集兵待，遣人招仲容来。仲容不虞阳明有诈，既来，阳明待益厚，仲安更为不疑。正月三日大享，伏甲士于门，出卢、郑于狱，而暴池氏兄弟之罪，尽斩之。于是进灭其巢，一鼓而下；贼首张仲全等恸哭请降，乃纳之，大浰贼尽平。是役斩贼首五十二，并从贼二千余，为时不过十日。

以上所叙的，都是阳明亲平的巨寇，至于旁剿之著者，如彬桂贼，此处不再为叙述了。

阳明到赣，不过一年，而所有的贼寇，被他剿抚并用，一齐都肃清了。由是境内大定。他很感激王琼的举荐，及邀请天子赐他军事上的全权，始能便宜行事，荡平匪乱。每于疏后，均推兵部之功，语总不及内阁。时内阁与琼有隙，见阳明如此推重王琼，大为妒恨，谓抚臣无赖，有功状不归之朝廷，而反归之于兵部，是真大不敬。阳明冒尽危险，用尽心机，得来的一点功劳，反遭小人的攻击，真可为之一叹。

虽然妒恨者自妒恨，而阳明的剿匪功劳，无论如何，总不能磨灭下去；论功行赏，升封为都察院右都副御史了。

他得胜班师，回到南康时候，沿途人民都顶香膜拜，并且许多州县人民，还为他立生祠，因他为民除了一大害——匪患，所以人民才这样崇拜他、尊敬他呀！

偃武修文的时期

贼寇已平，武事完结，而文事兴致又动了。

他在此时做了两件很有益于哲学上的贡献：

（一）刻古本《大学》　《大学》是中国哲学史上一本极重要的名著，就是阳明的"致知"学说，也是由《大学》中产生。后经程子、朱子为之分经、分传，其书原是一篇，本来没有经、传可分，硬被程朱一分，反失去原有的真质；又有些地方本不阙漏的，被程朱一补，反弄得本义隐晦了。阳明在龙场时，见朱子注的《大学章句》，不是圣门本旨，乃手录古本，伏读精思，果然证明朱子的谬误。他因不满意程朱的分、补，遂刻没有分或补的古本《大学》，恢复《大学》原来的完璧。又旁为之释，而引以叙。至于他所释的，是否即《大学》本旨，我们固难断定，然使我们多得一见解的参考，和更多一深切的认识，是无可讳言的。

（二）刻《朱子晚年定论》　朱子因为同明朝皇帝同宗的缘故，差不多尊之如神明一样，再也没有人敢来批评他的不是处；偏偏阳明对他却处处表示不满意（不是人格的不满意，乃是学说上的不满意）。于此须得先说明一句：阳明的学说，乃是受了陆象山的影响；换句话说吧，阳明乃是陆的信徒，他的学说，多少都带有百分之七十陆学说精粹的成分。陆对于朱是极端抱着反对态度的，朱的学说是"道学问"，陆的学说是"尊德性"，谁是谁非，千载而后，还没有人能敢下一胜负的定谳。故阳明的不满意于朱子的学说，是当然的，不足为怪的。反之，如朱子的信徒对于陆的学说，也是不能满意而要大施攻击的。

至于他为什么要刻朱子的《晚年定论》呢？他藉这《晚年定论》来攻击朱子么？但以我个人的见解，阳明刻这书时，固然是含有宣告陆氏的学说，已占胜利；而朱氏的学说，已处失败的地位，而有向陆投降的意味。——但也不完全是这样。他实在的意义，是推重朱子晚年能悟中年之非，终不失圣门学者态度；可惜为其门人，误执己见，以致真朱学，反蔽而不彰，是很可惜的（但后来学者已考证《朱子晚年定论》，不一定都是晚年的言论）。还有一方面，就是阳明的学说倡出后，一般人常把朱子学说来诘难，说"王学"乃是伪学。阳明知道自己的学说，与朱子中年的未定之说，自然是抵牾很多，但与朱子晚年之说一印证，却正相合。足见自己发明的学说，不是伪哲学，而是极有价值的哲学了。

他把两本书刻完之后，却得了一件极可痛心的事，就是他平日最心喜的门人徐爱，与他长辞了。他此时哀恸，已达于极点。他不仅因为死个门人，便如此伤心；实在是徐爱乃王门第一个大弟子，最能了解认识他的学说。徐爱一死，直接是他学说上的大损失，间接就是中国哲学上的大损失。他看着许多门人，都不及徐爱能知他的学说之深。后来果然阳明死后，门人就分派别，立门户，使"王学"几完全流于虚妄，为举世所诟病。要是徐爱不早死，或者不会如此哩。

徐爱既死，他所遗下的有本《传习录》，是记阳明与门人所问答的话，徐爱特地记下来，这是研究阳明学说的人所不可不读的。薛侃将徐爱所录一卷，陆澄所录一卷，刻之于虔。阳明的学说，于是更为昌大普遍了。

阳明平贼之后，不仅专注重文事，而且对于政治建设方面，也极力进行，如疏通盐法、设立书院、定兵制、举乡约、立社学、设和平县等事，都是在贼平后做的。

十二　讨逆戡乱

扑灭宁王的逆焰

武宗是个昏暴的君主，宠信一班阉宦，他还不悟刘瑾即是前车之鉴；又爱荒游无度，弄得朝政日非，人民嗟怨，就此引动了宁王的野心，起了"彼可取而代也"的念头。

其实这也不能怪宁王，自古及今，谁个不想尝一尝做皇帝的滋味？无权无能的平民，都有这种野心；何况宁王手握重兵、职居王位呢？只怪他的机会不好，一下就碰着阳明，皇帝没有做成，反使历史上大书而特书"乱臣贼子"等字样，落得臭名千载，供人唾骂，未免太不值得。总而言之，"皇帝"这个东西，实在是个不祥之物，古今的多少人，为要尝一尝它的滋味，弄得骨肉相残，身首莫保的，随处都是。故我说这次宁王大发野心，原不能怪宁王，只怪"皇帝"这个东西的滋味，太具有勾引迷惑人的大魔力呀！

宁王在未叛以前，见阳明毫不费力的荡平诸寇，心里颇为惊服他用兵之神，因也惧怕阳明，如将来自己动兵时，恐阳明会做对头，从中破坏。他于是派自己心腹刘养正，特往试探，乘间游说，假作宁王慕阳明之学，特请其讲学的。不料阳明是个极端忠君主义者，倒弄得刘养正不敢开口。但阳明因宁王乃是个藩王，既然使人来聘请，自然也要应酬一下。便派门人冀元亨往应其聘，并藉以观宁王所为。宁王语时挑之，元亨佯不喻，宁王目以为痴。他日，元亨又反复讲君臣之义甚悉，宁王见太不投机，乃作罢。不久就起反了。

阳明此时，因得祖母病重的信，心急如焚，故上疏致仕，旨下不准，反命他往福建勘乱，阳明又不敢违抗，只好遵旨。不料刚行至丰城，就得知宁王作乱，并且杀了都御史孙燧等消息，遽易服弃官舟返。宁王发千余人来劫，几被蹑及，乃匿渔舟之临江，复到吉安。他已预备不去福建，变起非常，他不能不负起讨逆平乱的重大责任了。

到吉安，与知府伍文定谋，惧逆兵直趋京师，则大局将危不可挽，若用计挠阻，少迟旬日，即可以布置一切了。乃阳通刘养正，使宁王早离南昌，并嘱其作内应。阳明又手不停笔，连发公文火牌二百余事，或召勤班，或戒防守，或布告远地。又急上疏飞报朝廷；复与文定征调兵食，治器械舟楫；又传檄暴露宁王的罪恶。时都御史王懋中、编修邹守益、副使罗循、罗钦德、郎中曾直、御史张鳌山、周鲁、评事罗侨、同知郭祥鹏、进士郭持平、降谪驿丞王思、李中都来了；御史谢源、伍希儒，也自粤归。人材一多，办事愈易收效。会宁王的伪檄，也使人赍到了吉安，阳明便把使者斩了，封檄拜疏以进。又扬言都督许泰、郄永将边兵，刘晖、桂勇将京兵，各四万，水陆并进；南赣王守仁、湖广陈金、两广杨旦合领十六万，将直捣南昌。又诈作蜡书，遗宁王左右相李士实、刘养正，诡令劝宁王速率兵东下，功成必膺懋赏。故又泄漏于宁王，使他知晓。这一反间计，真用得厉害，宁王已疑李、刘二相有卖己行为了。恰巧李、刘果力劝疾趋南京，宁王越发大疑，不敢出师离南昌一步。过了十天，见朝廷讨伐的兵，一个也没有来进攻，于是才知是上了阳明的大当了。

十天已过，宁王便实行出师，哪知机会已过，阳明在此十日之内，一切都布置调度妥毕，预备对敌，再也不惧怯宁王了。在这千钧一发的时候，被他略施小计，便使敌人不敢出一兵一卒，让自己得以从容布置一切讨逆事务。临这样之非常巨变大乱，镇静不慌，把军事布置得有条不紊，卒收功效，这都是素日修养的力啊！

宁王出兵，南昌仅留少许兵保守，带着六万士卒，诈称十万，浩浩荡荡，直往南京攻来。九江、南康因兵少，遂以次袭取，又以大兵直取安庆。阳明侦知南昌兵力单薄，而所约各郡勤王之兵，均已如期会于樟树镇，合约八万人，也诈称三十万。有人主张先救安庆之危，阳明不以为然，且云：救安庆最为失计，不如攻南昌，断其巢穴，必获胜利。大家都赞成他的主张。遂派伍文定为先锋，自率大兵直趋南昌，一鼓就克复了。军士太杂，颇有杀掠者，事后都被阳明一一正了军法。一面擒获逆党数十人，封府库、慰宗室、宥胁从、安士民，人民大为欢悦，咸庆重睹天日；一面又派伍文定、邢珣、徐琏、戴德孺等，各将精兵，分道并进，追攻宁王，又派胡尧元等暗设伏兵，安排停当，只候捷音了。

宁王做梦也不曾想着自己的根据地，会入到阳明的手中，忽得南昌失守之信，犹如晴天一个霹雳，惊骇得半晌说不出话来。只好返师救援，遇阳明的军于黄家渡，战时伏兵尽出，宁王军大溃。乃退守八字脑，尽发南康、九江之兵，与阳明决死战，不料又大败。复退保樵舍，联舟为阵。是夕风极大，被阳明用计火攻，遂遇擒。许多非正式的丞相、将军，死的死，擒的擒，宁王所有的势力，完全土崩瓦解了。

宁王本是一个威权煊赫、势焰滔天的藩王，只因一念之差，想尝做皇帝的滋味，被阳明东出一计，西设一谋，不过一个多月，弄得大败特败，自己还要被擒，真是太不幸了。

一场最大的国难，非常的事变，被他肃清得干干净净；而平定这难事的，乃是一位著名的大哲学家，实是前所未有的奇闻呀！

功成以后的谗谤

在宁王未败已前，武宗因听了许多佞臣的话，总疑心阳明不肯尽力，自己又想尝尝带兵的味道儿，于是自己封自己为"总督军务威武大将军总兵官后军都督府太师镇国公"，带领着京中数万士卒，出发讨逆。阳明以前的捷报，每至京，均被一班奸人匿不上闻；等到良乡时始得阳明"生擒宁王"的捷报，并有疏来谏武宗回京。哪知武宗受了嬖臣之谗言佞语，预备把宁王仍放回南昌，候御驾亲征，战而擒之，以显天威。阳明闻知这个消息，不觉大惊失色，好容易擒着宁王，如何能随意又放虎回山，军事哪可以视同儿戏。且人民疮痍未复，更何能再经战祸。乃夜见张永，说不可放宁王又再战的道理，张永也很赞成阳明的话；可是他又知道武宗的脾气。凡在武宗正高兴做什么事的时候，最不喜臣子谏阻的；即或苦谏，也是不会从纳的。阳明亦知武宗受了嬖幸的谗言，已无挽回的希望，乃以宁王交付张永，献俘于上，自己就称病往西湖去了。

张忠是武宗最宠幸的一个太监，也就是第二个刘瑾。先前宁王未反的时候，已与忠通；此次宁王为阳明所执，张忠因而大憾。反在武宗面前，诬阳明曾与宁王私通，因畏上亲征，故卖宁王以成其功。这话太诬得无凭据，故武宗也不大深信。阳明在西湖时，忠每矫旨来召他；阳明知系矫旨，不赴，故又密谮阳明必反。武宗问他何以晓得验明呢？忠说："如试召，必不会来！"哪知一召竟至。忠用计阻阳明，拒之芜湖，不使见帝，藉以实其言。阳明知是奸谋，遂入九华山，坐草庵中修养，意态萧闲；武宗暗使人侦知其状，说道："王守仁是个学道的人，如何说他会反。"于是仍命巡抚江西，使还南昌。功成后的阳明，此时反因有功，而日处在群小谗间之中，即设帐讲学，也都目他为邪说，攻击诬陷，无所不至。但阳明却毫未在意，仍然依照他自己的方针，朝前进行。

阳明到了南昌，张忠已先奉旨早来。他与阳明原是有仇恨的，故意纵自己带来的京军，时常呼名谩骂阳明。而阳明不但不动气，反待京军更厚。京军见阳明如此宽仁，也齐心爱戴，不敢再犯了。就是长官有命令教他们再骂，他们也不肯从了。

有一天在教场里较射，张忠自恃有技，以为阳明决计是不会的，遂强逼着请阳明较射。在他的意思，如阳明不中，便可藉以辱羞泄憾；他何曾知道阳明比他箭技还高，能百发百中呢？阳明被他逼不过了，只好慢慢的张起弓来，一箭，二箭，三箭，一连一二三箭，都中鹄的，京军也为之欢呼不已。张忠只有垂头丧气，不敢再起轻视之念了。

后来张忠带兵回京，与祝续、章纶一班人，百端谗毁阳明，幸亏张永从中代为辩解，独持正论，阳明始得保全。又暗使人教阳明更上捷奏，须云这次讨平逆乱，乃是奉了威武大将军的方略，与诸位嬖幸的指助，方能成就大功。阳明便如其言，把以前的捷奏，完全删改报上。他们一班朋比为奸的奸人，再也不说什么；那位像小孩子一样脾气的皇帝，更是心满意足，不再苛求了。

武宗羁留南畿，为时已久，还是不想回京；阳明很想进谏，但明知武宗未必肯从，自己只好专心致志，教士卒作战之法。许多人都替阳明忧虑所居的地位危险，因为一个昏暴的君主，与一班嫉功妒能的嬖人，怎能容得下这劳苦功高、正直无私的阳明呢？阳明于是做了一首《啾啾吟》，表明自己大无畏的精神，诗道：

> 知者不惑仁不忧，君胡戚戚眉双愁？
> 信步行来皆坦道，凭天判下非人谋。
> 用之则行舍即休，此身浩荡浮虚舟。
> 丈夫落落掀天地，岂愿束缚如穷囚。
> 千金之珠弹鸟雀，掘土何烦用镉镂？
> 　　君不见：
> 东家老翁防虎患，虎夜入室衔其头？
> 西家儿童不识虎，执竿驱虎如驱牛。
> 痴人惩噎遂废食，愚者畏溺先自投。
> 人生达命自洒落，忧谗避毁徒啾啾。

读了这首诗，我们可以想见他不畏谗毁的精神，真伟大极了。

阳明前在讨逆时，已得着祖母去世的噩耗，心中着实悲痛，因国难未平，故不敢告仕。现在乱事已平，于是接连上了几道疏，请归省葬，均未获准；武宗也念他此次有功，升他为南京兵部尚书参赞机务，他藉此机会，又上疏乞归省葬，便邀准许了。

他因要归越，欲同门人一聚，共明此学，许多门人，都到白鹿洞听讲，他就聚精会神，把自己的学说，尽情发挥，讲毕不久，他便归越去了。

十三、晚年的生活

故乡重返

久在外面流离的游子，一旦重返故乡，真是人生最愉快、最难得的幸事，可是在阳明，只感觉得神伤心痛、黯然欲涕啊！

真不幸，一个鞠育辛苦的祖母，一旦就溘然长逝了。并且生不但未曾孝养，而死的时候，连面也未曾见，他怎能不哀恸伤感呢！

大难之后，父子重逢，自然是件快活的事，但是痛定思痛，当然免不了的还有一阵难过。

武宗已晏了驾，继位的为世宗，改元嘉靖，进封阳明为新建伯。旨到时，值龙山公七十生诞之期，阳明奉觞上寿，龙山公勉他须力报国恩，并说："非常之宠，亦岂易受。"阳明伏地听受——可惜不久，这位好父亲就死了。

居父之丧，他的哀痛，自不必说。他又实行素食，百日之后，便令弟侄辈稍进干肉，说："他们豢养已久，强其不能，是无异教他们作伪，这是不可以的。"如若有高年远客来吊，素食中还间肉二器；湛若水来吊时，大不以阳明此举为然，便遗书致责。阳明也承认是罪，不欲多辩；他知若水性格，过于拘执，决不会了解他的用意的。

父亲死了不久，接着他的夫人诸氏，也逝世了。父丧之后，继之以妻丧，他此时的心绪，已凄楚到了极点。他的晚年，直可说是最不幸的时代。虽然这不幸，乃是人生所必经的途径，——但总不能不说是不幸啊！

他"不幸时代"的不幸，不仅如此，还有"不幸"又来了。

他因不得在朝宰辅之欢，以致他的学说，也受人剧烈的攻击，骂它是邪学，骂它是离经畔道。攻击他学说的人，一个是御史程启充，一个是给事毛玉，这两位的攻击的动机，是承与阳明不合的宰辅之意。换句话说，他们不是自动，乃是被动的。阳明的门人陆澄，便上疏为六辩以对驳。阳明闻知，连忙止着，教他不要争辩，是非均可付诸公论。他这种态度，是最对的；但无缘无故，被人下一攻击，幸亏不是遇着武宗，否则横被禁止，也是意中事呀。

有一次南京策士，主试的人，也是承忌者意，以"心学"为问，亦欲借以攻击阳明的。阳明的门人，这次与试的，却也有几个：徐珊见出的问题，是含有攻击其师之意，竟不答而出；欧阳德、王臣、魏良弼等则直发师旨，不稍隐讳，也在被取之列；钱德洪则下第而归，深恨时事之乖。阳明反喜道："圣学从此大明矣。"德洪说："时事如此，何见大明？"阳明就告诉他说："吾学恶得遍语天下士，今《会试录》，虽穷乡深谷，无不到矣。吾学既非，天下必有起而求真是者。"他的学说，接着受了两次攻击，他却毫不动气生恨，这均是他有涵养的地方。

在越，门人愈进多了，于是特辟稽山书院，作讲学之用；因学生太多，以致地方狭不能容。学生当中，连六十八岁的老人也有，阳明自己也不过只五十三岁哪。

在五十五岁时候，阳明却得了一件极可喜庆的事，就是他在晚年得了儿子了。他以前因膝下空虚，龙山公特择守信之子正宪立以为嗣。这次他的继室张夫人，却也生一子，取名为正亿。阳明晚年得子，出诸望外，实可说是喜庆呀！

再平贼寇

阳明此次乞假返里，差不多居了五年，对政治生活厌烦了的他，原打算不预备再出山的，偏是天不从人愿，两广又发生了祸患，不容他过晚年清闲的生活，逼着他重复演奏"全武行的拿手戏"——平贼。他的拿手戏，固然是很多，但一般人都最赏识的，却是武戏。所以一遇贼起，便有人就要保奏他负平贼的责任。我们这位老哲学家，不得不为国事，又再效驰驱了。

这回所平的贼，究有几处呢？共有两处：一是思田的贼，一是八寨的贼，兹分述之：

（一）平思田贼　思恩岑浚与田州岑猛，均是该地的土官，因怨生恨，遂致互相残杀。都御史潘蕃，诛岑浚不立其子，改其地为流官以制之，把世袭的制度打破，改为轮流的制度。总督姚镆率兵讨猛，猛败而死，姚镆欲尽灭岑氏，也想仿潘蕃处置岑浚之法，改其地为流官。不料岑氏旧属卢苏、王受等，乘土司不满意姚潘之处置，遂挟众以叛，攻陷思恩。姚镆久征无功，贼焰日势。侍郎张璁、桂萼举荐阳明，于是仍以原官兼左都御史。但阳明之意，以为土官仇杀，究非寇贼攻劫郡县、荼毒生灵者可比；而且岑氏是世官，屡受征调，为国从征有功，不应骤灭，总以恩抚为宜。遂以此意上了一疏，旨令更议，他于是不得不出兵了。苏、受闻知阳明带了兵来，吓得不敢迎敌，便派人诉告愿降，乞贷一死。阳明许了他的请求，苏、受囚首自缚，自赴军门请命。乃数苏、受之罪，杖之而贳其死，亲入营抚其众七万，并立岑猛之子邦相为吏目署州事，以苏、受等任巡检司，思恩之乱遂平。不用一兵一矢，而自能令人望风即降，足见老哲学家的声威服人了。

（二）平八寨贼　八寨、断藤峡诸贼，多系瑶人，约有数万之众，凶恶成性，不可改化，屡征不能平。而八寨的贼，尤为猛悍，素为恶地方，那处人民，均感苦痛。阳明带兵来时，人民遮道请剿讨之。阳明应允了他们的请求，便差副使翁素、参将张经，先以万人趋断藤峡，阳明乘贼未备的时候，就领三千多兵进剿。不到一月，诸贼尽平了。

这两处的贼，既被阳明剿灭肃清之后，终明世百年中，无有贼患（到崇祯时候，贼始起明就亡了）。这种伟大的功劳，这种铲除贼根，不使再萌的手段，真是值得我们的赞慕与钦佩！

八寨的贼虽平，而朝中的谗毁又起。因他原是受命征思田的，没有受命征八寨，这便是阳明有擅专之罪。幸方献夫及霍韬上疏，力辩阳明有功无罪，始得平安无事。

他在征平思田后，觉得教育比军事，还要重要；而蛮夷新服，尤非有学校教化不可。于是兴思田学校、兴南宁学校，从此以后，果然"南人不复反矣"。

大哲学家最后的生活——死

在这节书内，我们这位大哲学家，将要与读者长辞永诀了。他已经历到了人生最后的一个极不幸的时期，他的生活也已演到了最后的一幕——死。"死"是多么可恐怖、可悲哀而异常神秘的一个字，它现在快将临到我们这位哲学身上来了。

阳明的致死之疾，就是肺病与痢疾，他这病在壮年时代，已就有了；若能让他多享受点山林泉石的生活，或者还不至于即会死。可是频年为国事奔驰，终日不得清闲；又远谪瘴疠之域，他如何能再支持下去——这是他长逝的最大原因啊！

他此次领兵来征思田贼寇的时候，就是带病从事的；贼平之后，他的病更加深了。他便上疏乞归养病，不料旨还未报，他就撒手人间而去了。

当他病还不十分沉重的时候，他还祀五世祖纲增城的庙，他又谒伏波庙——十五岁他曾梦谒此庙，并且还做了一首诗，却不料在五十七岁，将死之前，应验少年的梦了。有诗特志其不是偶然的事，诗道：

> 四十年前梦里诗，此行天定岂人为。
>
> 徂征敢倚风云阵，所过须同时雨师。
>
> 尚喜远人知向望，却惭无术救疮痍。
>
> 从来胜算归廊庙，耻说兵戈定四夷。
>
>
> 楼船金鼓宿乌蛮，鱼丽群舟夜上滩。
>
> 月绕旌旗千嶂静，风传铃柝九溪寒。
>
> 荒夷未必先声服，神武由来不杀难。
>
> 想见虞廷新气象，两阶干羽五云端。

此时门人钱德洪与王畿来了一封信，阳明在病中，也回了他一封，这是最后的绝笔信，大意是嘉勉德洪等并望他督教其子，末还说："纵不遂归田之愿，亦必得一还阳明洞，与诸友一面而别。"他自己还没有料到他自己想一还阳明洞，是不能再得了。他更没有料到死神已近临其身了。

他的病已愈剧了，已再不能候旨了。遂自班师，由梅岭到南安时，门人周积来见，看着阳明病势不轻，急迎医诊治。到了第二天，阳明已知生命宣告绝望，便叫周积来说："我要去了。"积泣下，问师有否遗言。他微哂着说："此心光明，亦复何言。"说完，就瞑目而逝了！

他死之后，门人多来奔师之丧，舆榇登舟，人民思及他的遗德，也都为哀痛不止。到南昌，因逆风舟不能行，后风顺便护枢返籍，想生还阳明洞的阳明，却只有灵枢还里了。

他死之后，桂萼谗陷他，说他是擅离职守，乃下诏停世袭，恤典也不行。给事周延先疏争，反被黜为判官；詹事黄绾上疏，力斥桂萼之奸，而皇帝也不听。到后隆庆时，廷臣多颂其功，才诏赠新建侯，谥文成，并许从祀文庙。一生为国事驰驱而死的阳明，几乎得不着君主的一点报酬，而反有罪，这是何等不平的事呀！

但他死后，当时虽然没得着君主什么报酬，可是各地方的百姓，争立祠祭祀，风起云涌，这比君主的报酬，却有一万分的伟大。他虽不得昏主庸臣之欢，而能得人民真诚的爱戴，那就是他的人格、功业、道德、学说最有光荣的大成功了。

第三编

知行合一之教

（梁启超　著）

一、引论

现代（尤其是中国的现在）学校式的教育，种种缺点，不能为讳其最显著者。学校变成"智识贩卖所"，办得坏的不用说，就算顶好的吧，只是一间发行智识的"先施公司"。教师是掌柜的，学生是主顾客人。顶好的学生，天天以"吃书"为职业。吃上几年，肚子里的书装得像蛊胀一般，便算毕业。毕业以后，对于社会上实际情形，不知相去几万里，想要把所学见诸实用，恰与宋儒高谈"井田封建"无异，永远只管说不管做。再讲到修养身心磨炼人格那方面的学问，越发是等于零了。学校固然不注意，即使注意到，也没有人去教。教的人也没有自己确信的方法来应用，只好把他搁在一边拉倒。青年们稍为有点志气，对于自己前途切实打主意的，当然不满意于这种畸形教育，但无法自拔出来，只好自己安慰自己说道："等我把智识的罐头装满了之后，再慢慢的修养身心与及讲求种种社会实务吧。"其实那里有这回事？就修养方面论，把"可塑性"最强的青年时代白过了，到毕业出校时，品格已经成型，极难改进，投身到万恶社会中，像烘炉燎毛一股，拢着边便化为灰烬。就实习方面论，在学校里养成"空腹高心"的习惯，与社会实情格格不入，到底成为一个书呆子，一个高等无业游民完事。青年们啊，你感觉这种苦痛吗？你发现这种危险吗？我告诉你唯一的救济法门，就是依着王阳明"知行合一之教"做去。

知行合一是一个"讲学宗旨"。黄梨洲说："大凡学有宗旨，是其人之得力处，亦即学者之入门处。天下之义理无穷，苟非定以十二字，如何约之使其存我。"（《〈明儒学案〉发凡》）。所谓"宗旨"者，标举一两个字或一两句话头，包举其学术精神之全部。旗帜鲜明，令人一望而知为某派学术的特色。正如现代政治运动社会运动之"喊口号"，令群众得个把柄，集中他们的注意力，则成功自易。凡讲学大师标出一个宗旨，他自己必几经实验，痛下苦功，见得真切，终能拈出来，所以说是"其人得力处"。这位大师既已循着这条路，成就他的学问，把自己阅历甘苦指示我们，我们跟着他的路走去，当然可以事半功倍，而得和他相等的结果。所以说是"即学者入门处"。这种"口号式"的讲学法，宋代始萌芽，至明代而极成。"知行合一"便是明代第一位大师王阳明先生给我学术史上，留下最有价值的一个口号。

口号之成立及传播，要具备下列各种要素：（一）语句要简单。令人便于记忆，便于持守，便于宣传。（二）意义要明确。"明"谓显浅，令人一望而了解；"确"谓严正，不含糊模棱以生误会。（三）内容要丰富。在简单的语句里头能容得多方面的解释，而且愈追求可以愈深入。（四）刺激力要强大。令人得着这个口号便能大感动，而且积极的向前奋进。（五）法门要直截依着他实行，便立刻有个下手处，而且不管聪明才力之大小，各各都有个下手处。无论政治运动学术运动文艺运动……凡有力的口号，都要如此。

在现代学术运动所用口号，还有下列两个消极的要素：（一）不要含宗教性。因为凡近于迷信的东西，都足以阻碍我们理性之自发。而且在现代早已失其感动力。（二）不要带玄学性。因为很玄妙的道理，其真价值如何姑勿论，纵使好极，也不过供极少数人高尚娱乐之，其很难得多数人普遍享用。

根据这七个标准，来评定中外古今学术之"宗旨"——即学术运动之口号，我以为阳明"知行合一"这句话，总算最有永久价值而且最适用于现代潮流的了。

阳明所用的口号也不止一个，如"心即理"，如"致良知"，都是他最爱用的。尤其是"致良知"这个口号，他越到晚年叫得越响。此外如"诚意"，如"格物"，都是常用的。骤看起来，好像五花八门，应接不暇，其实他的学问是整个的，是一贯的，翻来覆去，说的只是这一件事。所以我们用知行合一这个口号代表他的学术全部，是不会错的，不会挂漏的。

口号须以内容丰富为要素，既如前述。知行合一这句话，望过去像很简单，其实里头所含意义甚复杂深邃，所以先要解剖他的内容。

二、知行合一说之内容

把"知"、"行"分为两件事，而且认为"知"在先、"行"在后，这是一般人易陷的错误。阳明的知行合一说，即专为矫正这种错误而发。但他立论的出发点，乃因解释《大学》和朱子有异同。所以欲知他学说的脉络，不能不先把《大学》原文做个引子。

《大学》说："欲修其身者，先正其心；欲正其心者，先诚其意；欲诚其意者，先致其知，致知在格物。"这几句话教人以修养身心的方法，在我们学术史上含有重大意味。自朱子特别表章这篇书，把他编作"四书"之首，故其价值越发增重了。据朱子说，这是"古人为学次第"（《大学章句》），要一层一层地做上去，走了第一步才到第二步。内中诚意、正心、修身，是"力行"的功夫；格物、致知，是"求知"的功夫。朱子对于求知功夫看得尤重，他因为《大学》本文对于诚意以下都解释，对于致知格物没有解释，认为是有脱文，于是作了一篇《格致补传》，说道：

> 所谓"致知在格物"者，言欲致吾之知，在即物而穷其理也。盖人心之灵，莫不有知，而天下之物，莫不有理。惟于理有未穷，故其知有不尽也。是以《大学》始教，必使学者即凡天下之物，莫不因其已知之理而益穷之以求至乎其极。至于用力之久而一旦豁然贯通焉，则众物之表里精粗无不到，而吾心之全体大用无不明矣。……

依朱子这种功法，最少犯了下列两种毛病：一是泛滥无归宿，二是空伪无实着。天下事物如此其多，无论何事何物，若想用科学方法"因其已知之理而益穷之，以求至乎其极"，单一件已够销磨你一生精力了。朱子却是用"即凡天下之物"这种全称名词，试问何年何月才能"即凡"都"穷"过呢？要先做完这段功夫才讲到诚意正心……那么"诚、正、修、齐、治平"的工作，只好待诸转轮再世了，所以结果是泛滥无归宿。况且，朱子所谓"穷理"，并非如近代科学家所谓客观的物理，乃是抽象的"徜恍无朕"的一种东西，所以他说有"一旦豁然贯通，则表里精粗无不到"那样的神秘境界。其实，那种境界纯是可望而不可即的——或者还是自己骗自己。倘若真有这种境界，那么"豁然贯通"之后，学问已做到尽头，还用着什么"诚意""正心"等等努力，所谓"为学次第"者何在？若是自己骗自己，那么用了一世"格物穷理"功夫，只落得一个空，而且不用功的人，哪个不可以伪托？所以结果是虚伪无实着。

阳明那时代，"假的朱学"正在成行，一股"小人儒"都挟着一部《性理大全》作举业的秘本，言行相违，风气太坏。其间一二有志之士，想依着朱子所示法门切实做去，却是前举两种毛病，或犯其一，或兼犯其二，到底不能有个得力受用处。阳明早年固尝为此说所误，阅历许多甘苦，不能得。[1]后来在龙场驿三年，劳苦患难，九死一生，切实体验，才发明这"知行合一之教"。

"知行合一"这四个字，阳明终身说之不厌。一部《王文成全书》，其实不过这四个字的注脚。今为便于学者记忆持习起见，把他许多话头分成三组，每组拈出几个简要的话做代表。

---

[1] 《传习录》黄以方记阳明说："初年与钱友同论做圣贤要格天下之物，如今安得这等大的力量，因指亭前竹子，令去格看。钱子早夜去穷格竹子的道理，竭其心思至于三日，便致劳神成疾。当初说他这是精力不足，某因自去穷格，早夜不得其理。到七日，亦以劳思致疾，遂相与叹圣贤是做不得的，无他大力量去格物了。"观此知阳明曾过泛滥无归宿的病。

又《文集·答季明德书》云："若仁之不肖，亦常陷溺于其间者几年，怅怅然自以为是矣。赖天之灵偶有悟于良知之学，然后悔其向之所为者，固包藏祸机，作伪于外而心劳日拙者也。……"观此知阳明曾犯过虚伪无着落的病。

第一组："未有知而不行者，知而不行只是未知。"（《传习录·徐爱记》）

第二组："知是行的主意，行是知的功夫。知是行之始，行是知之成。"（同上）

第三组："知行原是两个字说一个功夫，知之真切笃实处便是行，行之明觉精察处便是知。"（《文集·答友人问》）

第一组的话是将"知""行"的本质做合理的解剖说明。阳明以为，凡人有某种感觉，同时便起某种反应作用。反应便是一种行为，感觉与反应，同时而生，不能分出个先后。他说：

> 《大学》指出个真知行与人看，说"如好好色"、"如恶恶臭"。见好色属知，好好色属行。只见那好色时，已自好了。不是见了后，又立个心去好。闻恶臭属知，恶恶臭属行。只闻那恶臭时，已自恶了。不是闻了后，别立个心去恶。如鼻塞人虽见恶臭在前，鼻中不曾闻得，便亦不甚恶，亦只是不曾知臭。……（《传习录·徐爱记》）[1]

这段譬喻，说明"知"、"行"不能分开，可谓深切著明极了。然犹不止此，阳明以为感觉（知）的本身，已是一种事实，而这种事实早已含有行为的意义在里头。他说：

> 又如知痛，必已自痛了方知痛；知寒，必已自寒了；知饥，必已自饥了。知行如何分得开？此便是知行的本体不曾有私意隔断的。……必要是如此，方可谓之知，不然只是不曾知。（同上）[2]

---

[1] 《大学》"如好好色如恶恶臭"那两句话是解释"诚意"的，阳明却说他"指出个真知行"，盖阳明认为致知为诚意的功夫，诚意章所讲即是致知的事，故无需再做《格致补传》也。此时阳明学术脉络关键所在，勿轻轻看过。

[2] 此文虽说"知行本体"，其实阳明所谓本体专就"知"言，即所谓"良知"是也。但他既已把"知"、"行"认为一事，"知"的本体也即"行"的本体，所以词语亦无病。

又阳明是主张性善说的，然则恶从哪里来呢？他归咎于私意隔断，此是阳明学说重大关目，详见第四章。

常人把"知"看得太轻松了，所以有"非知之艰，行之惟艰"一类话（案：这是伪《古文尚书》语）。徐爱问阳明："今人尽有知得父当孝、兄当弟者，却不能孝、不能弟，便是'知'与'行'分明两件事。"阳明答道："如称某人知孝，某人知弟，必是其人已曾行孝行弟，方可称他知孝知弟。不成只是晓得说些孝弟的话，便可称为知孝知弟。"（同上）譬如现在青年们个个都自以为知道爱国，却是所行所为，往往与爱国相反。常人以为他是知而不行，阳明以为他简直未知罢了。若是真知到爱国滋味和爱他恋人一样（如好好色），绝对不会有表里不如一的，所以得着"知而不行，只是不知"的结论。阳明说："知行之体本来如是，非以己意抑扬其间，姑为是说，以苟一时之效也。"（《答顾东桥书》）

第二组的话是从心理历程上看出，"知"、"行"是相倚相待的，正如车之两轮，鸟之双翼，缺了一边，那一边也便不能发生作用了。凡人做一件事，必须先打算去做，然后会着手做。去打算便是"知"，便是"行"的第一步骤。换一面看，"行"是行个什么？不过把所打算的实现出来，非到做完了这件事时候，最初的打算不会完成。然则"行"也只是贯彻所知的一种步骤。阳明观察这种心理历程，把他分析出来，说道："知是行的主意，行是知的功夫。知是行之始，行是知之成。"当时有人问他道："如知食乃食，知路乃行，未有不见是物，而先有是事者？"阳明答道：

> 夫人必有欲食之心然后知食，欲食之心即是意，即是行之始矣。食味之美恶，必待入口而后知，岂有不待入口而已先知食味之美恶者耶？必有欲行之心然后知路，欲行之心即是意，即是行之始矣。路途之险夷，必待身亲履历而后知，岂有不待身亲履历而已先知路途之险夷者耶？（《答顾东桥书》）

现在先解释"知是行的主意""知是行之始"那两句。阳明为什么和人辩论"知"字时却提出"意"字来呢？阳明以为，作为我们所有一切知觉，必须我们的意念涉着于对境的事物终能发生[1]。离却意念而知觉独立存在，可谓绝对不可能的事。然则说我们知道某件事，一定要以我们的意念涉着到这件事为前提。意念涉着是知的必要条件，然则意即是知的必需成分。意涉着事物方会知，而意生涉着那事物便是行为的发轫。这样说来，"知是行之始"无疑了。由北京去南京的人，必须知有南京，原是不错。为什么知有南京必是意念已经涉着到南京？涉着与知，为一刹那间不可分离的心理现象，说他是知，可以；说他是行的第一步，也可以。因为意念之涉着不能不认为行为之一种。

再解释"行是知的功夫""行是知之成"那两句。这两句较上两句尤为重要，阳明所以苦口说个知行合一，其着眼实在此点。我们的知识从哪里得来呢？有人说，从书本上可以得来；有人说，从听讲演或谈论可以得来；有人说，用心冥想可以得来。其实都不对。真知识非实地经验之后是无从得着的。你想知道西湖风景如何，读尽几十种《西湖游览志》便知道吗？不。听人讲游西湖的故事便知道吗？不。闭目冥想西湖便知道吗？不，不。你要真知道，除非亲自游历一回。常人以为我做先知后行的功夫，虽未实行，到底不失为一个知者。阳明以为这是绝对不可能的事。他说：

> 今人却将知行分作两件去做，以为必先知了然后能行。我如今且去讲习讨论做知的功夫，待知得真了方去做行的功夫，故遂终身不行，亦遂终身不知。此不是小病痛。（《传习录·徐爱记》）

这段话，现在学校里贩卖智识的先生们和购买智识的学生们听了不知如何。你们岂不以为"我的学问虽不曾应用，然而已经得着智识，总算不白费光阴"吗？依阳明看法，你们卖的、买的都是假货，固为不曾应用的智识绝对算不了智识。方才在第一组所引的话："未有知而不行者，知而不行，只是不知。"今我不妨阳明之意，套前调补充几句："未有不行而知者，不行而求知，终究不会知。"这样说来，我们纵使以求知为目的，也

---

[1] 看第三章论心物合一。

不能不以力行为手段，很明白了。所以说"行是知的功夫"，又说"行是知之成"。

《中庸》说："博学之，审问之，慎思之，明辨之，笃行之。"后人以为学问思辨属知的方面讲，末句才属行的方面讲，阳明以为错了。他说：

> 夫问思辨行皆所以为学，未有学而不行者也。如学孝则必服劳奉养躬行孝道而后谓之学，岂徒悬空口耳讲说而遂可以谓之学孝乎？学射则必张弓挟矢引满中的，学书则必伸纸执笔操觚染翰。尽天下之学，无有不行而可以言学者，则学之始固已即是行矣。……学之不能无疑则有问，问即学也，即行也。又不能无疑则有思有辨，思辨即学也，即行也。……非谓学问思辨之后而始措之于行也，是故以求能其事而言谓之学，以求辨其义而言谓之问，以求通其理而言谓之思，以求精其察而言谓之辨，以求履其实而言谓之行。盖析其功而言则有五，合其事而言则一而已。（《答顾东桥书》）

又说：

> 凡谓之行者，只是着实去做这件事。若着实做学问思辨的功夫，则学问思辨亦便是行矣。学是学做这件事，问是问做这件事，思辨是思辨做这件事，则行亦便是学问思辨矣。若谓学问思辨了然后去行，却如何悬空去学问思辨？行时又如何去得个学问思辨的事？（《答友人问》）

据这两段话，拿行来赅括学问思辨也可以，拿学来赅括思辨行也可以。总而言之，把学和行打成一片，横说竖说都通。若说学自学，行自行，那么，学也不知是学个什么，行也不知是行个什么了。

有人还疑惑，将行未行之前，总须要费一番求知的预备功夫，才不会行错，问阳明道："譬之行道者，以大都为所归宿之地，行道者不辞险阻艰难，决意向前。如使此人不知大都所在，而泛焉欲往，可乎？"阳明答道：

夫不辞险阻艰难而决意向前，此正是"诚意"。审如是，则其所以问道途具资斧戒舟车，皆有不容已者。不然，又安在其为决意向前，而亦安所前乎？夫不知大都所在而泛然欲往，则亦欲往而已，未尝真往也。惟其欲往而未尝真往，是以道途之不问，资斧之不具，舟车之不戒。若决意向前，则真往矣。真往者能如是乎！此是功夫切要处试反求之。（《答王天宇第二书》）

又有人问："天理人欲，知之未尽，如何用得克己功夫？"阳明答道：

若不用克己功夫，天理私欲，终不自见，如走路一般，走得一段，方认得一段，走到歧路处，有疑便问，问了又走，方才能到。今于已知之天理不肯存，已知之人欲不肯去，只管愁不能尽知，闲讲何益？（《传习录·陆澄记》）

这些话都是对于那些借口智识未允便不去实行的人痛下针砭，内中含有两种意思。其一，只要你决心实行，则智识虽缺少些也不足为病，因为实行起来，便逼着你不能不设法求智识，智识也便跟着来了。这便是"知是行之始"的注脚。其二，除了实行外，再没有第二条路得着智识。因为智识不是凭空可得的，只有实地经验，行过一步，得着一点，再行一步，又得一点，一步不行，便一点不得。这便是"行是知之成"的注脚。

统观前两组所说这些话，知行合一说在理论上如何能成立，已大略可见了。照此说来，知行本体既只是一件，为什么会分出两个名词？古人教人为学为什么又常常知行对举呢？关于这一点的答辩，我们编在第三组。阳明说：

知行原是一个字说两个功夫，这一个功夫，须着此两个字，方说得完全无弊。（《答友人问》）

又说：

行之明觉精察处便是知，知之真切笃实处便是行。若行而不能精察明觉，便是冥行，便是学而不思则罔，所以必须说个知；知而不能真切笃实便是妄想，便是思而不学则殆，所以必须说个行。元来只是一个功夫，古人说知行皆是就一个功夫上补偏救弊，说不似今人分作两件事做。(《答友人问》)

又说：

若会得时，只说一个知，已自有行在；只说一个行，已自有知在。古人所以既说一个知又说一个行者，只为世间有一种人懵懵懂懂的任意去做，全不解思惟省察，也只是个冥行妄作，所以必说个知方才行得是。又有一种人茫茫荡荡悬空去思索，全不肯着实躬行，也只是揣摸影响，所以必说一个行方才知得真。……今若知得宗旨时，即说两个亦不妨，亦只是一个。若不会宗旨，便说一个，亦济得甚事？只是闲说话。(《传习录•徐爱记》)

以上几段话，本文很明白，毋庸再下解释。我们读此可以知道阳明所以提倡知行合一论者，一面固因为"知行之体本来如此"，一面也是针对末流学风"补偏救弊"的作用。我们若想遵从其教得个着力处，只要从真知真行上切实下功夫；若把他的话只当作口头禅玩弄，虽理论上辨析得很详尽，却又堕于"知而不行只是不知"的痼疾，非复阳明本意了。

然则阳明所谓真知真行到底是什么呢？关于这一点，我打算留待第四章"论知行合一与致良知"时再详细说明。试拿现代通行的话说个大概，则"动机纯洁"四个字，庶几近之。动是行，所以能动的机括是知；纯是专精不疑二；洁是清醒不受蔽。质而言之，在意念隐微处（即动机）痛切下功夫。如孝亲，须把孝亲的动机养得十二分纯洁，有一点不纯洁处务要克治去。如爱国，须把爱国的动机养得十二分纯洁，有一点不纯洁处务要克治去。纯洁不纯洁，自己的良知当然会看出，这便是知的作用。看出后登时绝对的服从良知命令做去，务要常常保持纯洁的本体。这便是行的作用。若能如此自能"好善如好好色，恶恶如恶恶臭"，便是大学诚意的全功，也即是正心修身致知格物的全功。所以他说，"君子之学，诚意而已矣"（《答王天宇书》），意便是动机，诚是务求纯洁。阳明知行合一说的大头脑，不外如此。他曾明白宣示他的立言宗旨道：

> 今人只因知行分作两件，故有一念发动，虽是不善，然却未曾行，便不去禁止。我今说个知行合一，正要人晓得一念发动处便即是行了。……须要彻根彻底不使那一念潜伏在胸中，此是我立言宗旨。（《传习录·黄直记》）

他说"杀人须在咽喉处着刀，为学须在心髓入微处用力。"（《答黄宗贤第五书》）他一生千言万语，说的都是这一件事。而其所以简易直接，令人实实落落得个下手处，亦正在此。

于是我们所最要知道的，是阳明对于一般人所谓"智识"者，其所采态度如何，是否有轻视或完全抹煞的嫌疑？现在要解决这问题作本章的结论。

阳明排斥书册上智识、口耳上智识，所标态度极为鲜明。他说：

> 后世不知作圣之本，却专去知识才能上求圣人，弊精竭力，从册子上钻研，名物上考察，形迹上比拟，知识愈广而人愈滋，才力愈多而天理愈蔽。……（《传习录·薛侃记》）

从这类话看来，阳明岂不是认知识为不必要吗？其实不然。他不是不要智识，但以为"要有个头脑"（《传习录·徐爱记》）。头脑[1]是什么呢？我们叫他做诚意亦可以，叫他做致良知亦可以，叫他做动机纯洁亦可以。若没有这头脑，智识愈多愈坏。譬如拿肥料去栽培恶树的根，肥料越下得多，他越畅茂，四旁嘉谷越发长不成了。（《传习录·陆澄记》）有了头脑之后，

---

[1] 此是囊括《传习录》中语。原文"所谓头脑者"，谓"只是就此心去人欲存天理"，意思只是要动机纯洁。今易其语，俾易了解。

智识当然越多越好，但种种智识，也不消费多大的力，自然会得到，因为他是头脑发出来的条件。有人问："如事父母其间温清定省之类，有许多节目，不知亦须讲求否？"阳明答道：

> 如何不讲求？只是有个头脑。……此心若是个诚于孝亲的心，冬时自然思量父母的寒，便自要去求做温的道理；夏时自然思量父母的热，便自要去求个清的道理。这都是那诚孝的心发出来的条件，却是须有这诚孝的心，然后有这条件发出来。譬之树木，诚孝的心便是根，许多条件便是枝叶。须先有根然后有枝叶，不是先寻了枝叶然后去种根。（《传习录·徐爱记》）

智识是诚心发出来的条件，这句话便是知行合一论的最大根据了。然而条件是千头万绪千变万化的，有了诚心（即头脑），碰着这件，自然会讲求这件，走到那步，自然会追求前一步。若想在实行以前或简直离开实行而泛泛然去讲习讨论那些条件，那么，在这千头万绪千变万化中，从哪里讲习起呢？阳明关于此点，有最明快的议论，说道：

> 夫良知之于节目时变，犹规矩尺度之于方圆长短也。节目时变不可预定，犹方圆长短之不可胜穷也。故规矩诚立，则不可欺以方圆，而天下之方圆不可胜用矣。尺度诚陈，则不可欺以长短，而天下之长短不可胜用矣。良知诚致，则不可欺以节目时变，而天下之节目时变不可胜应矣。毫厘千里之谬，不于吾心良知一念之微而察之，亦将何所用其学乎？是不以规矩而欲定天下之方圆，不以尺度而欲尽天下之长短，吾见其乖张谬戾，日劳而无成也已。（《答顾东桥书》）

这段话虽然有点偏重主观的嫌疑，但事实上我们对于应事接物的智识，如何才合理，如何便不合理，这类标准，最终不能以主观的良知为判断。此亦事之无可如何者，即专以求知的功夫而论，我们也断不能把天下一切节目事变都讲求明白才发手去做事。只有先打定主意诚诚恳恳去做这件事，自然着手之前逼着做预备智识功夫。着手之后，一步一步的磨炼出智识来。正所谓"知是行之始，行是知之成"也。今请更引阳明两段话以结本章：

> 良知不由见闻而有，而见闻莫非良知之用。故良知不滞于见闻，而亦不离于见闻。……大抵学问功夫，只要主意头脑是当。若主意头脑专以致良知为事，则凡多闻多见，莫非致良知之功……（《答欧阳崇一书》）

> 君子之学，何尝离去事为而废论说，但其从事为论说者，要皆知行合一之功。正所以致其本心之良知，而非若世之徒事口耳谈说以为知者，分知行为两事，而果有节目先后之可言也。（《答顾东桥书》）

三、知行合一说在哲学上的根据

知行合一，本来是一种实践的工作，不应该拿来在理上播弄。用哲学家谈玄的头脑来讨论这个问题，其实不免有违反阳明本意的危险（后来王学末流，其真相正犯此弊）。但是凡一个学说所以能成立光大，不能不有极深远极强固的理由在里头。我们想彻底了解知行合一说之何以能颠扑不破，当然不能不推求到他在哲学上的根据。

阳明在哲学上有极高超而且极一贯的理解。他的发明力和组织力，比朱子陆子都强。简单说，他是一位极端的唯心论者，同时又是一位极端的实验主义者。从中国哲学史上看，他一面像禅宗，一面又像颜习斋；从西洋哲学史上看，他一面像英国的巴克莱，一面又像美国的詹姆士。表面上像距离很远的两派学说，他能冶为一炉，建设他自己一派极圆融极深切的哲学，真是异事。

阳明的知行合一说，是从他的"心理合一说"、"心物合一说"演释出来。拿西洋哲学的话头来讲，可以说他是个绝对的一元论者。"一"者何？即"心"是也。他根据这种唯心的一元论，于是把宇宙万有都看成一体，把圣贤多少言语都打成一片。所以他不但说知行合一而已，什么都是合一。孟子说："夫道一而已矣。"他最喜欢引用这句话[1]。

他的"心理合一说"、"心物合一说"，是从解释《大学》引申出来。我们要知道他立论的根源，不能不将《大学》本文仔细纳释。《大学》说："欲修其身者先正其心，欲正其心者先诚其意。"这两句没有什么难解，但下文紧接着说："欲诚其意者先致其知，致知在格物。"这两句却真费解了。诚意是属于意志方面的，致知是属于智识方面的，其间如何能发生密切的联络关系？说欲意志坚强（欲诚其意）先要智识充足（先致其知），这话如何讲得去？朱子添字解经说格物是"穷至事物之理"，想借一理字来做意与知之间一个联锁，于是"致知在格物"改成"致知在穷理"，格物是否可以作穷理解？另一问题，若单就"致知在格物"一句下解释，则朱子所谓"准于理有未穷，故其知有不尽"原未尝不可以自成片段。所最难通者，为什么想要诚意必先得穷理，理穷之后意为什么便会诚，这两件事无论如何总拉不拢来。所以朱子教人有两句重要的话："涵养须用敬，进学则在致知。"上句是诚正的功夫，下句是格致的功夫。换句话说，进学是专属于求知识方面，与身心之修养无关系，两者各自分道扬镳。对于《大学》所谓"欲什么先什么，欲什么先什么"那种层累一贯的论法，不独理论上说不通，连文义上也说不通了。

阳明用孟子"良知"那两个字来解释《大学》的"知"字。良知是"不学而能"的，即是主观的"是非之心"，欲诚其意者必先致其有是非之

---

[1]　《传习录·下卷》：问"圣贤言语许多，如何却要打做一个"？（阳明）曰："我不是要打做一个，如曰'夫道一而已矣'，又曰'其为物不二，则其生物不测'。天地圣人皆是一个，如何二得？"

心的良知。这样一来，诚意与致知确能生出联络关系了。却是"致知字格物"那一句又解不通。若如旧说解格物为"穷至事物之理"，则主观的良知与事物之理又如何能有直接关系呢？欲对于此点得融会贯通，非先了解阳明的"心物合一论"不可。阳明说：

> 要知身心意知物是一件。"问："物在外，如何与身心意知是一件？"答："耳目口鼻四肢，身也。非心安能视听言动。心欲视听言动，无耳目口鼻四肢亦不能。故无心则无身，无身则无心，但指其充塞处言之谓之身，指其主宰处言之谓之心，指心之发动处谓之意，指意之灵明处谓之知，指意之涉着处谓之物。只是一件，意未有悬空的，必着事物。……（《传习录•陈惟睿记》）

又说：

> 身之主宰便是心，心之所发便是意，意之本体便是知，意之所在便是物。（《传习录•徐爱记》）

又说：

> 心者身之主也，而心之虚灵明觉，即所谓本然之良知也。其虚灵明觉之良知感应而动者谓之意，有知而后有意，无知则无意矣，知非意之本体乎？意之所用必有其物，物即事也。如意用于事亲即事亲为一物，意用于治国则治国为一物，意用丁读书即读书为一物，意用于听讼则听讼为一物。凡意之所在，无有无物者。……（《答顾东桥书》）

又说：

> 目无体，以万物之色为体。耳无体，以万物之声为体……心无体，以天地万物感应之是非为体。（《传习录•黄省曾记》）

现在请综合以上四段话来下总解释。阳明主张"身、心、意、知、物是一件"，这句话要分两步解剖才能说明。第一步从生理学心理学上说明身心意知如何会是一件，第二步从伦理学上或认识论上说明主观的身心意知和客观的物如何会是一件。先讲第一步，身与心骤看来像是两件，但就生理和心理的关系稍微按实一下，则"耳目口鼻四肢，非心不能视听言动，心欲视听言动，离却耳目口鼻四肢亦不能"。这是极易明之理，一点破便共晓了。心与意的关系"心之发动便是意"，这是人人所公认，不消下解释。比较难解的是意与知的关系。"意之本体便是知"这句话，是阳明毕生学问大头脑。他晚年倡"良知即本体"之论，不外从此语演进出来。他所郑重说的"有知即有意，无知即无意"这两句话，我们试内省心理历程，不容我不首肯，然而知为意的本体亦无可疑了。阳明首把生理归纳到心理上，再把心理的动态集中到意上，再追求他的静态发现出知为本体，于是"身心意知是一件"的理论完全成立了。再讲第二步，主观的心和客观的物各自独立，这是一般人最易陷的错误。阳明解决这问题，先把物字下广义的解释，所谓物者不专限于有形物质，连抽象的事物如事亲治国读书等凡我们认识的对象，都包括在里头，而其普遍的性质是"意之所在"、"意之涉着处"。再回头来看心理状态即意之所在所涉，"未有无物者"、"意不能悬空发动，一发动便涉着到事物"层层推剥不能不归到"心无体以万物之感应为体"的结论。然则从心理现象观察，主观的心不能离却客观的物即单独存在，皎然甚明。这是从心的方面看出心物合一。

翻过来从物理上观察，也是得同一的结论。阳明以为"心外无物"（《答王纯甫书》），又说："有是意即有是物，无是意即无是物矣。"（《答顾东桥书》）有人对于他这句话起疑问，他给他以极有趣的回答。《传习录》记道：

> 先生游南镇，一友指岩中花树问曰："天下无心外之物，如此花树，在深山中，自开自落，于我心亦何相关？"先生曰："尔来看此花时，此花与尔心同归于寂；尔来看此花时，则此花颜色一时明白

起来，便知此花不在尔的心外。"（《黄省曾记》）

又说：

> 我的灵明，便是天地鬼神的主宰。天没有我的灵明，谁去仰仗他高？地没有我的灵明，谁去俯他深？鬼神没有我的灵明，谁去辩他吉凶灾祥？天地鬼神万物，离却我的灵明，便没有天地鬼神万物了。我的灵明，离却天地鬼神万物，亦没有我的灵明。今看死的人，他的天地万物尚在何处？（《传习录·黄直记》）

《中庸》说"不诚无物"，孟子说"万物皆备于我"，这些话都是"心外无物论"的先锋，但没有阳明说得那样明快。他所说"你来看此花时，此花与你同归于寂"，又说"死了的人，他的天地万物在何处"，真算得彻底的唯心派论调。这类理论和譬喻，西洋哲学史上从黑格尔到罗素，打了不少笔墨官司，今为避免枝节起见，且不必详细讨论。总之凡不在我们意识范围内的物（即阳明所谓意念不涉着者），最多只能承认他有物理学上、数理学上或几何学上的存在，而不能承认他有伦理学上或认识论上的存在，显然甚明。再进一步看，物理学数理学几何学的本身，能离却人类的意识而单独存在吗？断断不能。例如一个等边三角形，有人说，纵使亘古没有人理会他，他毕竟是个等边三角，殊不知若亘古没有人理会时，便连"等边三角"这个名词先自不存在，何有于"他"？然则客观的物不能离却主观的心而单独存在，又至易见了，这是从物的方面看出心物合一。

还有应该注意者，阳明所谓物者，不仅限于自然界的物质物形物态，他是取极广义的解释。凡我们意识的对境皆谓之物，所以说"意用于事亲即事亲为一物，意用于治国读书听讼等等则此等皆为一物"，这类物为构成我们意识之主要材料，更属显然。总而言之，有客观方有主观，同时亦有主观方有客观。因为主观的意不涉着到客观的物时，便失其作用，等于不存在；客观的物不为主观的意所涉着时，便失其价值，也等于不存在。

"心物合一说"之内容大观如此。

这种"心物合一说"在阳明人生哲学上得着一个什么的结论呢？得的是"人我一体"的观念，得的是天地万物一体的观念。他说：

> 夫人者天地之心，天地万物，本吾一体者也。（《答聂文蔚书》）

又说：

> 大人者，以天地万物为一体者也，其视天下犹一家，中国犹一人焉。若夫间形骸而分尔我者小人矣。（《大学问》）[1]

这些话怎么讲呢？我们开口说"我"、"我"，什么是"我"？当然不专指七尺之躯，当然是认那为七尺之躯之主宰的心为最要的成分。依阳明看法，心不能单独存在，要靠着有心所对象的"人"，要靠着有心所对象的"天地万物"。把人和天地万物剔开，心便没有对象，没有对象的心，我们到底不能想象他的存在。小不存在，"我"还存在吗？换句话说，人们和天地万物们便是构成"我"的一部分原料——或者还可以说是唯一的原料，离却他们，"我"便崩坏，他们有缺憾，"我"也便有缺憾。所以阳明说：

> 大人之能以万物为一体也，非意之也，其心之仁本若是，岂惟大人。虽小人之心亦莫不然，彼顾自小之耳，是故见孺子之入井而必有怵惕恻隐之心焉，是其心与孺子为一体也。孺子犹同类者也，见鸟兽之哀鸣觳觫而必有不忍之心焉，是其心与鸟兽为一体也。鸟兽犹有知觉也，见草木之摧折而必有悯恤之心焉，是其心与草木为一体也。草木犹有生意也，见瓦石之毁坏而必有顾惜之心焉，是其心与瓦石为一体也……（《大学问》）

---

[1] 《传习录·卷下》有"草木瓦石皆有良知"之说，语颇诞谲，细看《阳明全集》，他处并不见有此说，或者即因《大学问》此段，门人推论而失其意欤？《传习录·卷下》……尤其是末数页，语多不醇，刘蕺山、黄梨洲已有辨正。

前文所述"心物合一说"之实在体相，骤看来似与西洋之唯心论派或心物平行论派之争辨此问题同一步调，其实不然。儒家道术根本精神，与西洋哲学之以"爱智"为出发点者截然不同。虽有时所讨论之问题若极玄妙，而其归宿实不外以为实践道德之前提，而非如西方哲人借此为理智的娱乐工具。凡治儒家学说者皆当作如是观，尤其治阳明学者更不可不认清此点也。阳明所以反复说明心物合一之实相，不外欲使人体验出物我一体之真理而实有诸己。他以为人类一切罪恶，皆由"间形骸分尔我"的私见演生出来，而这种私见，实非我们心体所本有，"如明目之中而翳之以尘沙，聪耳之中而塞之以木楔，其疾痛郁逆，将必速去之为快，而何能忍于时刻。"（《答南元善书》）所以他晚年专提致良知之教，说："良知见得亲切时，一切功夫都不难。"（《与黄宗贤书》）又常说："良知是本体，做学问须从本体得着头脑。"（屡见《传习录》及文集）

所谓良知本体者，如目之本明，耳之本聪，若被私见（即分尔我的谬见）隔断点污时，正如翳目以沙塞耳以楔。所以只须见得本体亲切，那么，如何去沙拔楔，其功夫自迫切而不能自已。所谓好善如好好色，恶恶如恶恶臭，必如是方能自慊。阳明教人千言万语，只是归着到这一点。盖良知见得亲切时，见善自能如目之见好色，一见着便不能不好；见恶自能如鼻之闻恶臭，一闻着便不能不恶。我们若能确实见得物我一体的实相，其所见之明白，能与见好色闻恶臭同一程度，那么，更如何能容得"分尔我"的私见有丝毫之存在呢？因为"吾心与孺子为一体"所以一见孺子入井，良知立刻怵惕恻隐，同时便立刻援之以手。因为吾心与国家为一体，所以爱国如爱未婚妻，以国之休戚利害为己之休戚利害，这不是"知之真切笃实处便是行"吗？哲理上的"心物合一论"所以实践上归宿到"知行合一论"者在此。

以下更讲他的"心理合一论"，既已承认心物合一，理当然不能离心物而存在，本来可以不必再说心理合一，阳明所以屡屡论及此，而且标"心即理"三字为一种口号者，正为针对朱子"天下之物莫不有理"那句话而发。原来这个问题发生得很早，当孟子时有一位告子，标"仁内义外"之说，以为事物之合理不合理，其标准不在内的本心而在外的对境。孟子已经把他驳倒了。朱子即物穷理之教，谓理在天下之物；而与"吾心之灵"成为对待，正是暗袭告子遗说，所以阳明力辟他，说道：

> 朱子所谓格物云者，在"即物而穷其理"。即物穷理，是就事事物物上求其所谓定理者也，是以吾心而求理于事事物物之中，析心与理而为二矣。夫求理于事事物物者，如求孝之理于其亲之谓也。求孝之理于吾亲，则孝之理其果在于吾之心耶？抑果在于亲之身耶？假而在于亲之身，则亲没之后吾心遂无孝之理欤？见孺子入井，必有恻隐之理。……其或不可以从之于井欤？其或可以手而援之欤？是皆所谓理也。是果在于孺子之身欤？抑果出于吾心之良知欤？以是例之，万事万物之理，莫不皆然，是可以知析心与理为二之非矣。（《答顾东桥书》）

平心论之，"就事事物物上求其所谓定理"，并非不可能的事，又并非不好的事。全然抛却主观，而以纯客观的严正态度研求物理，此正现代科学所由成立。科学初输入中国时，前辈译为"格致"，正是用朱子之说哩。虽然，此不过自然界之物理为然耳。科学所研究之自然界物理，其目的只要把那件物的原来样子研究得正确，不发生什么善恶价值问题，所以用不着主观，而且容不得主观。若夫人事上的理——即吾人应事接物的条理，吾人须评判其价值，求得其妥当性——即善亦即理，以为取舍从违之标准。所谓妥当不妥当者，绝不能如自然界事物之含有绝对性而常为相对性，然则离却吾人主观。所谓妥当者，而欲求客观的妥当于事物自身，可谓绝对不可能的事。况且朱子解的是《大学》，《大学》格致功夫，与诚意紧相衔接，如何能用自然科学的研究法来比附？阳明说：

> 先儒解格物为'格天下之物'。天下之物，如何格得尽？且谓'一草一木亦皆有理'，今如何去格？纵格得草木来，如何反来诚得

自家的意？"（《传习录·黄以方记》）

然则《大学》所谓"物"，一定不是指自然界，而实指人事交互复杂的事物，自无待言。既已如此，则所谓妥当性——即理，不能求诸备事物之自身，而必须求诸吾心，亦不待言。所以阳明说：

> 夫物理不外于吾心，外吾心而求物理，无物理矣。遗物理而求吾心，吾心又何物耶？……后世所以有专求本心遂遗物理之患，正由不知心即理耳。……外心以求理，此知行之所以二也。求理于吾心，此圣门知行合一之教。（《答顾东桥书》）

外心以求理，结果可以生出两种弊端，非向外而遗内，即向内而遗外。向外而遗内者，其最踏实的如研究自然科学，固然是甚好，但与身心修养之学，关系已经较少（也非无关系，不过较少耳，此事当别论）。等而下之，则故纸堆中片辞只义之考证笺注，先王陈迹井田封建等类之墨守争辩，繁文缛节少仪内则诸文之剽窃摹仿，诸如此类，姑无论其学问之为好为坏为有用为无用，至少也免不了博而寡要劳而少功的毛病，其绝非圣学入门所宜有事也可知。向内而遗外者，视理为超绝心境之一怪物，如老子所谓"有物混成，先天地生"、"恍兮惚兮，其中有象"，禅家所谓"言语道断，心行路绝"。后来戴东原议诮宋儒言"理"，说是"如有物焉，得于天而具于心"者，正属此类。由前之说，正阳明所谓"外吾心而求物理"，由后之说，则所谓"遗物理而求吾心"。此两弊，朱学都通犯了。朱子笺注无数古书，乃至《楚辞》、《参同契》都注到，便是前一弊；费偌大力气去讲太极无极，便是后一弊。阳明觉此两弊，皆是为吾人学道之障，所以单刀直入，鞭辟近里，说道：心外无物，心外无事，心外无理，心外无善。"（《答王纯甫书》）"朱子解格物到正心修身，说是"古人为学次第"（《大学·章句序》）。次第云者，像上楼梯一般，上了第一级才到第二级，所以功夫变成先知（格致）后行（诚意等），这是外心求理的当然结果。阳明主张心理合一，于是得如下的结论：

> 理一而已，以其理之凝聚而言则谓之性，以其凝聚之主宰而言则谓之心，以其主宰之发动而言则谓之意，以其发动之明觉而言则谓之知，以其明觉之感应而言则谓之物，故就物而言谓之格，就知而言谓之致，就意而言谓之诚，就心而言谓之正。正者正此也，诚者诚此也，致者致此也，格者格此也。（《答罗整庵书》）

这段话骤看起来，像有点囫囵笼统，其实凡一切心理现象，只是一刹那间同时并起，其间名相的分析，不过为说明的一种方便。实际上如何能划然有界线分出个先后阶段来，阳明在心物合一心理合一的前提之下，结果不认格致诚正为几件事的"次第"，只认为一件事里头所包含的条件。换言之，不是格完物才去致知，致完知才去诚意，倒是欲诚意须以致知为条件，欲致知须以格物为条件。正如欲求饱便须吃饭，欲吃饭便须拿筷子端碗。拿筷子端碗，吃饭求饱，虽像有几个名目，其实只是一件事，并无所谓次第，这便是知行合一。今为今学者了解阳明学说全部脉络起见，将他晚年所作《大学问》下半篇全录如下：

> 身、心、意、知、物者，是其工夫所用之条理，虽亦各有其所，而其实只是一物。格、致、诚、正、修者，是其条理所用之工夫，虽亦皆有其名，而其实只是一事。何谓身？心之形体，运用之谓也。何谓心？身之灵明，主宰之谓也。何谓修身？为善而去恶之谓也。吾身自能为善而去恶乎？必其灵明主宰者欲为善而去恶，然后其形体运用者始能为善而去恶也。故欲修其身者，必在于先正其心也。然心之本体则性也，性无不善，则心之本体本无不正也。何从而用其正之之功乎？盖心之本体本无不正，自其意念发动，而后有不正。故欲正其心者，必就其意念之所发而正之，凡其发一念而善也，好之真如好好色，发一念而恶也，恶之真如恶恶臭，则意无不诚，而心可正矣。然意之所发，有善有恶，不有以明其善恶之分，

亦将真妄错杂，虽欲诚之，不可得而诚矣。故欲诚其意者，必在于致知焉。致者，至也，如云丧致乎哀之致。易言"知至至之"，"知至"者，知也，"至之"者，致也。"致知"云者，非若后儒所谓充扩其知识之谓也，致吾心之良知焉耳。良知者，孟子所谓"是非之心，人皆有之"者也。是非之心，不待虑而知，不待学而能，是故谓之良知。是乃天命之性，吾心之本体，自然灵昭明觉者也。凡意念之发，吾心之良知无有不自知者。其善欤，惟吾心之良知自知之，其不善欤，亦惟吾心之良知自知之。是皆无所与于他人者也。故虽小人之为不善，既已无所不至，然其见君子，则必厌然掩其不善而著其善者，是亦可以见其良知之有不容于自昧者也。今欲别善恶以诚其意，惟在致其良知之所知焉尔。何则？意念之发，吾心之良知既知其为善矣，使其不能诚有以好之，而复背而去之，则是以善为恶，而自昧其知善之良知矣。意念之所发，吾之良知既知其为不善矣，使其不能诚有以恶之，而复蹈而为之，则是以恶为善，而自昧其知恶之良知矣。若是，则虽曰知之，犹不知也，意其可得而诚乎？今于良知之善恶者，无不诚好而诚恶之，则不自欺其良知而意可诚也已。然欲致其良知，亦岂影响恍惚而悬空无实之谓乎？是必实有其事矣。故致知必在于格物。物者，事也，凡意之所发必有其事，意所在之事谓之物。格者，正也，正其不正以归于正之谓也。正其不正者，去恶之谓也。归于正者，为善之谓也。夫是之谓格。书言"格于上下"、"格于文祖"、"格其非心"，格物之格实兼其义也。良知所知之善，虽诚欲好之矣，苟不即其意之所在之物而实有以为之，则是物有未格，而好之之意犹为未诚也。良知所知之恶，虽诚欲恶之矣，苟不即其意之所在之物而实有以去之，则是物有未格，而恶之之意犹为未诚也。今焉于其良知所知之善者，即其意之所在之物而实为之，无有乎不尽。于其良知所知之恶者，即其意之所在之物而实去之，无有乎不尽。然后物无不格，吾良知之所知者，无有亏缺障蔽，而得以极其至矣。夫然后吾心快然无复余憾而自谦矣，夫然后意之所发者，始无自欺而可以谓之诚矣。故曰："物格而后知至，知至而后意诚，意诚而后心正，心正而后身修。"

这篇文字是阳明征思田临动身时写出来，面授钱德洪的，可算得他生平论学的绝笔。学者但把全文仔细细绎，便可以彻底了解他学问的全部真相了。简单说根据"身心意知物只是一物"的哲学理论，归结到"格致正修只是一事"的实践法门，这便是阳明学的全体大用。他又曾说："君子之学，诚意而已矣。格物致知者，诚意之功也。"（《答王天宇书》）以诚意为全部学问之归着点，而致良知为其下手之必要条件，由此言之，知行之决为一事而非两事，不辩自明了。

最当注意者，尤在其所言格物功夫。耳食者流，动辄以阳明学派玄虚，为顿悟，为排斥智识，为脱略实务，此在王学末流，诚不免此弊，然而阳明本旨决不如是也。阳明常言："格物者其用力实可见之地。"（《答罗整庵书》）盖舍此则别无用力之可见矣。陆象山教人专在人情事变上做功夫，阳明亦说，"除了人情事变则无事矣"（《传习录·陆澄记》），又说，"若离了事物为学，却是着空"（同上，陈九川记）他在滁州时，虽亦曾沿用旧法，教人静坐，晚年却不以为然。他说：

> 人须在事上磨炼，做功夫乃有益。若止好静，遇事便乱，终无长进。那静时功夫，似收敛而实放溺也。（《传习录·陈九川记》）

又说：

> 徒知养静而不用克己功夫，临事便要倾倒。人须在事上磨炼方立得住，方能静亦定、动亦定。（《传习录·陆澄记》）

有人拿孟子"必有事焉而勿忘勿助长"那段话问他，他答道：

> 我此间讲学，只说个"必有事焉"，不说"勿忘勿助"……不着

实去"必有事"上用功，终日凭空去做个"勿忘"，又凭空去做个"勿助"，茫茫荡荡全无着实下手处，究竟功夫只做个沉空守寂，学成一个痴呆汉，才遇些子事来，即便牵滞纷扰，不复能经纶宰制。此皆有志之士，而乃使之劳苦缠缚，担阁（耽搁）一生，皆由学术误人，甚可悯矣。(《答聂文蔚书》)

后来颜习斋痛斥主静之说，说是死的学问，是懒人的学问。这些话有无过火之处，且不必深论，若认他骂得很对，也只骂得着周濂溪、李延年，骂得着程伊川、朱晦庵乃至陈白沙，却骂不着阳阴。阳明说"好静只是放溺"，说"沉空守寂会学成痴呆"，而痛惜于"学术误人"，凡习斋所说的，阳明都早已说过了。至其所说"必待入口然后知味之美恶，必待身亲履历然后知道路之险夷"，前主张知识必由实际经验得来，尤其习斋及近世詹姆士、杜威辈所倡"实验主义"同一口吻，以极端唯心派的人，及其讲到学识方面，不独不高谈主观，而且有偏于纯客观的倾向。浅见者或惊疑其矛盾，殊不知他的"心物合一论"、"心理合一论"，结果当然要归着到此点。为什么呢？他一面说"外吾心而求物理，则无物理"，同时跟着说"遗物理而求吾心，吾心又何物"（见前）。盖在心物合一的前提之下，不独物要靠心乃能存在，心也要靠物乃能存在，心物既是不能分离的东西，然则极端的唯心论，换一方面看，同时也便是极端的唯物论了。他说："心无体以万物之感应是非为体"，以"无"的心而做心学，除却向"涉着于物"处用力，更有何法？夫曰"行是知的功夫"、"行是知之成"，此正实验主义所凭借以得成立也。

四、知行合一与致良知

钱德洪、王畿所撰《阳明年谱》，说他三十八岁始以"知行合一"教学者，五十岁始揭"致良知"之教[1]。其实"良知"二字，阳明早年亦已屡屡提及，不过五十岁始专以此为教耳。他五十五岁时有给邹守益一封信，内中几句话极为有趣。他说："近有乡大夫诮仁讲学者云，'除却良知还有什么说得？'仁答云：'除却良知还有什么说得。'……"他晚年真是"开口三句不离本行"，千言万语都是发挥"致良知"三字。表面看来，从前说知行合一，后来说致良知，像是变更口号。不错，口号的字句是小有变更，其实内容原只是一样。我们拿知行合一那句话代表阳明学术精神的全部也可以，拿致良知这句话代表阳明学术的全部也可以。

"致良知"这句话，是把《孟子》里"人之所不学而知者，其良知也"和《大学》里"致知在格物"那两句话联缀而成。阳明自下解说道：

> 孟子云："是非之心，知也"、"是非之心，人皆有之"，即所谓良知也，孰是无良知乎？但不能致之耳。《易》谓"知至至之"，知至者知也，至之者致知也，此知行之所以一也。近世格物致知之说，只一"知"字尚未有下落，若"致"字功夫，全不曾道着此矣，此知行之所以二也。"（《与陆元静第二书》）

观此可知致良知正所以为知行合一，内容完全一样，所以改用此口号者，取其意义格外明显而已。

致良知这句话，后来王门弟子说得太玄妙了，几乎令人无从捉摸。其实阳明本意是平平实实的，并不含有若何玄学的色彩。试读前章所引《大学问》中解释致知那段话，便可以了然，阳明自己把他编成几句口诀——即有名的"四句教"。所谓：

> 无善无恶心之体，有善有恶意之动。知善知恶为良知，为善去

---

[1] 《与邹东廓书》云："近来信得'致良知'三字，真圣门正法眼藏。往年尚疑未尽，今自多事以来，只此良知无不具足。譬之操舟得舵，平澜浅濑，无不如意，虽遇颠风逆浪，舵柄在手，可免没溺之患矣。"案：此书是正德十六年在南昌所发，时阳明五十岁，平宸濠之次年也。

恶是格物。（见王畿《天泉证道记》）[1]

良知能善能恶，致的功夫即是就意所涉着之事物实行为善去恶。这种工作，虽愚夫愚妇，要做便做，但实行做到圆满，虽大贤也恐怕不容易。所以这种学问，可以说是极平庸，也可以说是极奇特。刘蕺山引《系辞》中孔子赞美颜子的话来作注脚，说道："有不善未尝不知，良知也。知之未尝复行，致良知也。"阳明亦曾拿《大学》的话来说："'所恶于上'是良知，'毋以使下'是致良知。"（《传习录·下》）致良知最简易的解释，不过如此。

《大学》说，"所谓诚其意者，毋自欺也。"阳明既认致知为诚意的功夫，所以最爱用"不欺良知"这句话来作致知的解释。他说：

> 尔那一点良知，是尔自家的准则，尔意念着处，他是便知是，非便知非，更瞒他一些不得。尔只不要欺他，实实落落依着他做去，善便存，恶便去，何等稳当快乐。（《传习录·答陈九川问》）

拿现在的话说，只是绝对的服从良心命令便是，然则为什么不言良心，而言良知呢？因为心包含意与知两部分，意不必良，而知无不良。阳明说：

> 凡应物起念处皆谓之意，意则有是有非，能知得意之是与非者则谓之良知。依得良知即无有不是。（《答魏师说书》）

> 所以良知是你的明师。（《传习录·上》）

---

[1] 后来刘蕺山黄梨洲都不信"四句教"，疑是王龙溪造谣言。我们尊重龙溪人格，实不敢附和此说。况且"天泉证道"时，有钱绪山在一块，这段话采入《传习录》。《传习后录》经绪山手定，有嘉靖丙辰跋语，其时阳明殁已久了。若干日师门遗说，绪山如何肯承认？蕺山们所疑者，不过因"无善无恶"四字，不知善之名对恶而始立。心体既无恶，当然也无善，何足为疑呢？

关于这一点，阳明总算把性善论者，随便举一个例就可以反驳倒我们。但是，本能的发动虽有对有不对，然而某件对某件不对，我们总会觉得。就"会觉得"这一点看，就是"人之所以异于禽兽"，就是"人皆可以为尧舜"的一副本钱。所以孟子说良知良能，而阳明单提知的方面代表良心之全部，说"良知者心之本体"（《答陆元静书》）。

"有善有恶意之动"。意或动于善或动于恶，谁也不能免，几乎可以说没有自由。假使根本没有个良知在那里指导，那么，我们的行为便和下等动物一样，全由本能冲动，说不上有责任。然而实际上决不如此，"良知在人，随你如何，不能泯灭，虽盗贼亦自知不当为盗，唤他作贼，他还忸怩。"（《传习录·陈九川记》）"良知之在人心，无间于圣愚，天下古今之所用也。"（《答聂文蔚书》）"凡意念之发，吾心之良知无有不自知者，其善欤？惟吾良知自知之，其恶欤？亦惟吾良知自知之。"（《大学问》）"此两字人人所自有，故虽至愚下品，一提便省觉。"（《答聂文蔚第三书》）既有知善知恶之良知，则选择善恶，当然属于我的自由。良知是常命令我择善的，于是为善去恶，便成为我对于我的良知所应负之责任。人类行为所以有价值，全在这一点。

良知虽人人同有，然其明觉的程度不同，所以要下"致"的功夫。"圣人之知，如青天白日，贤人之知，如浮云天日，愚人如阴霾天日，虽有昏明不同，其能辨黑白则一，虽昏黑夜里亦影影见得黑白，就是日之余光未尽处。因学功夫．只从这一点明处精察去。"（《传习录·黄修易记》）有人对阳明自叹道："私意萌时，分明自知得，只是不能使他即去。"阳明道："你萌时这一'知'，便是你的命根。当下即把那私意消除去，便是立命功夫。"（同上）假使并这一点明处而无之，那真无法可想了。然而实际上决不如此，无论如何昏恶的人，最少也知道杀人是不好。只要能知道杀人不好，"充其无欲害人之心，而仁不可胜用矣"，最少也知道偷人东西是不好。只要能知道偷东西不好，"充其无欲穿窬之心，而义不可胜用矣"。所以说，"这一'知'是命根"，抓着这命根往前"致"、"致"、"致"，由阴霾天的日，"致"出个浮云天的日来，由浮云云天的日，"致"出个青天的日来，愚人便会摇身一变，变成贤人，摇身再变，变成圣人了。所以阳明说："人若知这良知诀窍，随他多少邪思枉念，这里一觉，都自消融，真个是灵丹一粒，点铁成金。"（《传习录·陈九川记》）利用这一觉，致良知功夫便得着把柄入手了。他又说："杀人须在咽喉处着刀，吾人为学当从心髓入微处用力，自然笃实光辉，私欲之萌，真是洪炉点雪，天下之大本矣。"（《答黄宗贤书》）专就"这一点明处"往前"致"，致到通体光明，如青天之日，便有"洪炉点雪"气象，便是致良知功夫成熟。

我们最当注意者，利用那一"觉"，固然是入手时最简捷的法门，然并非恃此一"觉"便了。后来王学末流，专喜欢讲此一"觉"，所以刘蕺山箴斥他们，说道："后儒喜言'觉'，谓一'觉无'余事，即知、即行……"殊不知主张一"觉"无余事者，不知不觉间已堕于"知而不行只是不知"，恰与阳明本意违反了。当时已有人疑阳明"立说太高，用功太捷，未免堕禅宗顿悟之机"。阳明答道：

> 区区格致诚正之说，是就学者本心日用事为间体究践履，实地用功，是多少次第多少积累在，正与空虚顿悟之说相反。（《答顾东桥书》）

所以致良知功夫，说易固真易，说难却又真难。当时有学者自以为已经能致知，阳明教训他道：

> 何言之易也，再用功半年看如何，又用功一年看如何？功夫愈久愈觉不同，此虽口说。（《传习录·陈九川记》）

晚明治王学的人，喜欲说"现成良知"，轻易把"致"字抹煞，全不是阳明本意了。

致良知功夫是要无间断的，且要十分刻苦的。方才引的"私欲萌时那一知"要抓着做个命根，固也。但并非除却那时节便无所用力。阳明说："譬之病疟之人，虽有时不发，而病根不曾除，则亦不得谓之无病。"（《致陆原静书》）所以，"省察克治之功，无时而可间。如去盗贼，须有个扫除廓清之意。无事时，将好色好货好名等私，逐一追究披寻出来，定要拔去病根，永环复起，方始为快。常如猫之捕鼠，一眼看着，一耳听着，才有一念萌动，即皇克去，斩钉截铁，不可姑容与他方便，不可窝藏，不可放他出路，方是真实用功，方能扫除廓清。"（《传习录·陆澄记》）他在赣南剿土匪时候寄信给他能朋友有两句有名的话："去山中贼易，去心中贼难。"可见得这一个"致"字，内中含有多少扎硬寨、打死仗的功夫，绝非"一觉无余事"了。

阳明尝自述其用力甘苦，说道：

> ……毫厘之差乃致千里之谬，非诚有求为圣人之志而从事于惟精惟一之学者，莫能得其受病之源而发其神奸之所由伏也。若某之不肖，盖亦尝陷溺于其间者几年，伥伥支溯自以为是矣。赖天之灵，偶有悟于良知之学，然后悔其向之所为者，固包藏祸机作伪于外而心劳日拙者也。十余年来，虽痛自洗剔创艾，而病根深痼，萌蘗时生。所幸良知在我，操得其要，譬犹舟之得舵，虽惊风巨浪，颠沛不无，尚犹得免于倾覆者也。夫旧习之溺人，虽已觉悔悟而克治之功，尚且其难如此，又况溺而不悟日益以深者，亦将何所抵极乎！
>
> （《与邹谦之书》）

读这段话，不能不令人悚然汗下。以我们所见的阳明，学养纯粹，巍然为百世宗师，然据他的自省，则有"神奸攸伏"、"作伪于外，心劳日拙"种种大病，用了十几年洗剔功夫，尚且萌蘗时生，我们若拿来对照自己，真不知何地自容了[1]。据此可知，良知功夫，全以毋自欺为关键，把良知当作严明的裁判官，自己常像到法庭一般，丝毫不敢掩饰，方有得力处。最妙者裁判官不是别人，却是自己，要欺也欺不得，徒然惹自己苦痛。依着他便如舟之得舵，虽惊涛骇浪中，得有自卫的把握而泰然安稳，结果得着

---

[1] 阳明卒时五十八岁，《与邹谦之书》是他五十五岁写的。读此可见其刻苦用功，死而后已。

"自慊"——自己满足。致良知功夫所以虽极艰难而仍极简易者在此。

讲到这里，我们要提出紧急动议讨论一个问题。阳明说："良知是我们的明师，他是便知是，非便知非，判断下来绝不会错。"这话靠得住吗？我们常常看见有一件事，甲乙两个人对于他同时下相反的判断，而皆自以为本于自己的良知。或一个人对于某件事前后判断不同，而皆以为本良知。不能两是，必有一非，到底哪个良知是真呢？况且凡是非之辨所由起，必其之性质本介于两可之间者也。今若仅恃主观的良知以下判断，能否不陷于武断之弊？后来戴东原说宋儒以"意见"为理，何以见得阳明所谓良知不是各个人的"意见"呢？这是良知说能否成立之根本问题，我们要看阳明怎样的解答。

第一，须知阳明所谓知是知非者，其实只是知善知恶。（他拿是非来说不过为孟子"是非之心人皆有之"那句话作注解）善恶的标准，虽然也不是绝对的，但已不至如是非之疑似难辨。最少如"无欲害人"、"无欲穿窬"之类几项基本标准总是有的。从良知所见到这一点"致"出去，总不会错。或问阳明："人心所知，多有认贼作子处，何处乃见良知？"阳明反问："尔以为何如？"答："心所安处便是良知。"阳明道："固是。但须省察，恐有非所安而安者。"（《传习录·陆澄记》）凡事就此心所安处做去，最少总可以得自慊——自己满足的结果。

第二，所谓武断或意见者，主张直觉说的人最易犯此病。阳明的致良知，骤看来很像纯任直觉，其实不然。他以格物为致知的功夫，说："欲致其良知，非影响恍惚悬空无实之谓，必实有其事。"（《大学问》）说要"在事上磨炼"（《传习录·陆澄记》），说"除却见闻酬酢无良知可致"（《答顾东桥书》），所以关于判断事理的知识，阳明却是主经验论，并不主直觉论。有人问："知识不长进如何？"他答道："为学须有本原，渐渐盈科而进。婴儿在母腹时，有何知识？出胎后方始能啼，既而复能笑，又而复能识认其父母兄弟，又而复能立，能行，能持，能负，卒乃天下事无不可能，皆是精气日足，则聪明日开，不是出胎日便讲求推寻得来。"（《传习录·陆澄记》）他不认知识为能凌空笼统的一齐得着，而认为要由后天的经验，一步一步增长起来。然而戴东原所谓"理与事分为二而与意见合为一"者（《孟子字义疏证·卷上》）在朱学或有此病，在王学决不然。阳明又说："我辈致知，只是各随分限所及。今日良知见是如此，只随今日，所知扩充到底，明日良知又有开悟，便从明日所知扩充到底，如此方是精一功夫。"（《传习录·黄直记》）由此言之，良知并不是一成一变的，实是跟着经验来天天长进。不过用功要有个头脑，一切智识都从良知发生出来，才不至散而无纪罢了。阳明又说：

> 如人走路一般，走得一段，方认得一段，走到歧路处，有疑问便问，问了又走，方能到得欲到之地……只管悬，不能尽知，只管闲讲，何益？（《传习录·陆澄录》）

朱子说的"即物穷理之后一旦豁然贯通，则众物表里精粗无不到……"那种做学问法，诚不免有认意见为理的危险。若阳明则全不是这种路数，他说：

> 并不是本体明后便于天下物便都知得都做得，天下事务如名物、度数、草木、鸟兽之类，虽圣人亦何能尽知？但不必知的，圣人自不消求知，其所当知的，圣人自能问人。如'子入太庙每事问'之类，……（《传习录·黄直记》）

致良知功夫，只是对于某件事应做不应做，求得一个定盘针。决定应做之后，该如何做法，跟着有多少学问思辨工作在里头，而这些工作，却要用客观的经验的，不是靠主观的直觉的，这便是阳明本旨。

至于事理是非介在疑似两可之间者，决定应做与否，诚然不能不凭良知一时之直觉。阳明以为我们平日用功，不必以此等例外的事理为标准，而且欲对于此等事应付不误，只有平日把良知摩擦得精莹，存养得纯熟，然后遇事乃得其用。有人问他，"道之大端，易于明白，至于节目时变，毫厘千里，必待学而后知。如语孝……舜之不告而娶，武之不葬而兴师……等事，处常处变过于不及之间，必须讨论是非以为制事之本。"阳明答道：

> 道之大端，易于明白，此语诚然。顾后之学者，忽其易于明白者而弗由，而求其难者以为学，此所谓道在迩而求诸远，事在易而求诸难也。……夫良知之于节目事变，犹规矩尺度之于长短方圆也。节目事变之不可预定，犹方圆长短之不可胜穷也。毫厘千里之谬，不于吾心良知一念之微而察之，亦将何所用其学乎？……夫舜之不告而娶，岂舜之前已有不告而娶者为之准则，故舜得以考诸何典问诸何人而为此耶？抑亦求诸其一念之良知权轻重之宜，不得已而为此耶？……后之人不务，致其良知议精察义理于此心感应酬酢之间，顾欲悬空讨论此等变常之事，执之以为制事之本，以求临事之无失，其亦远矣。（《答顾东桥书》）

这段话在实践道德学上含有重大的意味。善恶的标准，有一部分是绝对的，有一部分是相对的。相对的那部分，或甲时代与乙时代不同，或甲社会与乙社会不同，或同一时代统一社会而各个人所处的地位不同，这种临时临事的判断，真是不能考诸何典问诸何人。除却凭主观的一念良知之直觉以权轻重之宜，没有别的办法。然而我们欲对于此等临事无失，除却平日下功夫把良知磨得雪亮，预备用得着直觉时，所直觉者不致错误，此外又更有何法呢？

第三，一般人所判断的是非善恶，自命为本于良知者，然而往往会陷于错误。这是常见的事，阳明亦承认。但阳明以为这决不是良知本身的缺点，不过没有实下"致"的功夫，以致良知被锢蔽而失其作用耳。他说：

> 事物之来，但尽吾心之良知以应之，所谓"忠恕违道不远"矣。凡处得有未善及有困顿失次之患者，皆是牵于毁誉得丧，不能实致其良知耳。若能实致其良知，然后见得平日所谓善者未必是善，所

谓未善者，却恐正是牵于毁誉得丧，而自贼其良知者也。(《答周道通书》)

俗语说得好，"旁观者清，当局者迷"。同是一个人，同是那良知，何以观察旁人很清醒，自己当局便糊涂起来呢？因为一到当局便免不了得失或毁誉等等顾忌。譬如讨论一个工场法案，某甲属于劳动阶级或想利用劳动阶级，主张便如此。某乙属于资本阶级或想利用资本阶级，主张便如彼。虽然各昌言道"我本我良知的主张"，其实他的良知已经被得失之见缠蔽了。纵使不属那阶级，亦不想利用那阶级，然而看见那一种时髦的主张便跟着主张去。或者从前主张错了，而护短不欲改口，他的良知已经被毁誉之见缠蔽了。此外或因一时情感冲动，或因事实牵扯，令良知失其作用者原因甚多。总而言之，以自己为本位，便有一种"我的成见"横亘胸中，便是以为良知之贼。这类东西，阳明统名之曰"私欲"。致良知功夫，最要紧是把这些私欲划除净尽。假使一个人他虽然属于劳动阶级或资本阶级，但他并不以本身利害为本位，纯采第三者的态度，由当局而抽身出来像旁观一样，而且并不要讨好于任何部分人，不要任何部分人恭维他，赤裸裸的真，信凭他的良知来判断这个工场法案，那么我们敢保证他下的判断，一定是"忠恕违道不远"了。致良知的实在功夫，便是如此。

阳明在江西时候，有一属官，常来旁听讲学，私下对人说："可惜我为簿书讼狱所困，不得为学。"阳明听见了，告诉他道："我何常叫你离了簿书讼狱，悬空去讲学？你既有官司的事，便从官司的事上为学，才是真格物。如问一词讼，不可因其应对无状起个怒心，不可因他言语圆转生个喜心，不可恶其嘱托加意治之，不可因其请求屈意从之，不可因自己事务烦冗随意苟且断之，不可因旁人潜毁罗织随人意思处之。这许多意思皆私，只尔自知，须精细省察克治，惟恐此心有一毫偏倚。这便是格物致知，簿书讼狱之间，无非实学，若离了事物为学，却是着空。"(《传习录·陈惟濬记》)据这段话所教训，可见得我们为什么判断事理会有错呢，都不外被"私的意见"蒙蔽着。只要把这种种"私"克去，自然会鉴空衡平，亦且事理到跟前，都能看得真切。程明道所谓"廓然而大公，物来而顺应"，正是这种境界。拿现在的话来讲，只要纯采客观态度，不掺杂丝毫主观的成见及计较，那便没有不清楚的事理[1]。

讲到这里，"图穷而匕首见"，不能不提出阳明学派最主要一个关键，曰"义利之辨"。昔朱晦庵请陆象山在白鹿洞书院讲演，象山讲《论语》"君子喻于义，小人喻于利"那一章，晦庵听了大感动，天气微暖而汗出挥扇。阳明继承象山学派，所以陆王之学，彻头彻尾只是立志辨义利。阳明以为，良知唯一的仇敌是功利主义，不把这个病根拔去，一切学问无从做起。他所著有名的《拔本塞源论》，关于此警告说得最沉痛。今节录如下：

> 夫拔本塞源之论不明于天下，则天下之学圣人者，将日繁日难，斯人入于夷狄禽兽，而犹以为圣人之学。吾之说虽或暂明于一时，终将冻解于西而冰坚于东，雾释于前而云滃于后，呶呶焉危困以死，而卒无救于天下之分毫也。夫圣人之心，以天地万物为一体，其视天下之人，无内外远近。凡有血气，皆其昆弟赤子之亲，莫不欲安全而教养之，以遂其万物一体之念。天下之人心，其始亦非有以异于圣人也，特其间于有我之私，隔于物欲之蔽，大者以小，通者以塞，人各有心，至有视其父子兄弟如仇雠者。圣人有忧之，是以推其天地万物一体之仁以教天下，使之复其心体之同然。……孔孟既没，圣学晦而邪说横，教者不复以此为教，而学者不复以此为学。霸者之徒，窃取先王之近似者，假之于外以内济其私己之欲，

---

[1] 这段话还给我们一种重大教训，就是令我们知道修养功夫，并不消把日常应做的事搁下一边，另起炉灶去做。譬如一个学生，不说我现在学校功课太忙，没有时候去"致良知"。你在课堂上听讲，在图书馆里读书，便可从听讲读书上头致你的良知。念一部书，完全为研求书中道理，不是想抄袭来做毕业论文，不是掇拾几句口耳来出风头，读时不草率，不曲解，批评时不闹意气……诸如此类，就是读书时候"致良知"功夫。《传习录》中尚有答人问读书一段云："且如读书时，良知知得有强记之心不是，即克去之，有欲速之心不是，即克去之，有夸多斗靡之心不是，即克去之。如此亦只是终日与圣贤印对，是个纯乎天理之心。任他读书，亦只是调摄此心。"

天下靡然宗之。……圣人之学，日远日晦，而功利之习，愈趋愈下。其间虽尝盅惑于佛老，而佛老之说，卒亦未能有以胜其功利之心。虽又尝折衷于群儒，而群儒之论，终亦未能有以破其功利之见。盖至于今，功利之毒，沦浃于人之心髓而习以成性也，几千年矣。相矜以知，相轧以势，相争以利，相高以技能，相取以声誉，……记诵之广，适以长其傲也；知识之多，适以行其恶也；闻见之博，适以肆其辩也；辞章之富，适以饰其伪也。……其称名借号，未尝不曰"吾欲以共成天下之务"，而其诚心实意之所在，以为不如是则无以济其私而满其欲也。呜呼！以若是之积累，以若是之心志，而又讲之以若是之学术，宜其闻吾圣人之教而视之以为赘疣枘凿，则其以良知为未足，而谓圣人之学为无所用，亦其势有所必至矣。……（《答顾东桥书》）

"功利"两个字，在今世已成为哲学上一种主义——最时髦的学派。我们生今日而讲"非功利"，一般人听了何只"以为赘疣枘凿"，一定当作妖怪了。虽然，须知阳明之"非功利"，并不是叫人不做事，也不是叫人做事不要成功，更不是把人生乐利幸福一概抹杀。这些话无须多辨，只把阳明一生替国家替地方人民所做的事业点检一下，当然可以得着绝好的反证。然则他所非的功利是什么呢？是各个人自私自利——以自己利益为本位那种念头。详细点说，凡专求满足自己的肉欲，如食膏粱，衣文绣，宫室之美，妻妾之奉，等等，以及为满足肉欲起见而发生的财货欲，更进而求满足自己的权势欲，求满足自己的虚荣欲。凡此之类，阳明统名之为私欲——即功利，认为一切罪恶之根源，"知善知恶为良知，为善去恶是格物"。所谓善恶者，以何为标准呢？凡做一事，发一念，其动机是否出于自私自利，即善恶之唯一标准。良知所知之善恶，就只知道这一点，而且这一点除自己的良知之外，没有别人或别的方法能知得真切确实的。然则这种标准对吗？我想完全是对的。试观凡人类的罪恶，小而自家庭细故，所谓"父借耰锄，动有德色；母取箕帚，立而诟语"。大而至于奸淫、劫盗、杀人、放火，那件不是从自私自利之一念发出来？其甚者为权势欲为虚荣欲所驱使"一将功成万骨枯"，不惜举千千万万人生命以殉所谓英雄豪杰者，一念中不可告人之隐。然且有奇邪学说，以为之推波助澜。例如尼采辈所崇拜之"超人"的生活，主张利用民器，以他人作牺牲品，为自己成功之工具，谓为所当然。阳明所谓"以若是之心志而又讲之以若是之学术"，把人类兽性方面的本能尽情发挥，安得不率天下而为禽兽呢？阳明痛心疾首于此种祸机，所以不能倡良知之教。他说：

> 后世良知之学不明，天下人用其私智以相比轧，是以人各有心，而偏琐僻陋之见，狡伪阴邪之术，至于不可胜说。外假仁义之名，而内以行其自私自利之实，诡辞以阿俗，矫行以干誉，掩人之善而袭以为己长，讦人之私而窃以为己直，忿以相胜而犹谓之徇义，险以相倾而犹谓之疾恶，妒贤忌能而犹自以为公是非，恣情纵欲而犹自以为同好恶。相陵相贼，自其一家骨肉之亲，已不能无尔我胜负之意、彼此藩篱之形。而况于天下之大，民物之众，又何能一体而视之，则亦无怪于纷纷藉藉，而祸乱相寻于无穷矣。仆诚赖天之灵，偶有见于良知之学，以为必由此而后天下可得而治，是以每念斯民之陷溺，则为之戚然痛心，忘其身之不肖，而思以此救之……（《答聂文蔚书》）

这段话真是一字一泪。阳明所以极力反对功利主义，所以极力提倡致良知，他那一片婆心，和盘托出给我们看了，我们若还相信这些话有相当价值，总可以感觉到，这种专以自己为本位的人，学问少点，才具短点，作恶的程度也可以减轻点。若再加之以学问才具，天下人受其荼毒，更不知所底极了。然而天下事到底是要靠有学问有才具的人去做的，倘使有学问有才具的人不能在自己心术上痛切下一番革命功夫，则这些人都是为天下造孽的人。天下的罪恶祸乱，一定相寻于无己，所以阳明对于当时的青年痛切警告道：

> 今天下事势，如沉疴积痿，所望以起死回生者，实有在于诸君子。若自己病痛未能除得，何以能疗天下之病！（《与黄宗贤书》）

当时，一青年有自是好名之病，阳明屡屡责备他道：

> 此是汝一生大病根。譬如方丈地内，种此一大树，雨露之滋，土脉之力，只滋养得这个恶根。四旁纵要种些嘉谷，上面被此树遮蔽，下面被此树根盘结，如何生得长成？须是伐去此树，纤根勿留，方可种植嘉种。不然，任汝耕耘培壅，只是滋养此根。（《传习录·陆澄记》）

夫好名也是促进青年向上一种动机，阳明何故深恶痛绝到如此？因为好名心也是从自私自利出来，充这个念头所极，可以种种作伪，种种牺牲别人以为自己。所以真实做学问的人，非从这种罪恶根芽上廓清不可。

欲廓清自私自利念头，除却致良知没有第二法门。因为心术隐微，只有自己的良知方能照察得出。阳明说：

> 人若不于此独知之地用力，只在人所共乡处用功，便是作伪，便是"见君子而后厌然"，此独知处便是诚的萌芽。以处不论善念恶念，更无虚假，一是百是，一错百错，正是义利、诚伪、善恶界头，于此一立立定，便是正本澄源。古人为学功夫精神命脉全体，只在此处。（《传习录·卷上》）

所以他又说：

> 慎独即是致良知。（《与黄勉之书》）

这样说来，致良知切实下手功夫，是不是专在消极的克己作用呢？不错！克己是致良知重要条件，但不能认克己为消极作用。阳明说："人须有为己之心方能克己，能克己方能成己。"(《传习录卷上·答萧惠问》) 这句话又怎样解呢?

我们想彻底了解他，要回复到他的心物合一论之哲学上见解来。阳明固为确信心外无物物外无心，灼然见得我身外之人们及天地万物们都是"真我"或"大我"的构成要素，因此得着"物我同体"的结论。前文已经说过了，既已如此，然则自私自利之心，强把人我分为两体，岂不是我的"真我"罹了车裂之刑吗? 所以他说:

> 这心之本体，便是你的真己。你若真要为那尔体壳的己，也须用着这个真己，便须要常常保护这真己的本体。有一毫亏损他，便如刀割，如针刺，忍耐不过。必须去了刀，拔了针，才是有为己之心，方能克己。(同上)

因此之故，克己功夫，非惟用不着强制执行，或者还可以说型于本能之不容自己。所以他说道:"凡慕富贵、忧贫贱、欣戚、得丧、爱憎取舍之类，皆足以蔽吾良知之体而窒塞其用。若此者，如明目之中而翳之以尘沙，聪耳之中而塞之以木楔也。其疾痛郁逆，将必速去之为快，而何能忍于时至乎?"(《答南元善书》)克己本是一件极难的事，然而"见得良知亲切时，喜功夫又自太难。"(《与黄宗贤书》)所谓见得亲切的是见个什么? 就是见出那物我为一、痛痒相关的本体。这些话骤听着像是大言欺人，其实只是人生习见的事。例如慈母对于他的乳儿，青年男女对于他的恋人，那种痛痒一体的意思何等亲切! 几曾见有对于自己的恋人而肯耍手段、玩把戏，牺牲他的利益，以谋自利者? 假使有这种念头偶然涌起，一定自己觉得有伤害爱情神圣的本体，立刻感深切的苦痛，像目中尘、耳中楔一般，必拭去拔去而后为快，是不是呢? 但这种境界在一般人只有慈母对乳儿，恋人对恋人才能发现，若大圣大贤，把天下国家看成他的乳儿，把一切人类看成他的恋人，其痛痒一体之不能自已，又何足怪? 阳明以为人类的本性原是如此，所有"间形骸而分尔我"者，都不过良知受蔽隔而失其作用。"致"的功夫，只是把良知麻木过去那部分打些药针，令其恢复原状。一旦恢复之后，物我一体的感觉自然十分灵敏，哪里容得纤毫间隔，下手功夫又何难之有呢？所以《大学》说"如恶恶臭，如好好色"，而阳明亦最喜引以为喻。他说："从未见有过好色的人要人强逼着才肯去好的。"（约《传习录》语）又说，"好色之人，未尝有痛于困忘者，只是一真切耳。"（《启周道通书》）由此观之，可见在致良知这个口号底下所用克己功夫，是积极的而非消极的了。

良知本体与功利主义之分别，孟子说得最明白："凡人乍见孺子将入于井，皆有怵惕恻隐之心，非所以纳交于孺子之父母也，非所以要誉于乡党朋友也，非恶其声而然也。"乍见的恻隐，便是良知本体纳交要誉恶其声等等杂念，便是得丧毁誉关系，便是功利。致良知功夫，最要紧是"非所以什么，非所以什么"，换句话说，一切行为，都是目的，不是手段。阳明说：

> 君子之学，求尽吾心焉尔。故其事亲也，求尽吾心之孝，而非以为孝也。事君也，求尽吾心之忠，而非以为忠也。是故夙兴夜寐，非以为勤也。剸繁理剧，非以为能也。嫉邪祛蠹，非以为刚也。规切谏诤，非以为直也。临难思议，非以为节也。吾心有不尽焉，是谓自欺其心，心尽而后吾之心始自以为快。惟夫求以自快吾心，故凡富贵、贫贱、忧戚、患难之来，莫非吾所以致知求快之地。苟富贵、贫贱、忧戚、患难而莫非吾致知求快之地，则亦宁有所谓富贵贫贱忧戚患难者足以动其中哉！世之人徒见君子之于富贵、贫贱、忧戚、患难无入而不自得也，而皆以为独能人之所不可及，不知君子之求以自快其心而已矣。（《题梦槎奇游诗卷》）

这段话是"如恶恶臭，如好好色，此之谓自慊"那几句的详注。问为什么要"恶恶臭"，为什么要"好好色"，谁也不能说出理由来，只是生理作用，非好好恶恶不能满足罢了。人生数十寒暑，勤勤恳恳乃至忍艰难冒危险去做自己良心上认为应做的事，问为什么？什么都不为。再问，只能答道为良心上的安慰满足。这种人生观，真是再逍遥自在不过的了，真是再亲切有味不过的了。回看功利主义者流，天天以"为什么为什么"相号召，营营于得丧毁誉，过几十年患得患失的日子者，孰为有价值，孰为无价值，我们可以知所别择了[1]。

以上所述，"致良知"的全部功夫大概都讲到了。但是，不能致良知的人，如何才会"致"起来呢？阳明以为最要紧是立志。孔子说："为仁由己，而由夕哉"，又说，"我欲仁，斯仁至矣"。阳明接见学者，常以此激励之。其在龙场示诸生教条四章，首即立志。其在《传习录》中谆谆言此者不下数十条，其《示弟立志说》云：

> 君子之学，无时无处而不以立志为事。正目而视之，无他见也。化而听之，无他闻也。如猫捕鼠，如鸡伏卵，精神心思，凝聚融结，而不复参其他，然后此志常立。神气清明，义理昭著，一有私欲，即便知觉，自然容住不得矣。故凡一毫私欲之前，只责此志不立，即私欲便退听。一毫客气之动，只责此志不立，即客气便消除。或怠心生，责此志即不怠。忽心生，责此志即不忽。躁心生，责此志即不躁。妒心生，责此志即不妒。忿心生，责此志后忿。贪心生，责此志即不贪。傲心生，责此志即不傲。吝心生，责此志即不吝。盖无一息而非立志、责志之时，无一事而非立志、责志之地。故责志之功，于去人欲，有如烈火之燎毛，太阳一出而魍魉潜消也。

志是志个什么呢？阳明说，要志在必为圣人。他的门生萧惠问学，他说："待汝办个真求为圣人的心再来与汝说。"（《传习录·上》）有一天，几位门生侍坐，阳明太息道："你们学问不得长进，只是未立志。"有一位李琪起而对曰："我亦愿立志。"阳明说："难说不立，未是必为圣人之志耳。"

---

[1] 阳明既排斥功利主义，当然也跟着排斥效率主义。他说："圣贤只是为己之学，重功夫不重效验。"（《传习录·卷下》）

（《传习录·上》）这些话不知现代青年们听了怎么样，我想不是冷笑着以为迂而无用，便是惊骇着以为高不可攀。其实阳明断不肯说迂而无用的话，也断不肯说高不可攀的话，我们欲了解他的真意，请先看他对于"圣人"两字所下定义。他说：

> 圣人之所以为圣，只是其心纯乎天理而无人欲之杂，犹精金之所以为精，但以其成色足而无铜铅之杂也。人到纯乎天理方是圣，金到足色方是精，然圣人之才力亦有大小不同，犹金之分两有轻重。尧舜犹万镒，文王孔子有九千镒，……伯夷伊尹犹四五千镒，才力不同，而纯乎天理则同，皆可谓之圣人，犹分两不同而足色则同，皆可谓之精金。……盖所以为精金者，在足色而不在分两，所以为圣者，在纯乎天理而不在才力也。故虽凡人而肯为学，使此心纯乎天理，则可亦为圣人。犹一两之金，比之万镒，分两虽悬绝，而其到足色处可以无愧。故曰"人皆可以为尧舜"者以此。学者学圣人，犹炼金而求其足色，金之成色，所争不多，则锻炼之工省，而功易成。成色愈下，则锻炼愈难。人之气质，清浊粹驳，有中人以上，中人以下，其于道，有生知安行，学知利行，其下者，必须人一己百，人十己千，及其成功则一。后世不知作圣之本是纯乎天理，却专去知识才能上求圣人，以为圣人无所不知无所不能，我须是将圣人许多知识才能逐一理会始得之。故不务去天理上着功夫，徒弊精竭力，从册子上钻研，名物上考索，形迹上比拟，知识愈广，而人欲愈滋，才力愈多，天理愈蔽。正如见人有万镒精金，不务锻炼成色，求无愧于彼之精纯，而乃妄希分两，务同彼之万镒，锡铅铜铁，杂然而投。分两愈增，而成色愈下，及其梢末，无复有金矣。"（《传习录·答蔡希渊问》）

这番话可谓妙喻解颐。圣人中可以分出等第，有大圣人、小圣人，第一等、第二等圣人，乃至第九十九等圣人，而其为圣人则一。我们纵使够不上做一万斤重的一等圣人，最少也可以做一两重，一钱重，一分重，乃至一厘重的第九十九等圣人。做一厘重的九十九等圣人，比诸一万斤重的一等凡人或坏人，其品格却是可贵。孟子所谓"人皆可以为尧舜"，必要如此方解得通，否则成为大妄语了。

当时有一位又聋又哑的人名叫杨茂，求见阳明。阳明和他笔谈，问道："你口不能言是非，你耳不能听是非，你心还能知是非否？"茂答："知是非。"阳明说："如此，你口虽不如人，你耳虽不如人，你心还与人一般。"茂首肯拱谢。阳明说："大凡人只是此心，此心若能存天理，是个圣贤的心，口虽不能言，耳虽不能听，也是个不能言不能听的圣贤。心若不存天理，是个禽兽的心，口虽能言，耳虽能听，也只是个能言能听的禽兽。"茂听了扣胸指天。阳明说："……你但在里面行你那是的心，莫行你那非的心，纵使外面人说你是也不须管，说你不是也不须管。"茂顿首拜谢（《谕泰和杨茂》）。

这段话虽极俚浅，却已把致良知彻始彻终功夫包括无遗。人人都有能知是非的心，只要就知之所及行那"是的心"，不能行那"非的心"。虽口不能言耳不能听，尚且不失为不能言不能听的圣人。然则"圣人与我同类"，人人要做圣人，人便做圣人，有什么客气呢？至于或做个不识一字在街上叫化的圣人，或做个功被天下师表万世的圣人，这却是量的分别，不是质的分别。圣人原是以质计不以量计的。阳明教学者要先"办"个必为圣人之志，所"办"办此而已。

这样看来，阳明致良知之教，总算平易极了，切实极了，然则后来王学末流，为什么会堕入空寂，为世诟病呢？原来阳明良知之说，在哲学上有很深的根据。既如前章所述，他说，"心之本体便是知"，所谓"见得良知亲切"者，即是体认本体亲切之谓。向这里下手，原是一了百了的绝妙法门，所以阳明屡屡揭此义为学者提掇。但他并非主张"一觉之后无余事"者，所以一面直提本体，一面仍说"省察克治之功，无时而可已"。而后之学者，或贪超进，惮操持，当然会发生出近于禅宗之一派。此亦学术嬗变上不可逃避之公例也。钱绪山说："师既没，音容日远，吾党如各以己见立说。学者稍见本体，即好为径超顿悟之说，无复有省身克治之功。视师门诚意格物、为善去恶之旨，皆相鄙以为第二义。简略事为，言行无顾，甚者荡灭礼教，犹自以为圣门之最上乘。噫！亦已过矣。"（《大学问·跋》）王学末流，竞倡"现成良知"之说，结果知行不复合一，又陷入"知而不行只是不知"之弊，其去阳明之本意远矣。

附录

点校版《传习录》

（隆庆六年版）

旧　序

门人有私录阳明先生之言者。先生闻之，谓之曰："圣贤教人，如医用药，皆因病立方，酌其虚实、温凉、阴阳、内外，而时时加减之，要在去病，初无定说。若拘执一方，鲜不杀人矣。今某与诸君不过各就偏蔽箴切砥励，但能改化，即吾言已为赘疣。若遂守为成训，他日误己误人，某之罪过，可复追赎乎？"

爱既备录先生之教，同门之友有以是相规者。爱因谓之曰："如子之言，即又拘执一方，复失先生之意矣。孔子谓子贡尝曰'予欲无言'，他日则曰'吾与回言终日'，又何言之不一邪？盖子贡专求圣人于言语之间，故孔子以'无言'警之，使之实体诸心，以求自得；颜子于孔子之言，默识心通，无不在己，故与之'言终日'，若决江河而之海也。故孔子于子贡之'无言'不为少，于颜子之'终日言'不为多，各当其可而已。今备录先生之语，固非先生之所欲，使吾侪常在先生之门，亦何事于此？惟或有时而去侧，同门之友又皆离群索居。当是之时，仪刑既远而规切无闻，如爱之驽劣，非得先生之言，时时对越警发之，其不摧堕靡废者几希矣。吾侪于先生之言，苟徒入耳出口，不体诸身，则爱之录此，实先生之罪人矣；使能得之言意之表，而诚诸践履之实，则斯录也，固先生'终日言之'之心也，可少乎哉？"

录成，因复识此于首篇，以告同志。

门人徐爱序。

卷　上

　　先生于《大学》格物诸说，悉以旧本为正，盖先儒所谓"误本"者也。爱始闻而骇，既而疑，已而殚精竭思，参互错纵，以质于先生，然后知先生之说，若水之寒，若火之热，断断乎百世以俟圣人而不惑者也。先生明睿天授，然和乐坦易，不事边幅。人见其少时豪迈不羁，又尝泛滥于辞章，出入二氏之学。骤闻是说，皆目以为立异好奇，漫不省究。不知先生居夷三载，处困养静，精一之功，固已超入圣域，粹然大中至正之归矣。爱朝夕炙门下，但见先生之道，即之若易，而仰之愈高；见之若粗，而探之愈精；就之若近，而造之愈益无穷。十余年来，竟未能窥其藩篱。世之君子，或与先生仅交一面，或犹未闻其謦欬，或先怀忽易愤激之心，而遽欲于立谈之间，传闻之说，臆断悬度，如之何其可得也？从游之士，闻先生之教，往往得一而遗二，见其牝牡骊黄，而弃其所谓千里者。故爱备录平日之所闻，私以示夫同志，相与考而正之，庶无负先生之教云。

门人徐爱书

徐爱录

一

爱问："'在亲民'，朱子谓当作'新民'。后章'作新民'之文似亦有据。先生以为宜从旧本'作亲民'，亦有所据否？"

先生曰："'作新民'之'新'，是自新之民，与'在新民'之'新'不同。此岂足为据？'作'字却与'亲'字相对。然非'亲'字义。下面'治国平天下'处，皆于'新'字无发明。如云'君子贤其贤而亲其亲，小人乐其乐而利其利'、'如保赤子'、'民之所好好之，民之所恶恶之，此之谓民之父母'之类，皆是'亲'字意。'亲民'，犹孟子'亲亲仁民'之谓。'亲之'，即'仁之'也。'百姓不亲'，舜使契为司徒，'敬敷五教'，所以亲之也。《尧典》'克明峻德'，便是'明明德'；'以亲九族'至'平章''协和'，便是'亲民'，便是'明明德于天下'。又如孔子言'修己以安百姓'，'修己'便是'明明德'，'安百姓'便是'亲民'。说'亲民'便是兼教养意。说'新民'便觉偏了。"

二

爱问："'知止而后有定'，朱子以为'事事物物皆有定理'，似与先生之说相戾。"

先生曰："于事事物物上求至善，却是义外也。至善是心之本体。只是'明明德'到至精至一处便是。然亦未尝离却事物。本注所谓'尽夫天理之极，而无一毫人欲之私'者，得之。"

三

爱问:"至善只求诸心。恐于天下事理,有不能尽。"

先生曰:"心即理也。天下又有心外之事、心外之理乎?"

爱曰:"如事父之孝,事君之忠,交友之信,治民之仁,其间有许多理在。恐亦不可不察。"

先生叹曰:"此说之蔽久矣。岂一语所能悟?今姑就所问者言之。且如事父,不成去父上求个'孝'的理?事君,不成去君上求个'忠'的理?交友治民,不成去友上、民上求个'信'与'仁'的理?都只在此心,心即理也。此心无私欲之蔽,即是天理,不须外面添一分。以此纯乎天理之心,发之事父,便是孝;发之事君,便是忠;发之交友治民,便是信与仁。只在此心去人欲存天理上用功便是。"

爱曰:"闻先生如此说,爱已觉有省悟处。但旧说缠于胸中,尚有未脱然者。如事父一事,其间温清定省之类,有许多节目,不亦须讲求否?"

先生曰:"如何不讲求?只是有个头脑。只是就此心去人欲、存天理上讲求。就如讲求冬温,也只是要尽此心之孝,恐怕有一毫人欲间杂。讲求夏清,也只是要尽此心之孝,恐怕有一毫人欲间杂。只是讲求得此心。此心若无人欲,纯是天理,是个诚于孝亲的心,冬时自然思量父母的寒,便自要去求个温的道理。夏时自然思量父母的热,便自要去求个清的道理。这都是那诚孝的心发出来的条件。却是须有这诚孝的心,然后有这条件发出来。譬之树木,这诚孝的心便是根,许多条件便是枝叶。须先有根,然后有枝叶。不是先寻了枝叶,然后去种根。《礼记》言'孝子之有深爱者,必有和气;有和气者,必有愉色;有愉色者,必有婉容'。须是有个深爱做根,便自然如此。"

四

郑朝朔问:"至善亦须有从事物上求者?"

先生曰："至善，只是此心纯乎天理之极便是，更于事物上怎生求？且试说几件看。"

朝朔曰："且如事亲，如何而为温清之节，如何而为奉养之宜，须求个是当，方是至善。所以有学问思辨之功。"

先生曰："若只是温清之节，奉养之宜，可一日二日讲之而尽，用得甚学问思辨？惟于温清时，也只要此心纯乎天理之极。奉养时，也只要此心纯乎天理之极。此则非有学问思辨之功，将不免于毫厘千里之谬。所以虽在圣人，犹加'精一'之训。若只是那些仪节，求得是当，便谓至善，即如今扮戏子，扮得许多温清奉养的仪节是当，亦可谓之至善矣。"

爱于是日又有省。

五

爱因未会先生"知行合一"之训，与宗贤、惟贤往复辩论，未能决，以问于先生。

先生曰："试举看。"

爱曰："如今人尽有知得父当孝、兄当弟者，却不能孝、不能弟。便是知与行分明是两件。"

先生曰："此已被私欲隔断，不是知行的本体了，未有知而不行者。知而不行，只是未知。圣贤教人知行，正是要复那本体。不是着你只恁的便罢。故《大学》指个真知行与人看，说'如好好色''如恶恶臭'，见好色属知，好好色属行。只见那好色时，已自'好'了。不是见了后，又立个心去'好'；闻恶臭属知，恶恶臭属行。只闻那恶臭时，已自恶了。不是闻了后，别立个心去'恶'。如鼻塞人虽见恶臭在前，鼻中不曾闻得，便亦不甚恶，亦只是不曾知臭。就如称某人知孝、某人知弟，必是其人已曾行孝行弟，方可称他'知孝知弟'。不成只是晓得说些孝弟的话，便可称为'知孝知弟'？又如知痛，必已自痛了，方知痛；知寒，必已自寒了；知饥，必已自饥了。知行如何分得开？此便是知行的本体，不曾有私意隔断的。圣人教人，必要是如此，方可谓之知；不然，只是不曾知。此却是何等紧切着实的工夫？如今苦苦定要说知行做两个，是甚么意？某要说做一个，是什么意？若不知立言宗旨，只管说一个两个，亦有甚用？"

爱曰："古人说知行做两个，亦是要人见个分晓，一行做知的工夫，一行做行的工夫，即工夫始有下落。"

先生曰："此却失了古人宗旨也。某尝说'知是行的主意，行是知的工夫；知是行之始，行是知之成'。若会得时，只说一个知，已自有行在。只说一个行，已自有知在。古人所以既说一个知、又说一个行者，只为世间有一种人，懵懵懂懂的任意去做，全不解思惟省察，也只是个冥行妄作。所以必说个知，方才行得是；又有一种人，茫茫荡荡悬空去思索，全不肯着实躬行，也只是个揣摸影响。所以必说一个行，方才知得真。此是古人不得已补偏救弊的说话。若见得这个意时，即一言而足。今人却就将知行分作两件去做，以为必先知了，然后能行。我如今且去讲习讨论做知的工夫，待知得真了，方去做行的工夫。故遂终身不行，亦遂终身不知。此不是小病痛，其来已非一日矣。某今说个知行合一，正是对病的药，又不是某凿空杜撰，知行本体，原是如此。今若知得宗旨时，即说两个亦不妨，亦只是一个。若不会宗旨，便说一个，亦济得甚事？只是闲说话。"

六

爱问："昨闻先生'止至善'之教，已觉工夫有用力处。但与朱子'格物'之训，思之终不能合。"

先生曰："'格物'是'止至善'之功。既知'至善'，即知'格物'矣。"

爱曰："昨以先生之教，推之'格物'之说，似亦见得大略。但朱子之训，其于《书》之'精一'，《论语》之'博约'，《孟子》之'尽心知性'，皆有所证据。以是未能释然。"

先生曰："'子夏笃信圣人，曾子反求诸己'。笃信固亦是，然不如反求之切。今既不得于心，安可狃于旧闻，不求是当？就如朱子亦尊信程子。至其不得于心处，亦何尝苟从？'精一''博约''尽心'，本自与吾说吻合，但未之思耳。朱子'格物'之训，未免牵合附会，非其本旨。'精'是'一'之功，'博'是'约'之功。曰仁既明知行合一之说，此可一言而喻。'尽心知性知天'，是'生知安行'事；'存心养性事天'，是'学知利行'事。'夭寿不贰，修身以俟'，是'困知勉行'事。朱子错训'格物'，只为倒看了此意，以'尽心知性'为'物格知至'，要初学便去做'生知安行'事，如何做得？"

爱问："'尽心知性'，何以为'生知安行'？"

先生曰："性是心之体，天是性之原，尽心即是尽性。'惟天下至诚，为能尽其性，知天地之化育'。'存心'者，心有未尽也。'知天'，如'知州''知县'之'知'，是自己分上事，已与天为一。'事天'，如子之事父，臣之事君，须是恭敬奉承，然后能无失，尚与天为二。此便是圣贤之别。'至于夭寿不贰'其心，乃是教学者一心为善，不可以穷通夭寿之故，便把为善的心变动了，只去修身以俟命，见得穷通寿夭，有个命在，我亦不必以此动心。'事天'虽与天为二，已自见得个天在面前；'俟命'，便是未曾见面，在此等候相似。此便是初学立心之始，有个困勉的意在。今却倒做了，所以使学者无下手处。"

爱曰："昨闻先生之教。亦影影见得工夫须是如此。今闻此说，益无可疑。爱昨晚思'格物'的'物'字，即是'事'字，皆从心上说。"

先生曰："然。身之主宰便是心，心之所发便是意，意之本体便是知，意之所在便是物。如意在于事亲，即事亲便是一物；意在于事君，即事君便是一物；意在于仁民、爱物，即仁民、爱物便是一物。意在于视、听、言、动，即视、听、言、动便是一物。所以某说无心外之理，无心外之物。《中庸》言'不诚无物'，《大学》'明明德'之功，只是个'诚意'。'诚意'之功，只是个'格物'。"

七

先生又曰："'格物'如孟子'大人格君心'之'格'，是去其心之不正，以全其本体之正。但意念所在，即要去其不正，以全其正，即无时无处不是存天理，即是穷理。'天理'即是'明德'，'穷理'即是'明明德'。"

八

又曰："知是心之本体，心自然会知，见父自然知孝，见兄自然知悌，见孺子入井自然知恻隐。此便是'良知'，不假外求。若'良知'之发，更无私意障碍，即所谓'充其恻隐之心，而仁不可胜用矣'。然在常人不能无私意障碍，所以须用'致知''格物'之功。胜私复理，即心之'良知'更无障碍，得以充塞流行，便是致其知，知致则意诚。"

九

爱问："先生以'博文'为'约礼'工夫，深思之未能得，略请开示。"

先生曰："'礼'字即是'理'字。'理'之发见可见者谓之'文'，'文'之隐微不可见者谓之'理'，只是一物。'约礼'只是要此心纯是一个天理。要此心纯是天理，须就'理'之发见处用功：如发见于事亲时，就在事亲上学存此天理；发见于事君时，就在事君上学存此天理；发见于处富贵贫贱时，就在处富贵贫贱上学存此天理；发见于处患难夷狄时，就在处患难夷狄上学存此天理；至于作止、语默，无处不然，随他发见处，即就那上面学个存天理。这便是'博学之于文'，便是'约礼'的工夫。'博文'即是'惟精'，'约礼'即是'惟一'。"

一〇

爱问："'道心常为一身之主，而人心每听命'。以先生'精一'之训推之，此语似有弊。"

先生曰："然。心一也，未杂于人谓之'道心'，杂以人伪谓之'人心'；'人心'之得其正者即'道心'，'道心'之失其正者即'人心'，初非有二心也。程子谓'人心即人欲，道心即天理'，语若分析，而意实得之。今曰'道心为主，而人心听命'，是二心也。'天理''人欲'不并立，安有'天理'为主，'人欲'又从而听命者？"

一一

爱问文中子、韩退之。

先生曰："退之，文人之雄耳；文中子，贤儒也。后人徒以文词之故，推尊退之，其实退之去文中子远甚。"

爱问："何以有拟经之失？"

先生曰："拟经恐未可尽非。且说后世儒者著述之意，与拟经如何？"

爱曰："世儒著述，近名之意不无，然期以明道。拟经纯若为名。"

先生曰："著述以明道，亦何所效法？"

曰："孔子删述六经，以明道也。"

先生曰："然则拟经独非效法孔子乎？"

爱曰："著述即于道有所发明。拟经似徒拟其迹，恐于道无补。"

先生曰："子以明道者，使其反朴还淳、而见诸行事之实乎？抑将美其言辞、而徒以譊譊于世也？天下之大乱，由虚文胜而实行衰也。使道明于天下，则六经不必述。删述六经，孔子不得已也。自伏羲画卦至于文王周公，其间言《易》，如《连山》《归藏》之属，纷纷籍籍，不知其几，《易》道人乱。孔子以天下好文之风日盛，知其说之将无纪极，于是取文王、周公之说而赞之，以为惟此为得其宗。于是纷纷之说尽废，而天下之言《易》者始一。《书》《诗》《礼》《乐》《春秋》皆然。《书》自《典》《谟》以后，《诗》自《二南》以降，如《九丘》《八索》，一切淫哇逸荡之词，盖不知其几千百篇，《礼》《乐》之名物度数，至是亦不可胜穷。孔子皆删削而述正之，然后其说始废。如《书》《诗》《礼》《乐》中，孔子何尝加一语？今之《礼记》诸说，皆后儒附会而成，已非孔子之旧。至于《春秋》，虽称孔子作之，其实皆鲁史旧文。所谓'笔'者，笔其旧；所谓'削'者，削其繁，是有减无增。孔子述六经，惧繁文之乱天下，惟简之而不得。使天下务去其文，以求其实，非以文教之也。《春秋》以后，繁文益盛，天下益乱。始皇焚书，得罪是出于私意，又不合焚六经；若当时志在明道，其诸反经叛理之说，悉取而焚之，亦正暗合'删述'之意。自秦汉以降，文又日盛，若欲尽去之，断不能去；只宜取法孔子，录其近是者而表章之，则其诸怪悖之说，亦宜渐渐自废。不知文中子当时拟经之意如何，某切深有取于其事，以为圣人复起，不能易也。天下所以不治，只因文盛实衰，人出己见，新奇相高，以眩俗取誉，徒以乱天下之聪明，涂天下之耳目，使天下靡然，争务修饰文词以求知于世，而不复知有敦本尚实、反朴还淳之行。是皆著述者有以启之。"

爱曰："著述亦有不可缺者。如《春秋》一经，若无《左传》，恐亦难晓。"

先生曰："《春秋》必待《传》而后明，是歇后谜语矣。圣人何苦为此艰深隐晦之词？《左传》多是鲁史旧文，若《春秋》须此而后明，孔子何必削之？"

爱曰："伊川亦云'《传》是案，《经》是断'。如书弑某君，伐某国，若不明其事，恐亦难断。"

先生曰："伊川此言，恐亦是相沿世儒之说，未得圣人作经之意。如书弑君，即弑君便是罪，何必更问其弑君之详？征伐当自天子出，书伐国，即伐国便是罪，何必更问其伐国之详？圣人述六经，只是要正人心，只是要存天理、去人欲。于存天理、去人欲之事，则常言之。或因人请问，各随分量而说，亦不肯多道，恐人专求之言语，故曰：'予欲无言。'若是一切纵人欲、灭天理的事，又安肯详以示人？是长乱导奸也。故孟子云：'仲尼之门，无道桓、文之事者，是以后世无传焉。'此便是孔门家法。世儒只讲得一个霸者的学问，所以要知得许多阴谋诡计，纯是一片功利的心，与圣人作经的意思正相反，如何思量得通？"

因叹曰："此非达天德者，未易与言此也。"

又曰："孔子云：'吾犹及史之阙文也。'孟子云：'尽信书，不如无书。吾于《武成》取二三策而已。'孔子删书，于唐、虞、夏四五百年间，不过数篇。岂更无一事，而所述止此？圣人之意可知矣。圣人只是要删去繁文，后儒却只要添上。"

爱曰："圣人作经，只是要去人欲、存天理。如五伯以下事，圣人不欲详以示人，则诚然矣。至如尧舜以前事，如何略不少见？"

先生曰："羲、黄之世，其事阔疏，传之者鲜矣，此亦可以想见其时全是淳庞朴素，略无文采的气象。此便是太古之治，非后世可及。"

爱曰："如《三坟》之类，亦有传者。孔子何以删之？"

先生曰："纵有传者，亦于世变渐非所宜，风气益开，文采日胜，至于周末，虽欲变以夏、商之俗，已不可挽，况唐虞乎？又况羲、黄之世乎？然其治不同，其道则一。孔子于尧、舜，则祖述之；于文、武，则宪章之。文、武之法，即是尧、舜之道，但因时致治，其设施政令，已自不同。即夏、商事业，施之于周，已有不合。故周公思兼三王，其有不合，仰而思之，夜以继日。况太古之治，岂复能行？斯固圣人之所可略也。"

又曰："专事无为，不能如三王之因时致治，而必欲行以太古之俗，即是佛、老的学术。因时致治，不能如三王之一本于道，而以功利之心行之，即是伯者以下事业。后世儒者，许多讲来讲去，只是讲得个伯术。"

一二

又曰："唐虞以上之治，后世不可复也，略之可也；三代以下之治，后世不可法也，削之可也。惟三代之治可行。然而世之论三代者，不明其本，而徒事其末，则亦不可复矣。"

一三

爱曰："先儒论六经，以《春秋》为史。史专记事，恐与五经事体终或稍异。"

先生曰："以事言，谓之史；以道言，谓之经。事即道，道即事。《春秋》亦经，五经亦史。《易》是包牺氏之史，《书》是尧、舜以下史，《礼》《乐》是三代史。其事同，其道同，安有所谓异？"

一四

又曰："五经亦只是史。史以明善恶、示训戒。善可为训者，时存其迹以示法；恶可为戒者，存其戒而削其事以杜奸。"

爱曰："存其迹以示法，亦是存天理之本然；削其事以杜奸，亦是遏人欲于将萌否？"

先生曰："圣人作经，固无非是此意。然又不必泥着文句。"

爱又问："恶可为戒者，存其戒而削其事以杜奸，何独于《诗》而不删《郑》《卫》？先儒谓'恶者可以惩创人之逸志'，然否？"

先生曰："《诗》非孔门之旧本矣。孔子云'放郑声''郑声淫'，又曰'恶郑声之乱雅乐也'，'郑卫之音，亡国之音也'，此是孔门家法。孔子所定三百篇，皆所谓雅乐，皆可奏之郊庙，奏之乡党，皆所以宣畅和平，涵泳德性，移风易俗，安得有此？是长淫导奸矣。此必秦火之后，世儒附会，以足三百篇之数。盖淫泆之词，世俗多所喜传，如今闾巷皆然。'恶者可以惩创人之逸志'，是求其说而不得，从而为之辞。"

徐爱跋

爱因旧说汩没，始闻先生之教，实是骇愕不定，无入头处。其后闻之既久，渐知反身实践，然后始信先生之学，为孔门嫡传，舍是皆傍蹊小径，断港绝河矣。如说"格物"是"诚意"的工夫，"明善"是"诚身"的工夫，"穷理"是"尽性"的工夫，"道问学"是"尊德性"的工夫，"博文"

是"约礼"的工夫，"惟精"是"惟一"的工夫。诸如此类，始皆落落难合，其后思之既久，不觉手舞足蹈。

陆澄录

一五

陆澄问："主一之功，如读书则一心在读书上；接客则一心在接客上。可以为主一乎？"

先生曰："好色则一心在好色上，好货则一心在好货上，可以为主一乎？是所谓逐物，非主一也，主一是专主一个天理。"

一六

问立志。

先生曰："只念念要存天理，即是立志。能不忘乎此，久则自然心中凝聚，犹道家所谓'结圣胎'也。此天理之念常存，驯至于'美、大、圣、神'，亦只从此一念存养扩充去耳。"

一七

"日间工夫觉纷扰，则静坐；觉懒看书，则且看书：是亦因病而药。"

一八

"处朋友，务相下则得益，相上则损。"

一九

孟源有自是好名之病，先生屡责之。

一日，警责方已，一友自陈日来工夫，请正，源从傍曰："此方是寻着源旧时家当。"

先生曰："尔病又发。"

源色变，议拟欲有所辩。

先生曰："尔病又发。"

因喻之曰："此是汝一生大病根。譬如方丈地内，种此一大树。雨露之滋，土脉之力，只滋养得这个大根。四傍纵要种些嘉谷，上面被此树叶遮覆，下面被此树根盘结，如何生长得成？须用伐去此树，纤根勿留，方可种植嘉种。不然，任汝耕耘培壅，只是滋养得此根。"

二〇

问："后世著述之多，恐亦有乱正学。"

先生曰："人心天理浑然。圣贤笔之书，如写真传神，不过示人以形状大略，使之因此而讨求其真耳。其精神意气，言笑动止，固有所不能传也。后世著述，是又将圣人所画，摹仿誊写，而妄自分析加增，以逞其技，失真愈远矣。"

二一

问："圣人应变不穷，莫亦是预先讲求否？"

先生曰："如何讲求得许多？圣人之心如明镜，只是一个明，则随感而应，无物不照。未有已往之形尚在，未照之形先具者。若后世所讲，却是如此，是以与圣人之学大背。周公制礼作乐，以文天下，皆圣人所能为，尧舜何不尽为之，而待于周公？孔子删述六经，以诏万世，亦圣人所能为，周公何不先为之，而有待于孔子？是知圣人遇此时，方有此事。只怕镜不明，不怕物来不能照。讲求事变，亦是照时事。然学者却须先有个明的工夫。学者惟患此心之未能明，不患事变之不能尽。"

曰："然则所谓'冲漠无朕，而万象森然已具'者，其言何如？"

曰："是说本自好。只不善看，亦便有病痛。"

二二

"义理无定在，无穷尽。吾与子言，不可以少有所得，而遂谓止此也。再言之十年，二十年，五十年，未有止也。"

他日又曰："圣如尧、舜，然尧、舜之上，善无尽；恶如桀、纣，然桀、纣之下，恶无尽。使桀、纣未死，恶宁止此乎？使善有尽时，文王何以'望道而未之见'？"

二三

问："静时亦觉意思好，才遇事，便不同。如何？"

先生曰："是徒知静养，而不用克己工夫也，如此临事便要倾倒。人须在事上磨，方立得住，方能'静亦定，动亦定'。"

二四

问上达工夫。

先生曰："后儒教人，才涉精微，便谓上达未当学，且说下学。是分下学、上达为二也。夫目可得见，耳可得闻，口可得言，心可得思者，皆下学也；目不可得见，耳不可得闻，口不可得言，心不可得思者，上达也。如木之栽培，灌溉，是下学也；至于日夜之所息，条达畅茂，乃是上达。人安能预其力哉？故凡可用功、可告语者，皆下学。上达只在下学里。凡圣人所说，虽极精微，俱是下学。学者只从下学里用功，自然上达去，不必别寻个上达的工夫。"

二五

问："'惟精''惟一'，是如何用功？"

先生曰："'惟一'是'惟精'主意，'惟精'是'惟一'工夫。非'惟精'之外复有'惟一'也。'精'字从'米',姑以米譬之。要得此米纯然洁白,便是'惟一'意。然非加春簸筛拣'惟精'之工,则不能纯然洁白也。春簸筛拣,是'惟精'之功。然亦不过要此米到纯然洁白而已。博学、审问、慎思、明辨、笃行者,皆所以为'惟精'而求'惟一'也。他如'博文'者即'约礼'之功,'格物''致知'者即'诚意'之功,'道问学'即'尊德性'之功,'明善'即'诚身'之功,无二说也。"

二六

"知者行之始,行者知之成。圣学只一个工夫,知、行不可分作两事。"

二七

"漆雕开曰:'吾斯之未能信。'夫子说之。子路使子羔为费宰,子曰:'贼夫人之子。'曾点言志,夫子许之。圣人之意可见矣。"

二八

问:"宁静存心时,可为'未发之中'否?"

先生曰:"今人存心,只定得气。当其宁静时,亦只是气宁静。不可以为'未发之中'。"

曰:"未便是中。莫亦是求中工夫?"

曰:"只要去人欲、存天理,方是工夫。静时念念去人欲、存天理,动时念念去人欲存天理,不管宁静不宁静。若靠那宁静,不惟渐有喜静厌动之弊,中间许多病痛,只是潜伏在,终不能绝去,遇事依旧滋长。以循理为主,何尝不宁静?以宁静为主,未必能循理。"

二九

问:"孔门言志,由、求任政事,公西赤任礼乐,多少实用!及曾皙说来,却似耍的事,圣人却许他,是意何如?"

曰："三子是有意、必。有意、必，便偏着一边，能此未必能彼。曾点这意思却无意必，便是'素其位而行，不愿乎其外。素夷狄，行乎夷狄。素患难，行乎患难。无入而不自得矣'。三子所谓'汝器也'，曾点便有'不器'意。然三子之才，各卓然成章，非若世之空言无实者，故夫子亦皆许之。"

三〇

问："知识不长进，如何？"

先生曰："为学须有本原，须从本原上用力，渐渐盈科而进。仙家说婴儿，亦善譬：婴儿在母腹时，只是纯气，有何知识？出胎后，方始能啼，既而后能笑，又既而后能识认其父母兄弟，又既而后能立、能行、能持、能负，卒乃天下之事无不可能。皆是精气日足，则筋力日强，聪明日开，不是出胎日便讲求推寻得来。故须有个本原。圣人到'位天地，育万物'，也只从'喜怒哀乐未发之中'上养来。后儒不明格物之说，见圣人无不知、无不能，便欲于初下手时讲求得尽，岂有此理？"

又曰："立志用功，如种树然：方其根芽，犹未有干；及其有干，尚未有枝；枝而后叶，叶而后花实。初种根时，只管栽培灌溉，勿作枝想，勿作叶想，勿作花想，勿作实想，悬想何益？但不忘栽培之功，怕没有枝叶花实？"

三一

问："看书不能明，如何？"

先生曰："此只是在文义上穿求，故不明。如此，又不如为旧时学问。他倒看得多，解得去。只是他为学虽极解得明晓，亦终身无得。须于心体上用功，凡明不得、行不去，须反在自心上体当，即可通。盖四书五经，不过说这心体。这心体即所谓道心，体明即是道明，更无二。此是为学头脑处。"

三二

"'虚灵不昧，众理具而万事出。'心外无理，心外无事。"

三三

或问："晦庵先生曰：'人之所以为学者，心与理而已。'此语如何？"

曰："心即性，性即理。下一'与'字，恐未免为二。此在学者善观之。"

三四

或曰："人皆有是心，心即理，何以有为善，有为不善？"

先生曰："恶人之心失其本体。"

三五

问："'析之有以极其精而不乱，然后合之有以尽其大而无余'，此言如何？"

先生曰："恐亦未尽。此理岂容分析？又何须凑合得？圣人说'精一'，自是尽。"

三六

"省察是有事时存养，存养是无事时省察。"

三七

澄尝问象山"在人情事变上做工夫"之说。

先生曰："除了人情事变，则无事矣。喜怒哀乐非人情乎？自视听言动以至富贵贫贱患难死生，皆事变也。事变亦只在人情里，其要只在'致中和'，'致中和'只在'谨独'。"

三八

澄问："仁、义、礼、智之名，因已发而有。"

曰："然。"

他日，澄曰："恻隐、羞恶、辞让、是非，是性之表德邪？"

曰："仁、义、礼、智也是表德。性一而已，自其形体也谓之天，主宰也谓之帝，流行也谓之命，赋于人也谓之性，主于身也谓之心。心之发也，遇父便谓之孝，遇君便谓之忠。自此以往，名至于无穷，只一性而已。犹人一而已，对父谓之子，对子谓之父。自此以往，名至于无穷，只一人而已。人只要在性上用功，看得一性字分明，即万理灿然。"

三九

一日，论为学工夫。

先生曰："教人为学不可执一偏。初学时心猿意马，拴缚不定，其所思虑多是人欲一边，故且教之静坐息思虑；久之，俟其心意稍定，只悬空静守，如槁木死灰，亦无用，须教他省察克治。省察克治之功，则无时而可间，如去盗贼，须有个扫除廓清之意。无事时，将好色好货好名等私，逐一追究搜寻出来，定要拔去病根，永不复起，方始为快。常如猫之捕鼠，一眼看着，一耳听着，才有一念萌动，即与克去，斩钉截铁，不可姑容与他方便，不可窝藏，不可放他出路，方是真实用功，方能扫除廓清。到得无私可克，自有端拱时在。虽曰'何思何虑'，非初学时事。初学必须思省察克治，即是思诚，只思一个天理。到得天理纯全，便是'何思何虑'矣。"

四〇

澄问："有人夜怕鬼者，奈何？"

先生曰："只是平日不能'集义'而心有所慊，故怕。若素行合于神明，何怕之有？"

子莘曰："正直之鬼不须怕。恐邪鬼不管人善恶，故未免怕。"

先生曰："岂有邪鬼能迷正人乎？只此一怕即是心邪。故有迷之者，非鬼迷也，心自迷耳。如人好色，即是色鬼迷；好货，即是货鬼迷；怒所不当怒，是怒鬼迷；惧所不当惧，是惧鬼迷也。"

四一

"定者，心之本体，天理也；动静，所遇之时也。"

四二

澄问《学》《庸》同异。

先生曰："子思括《大学》一书之义，为《中庸》首章。"

四三

问："孔子正名，先儒说上告天子，下告方伯，废辄立郢，此意如何？"

先生曰："恐难如此。岂有一人致敬尽礼，待我而为政，我就先去废他？岂人情天理？孔子既肯与辄为政，必已是他能倾心委国而听。圣人盛德至诚，必已感化卫辄，使知无父之不可以为人，必将痛哭奔走，往迎其父。父子之爱，本于天性，辄能悔痛真切如此，蒯聩岂不感动底豫？蒯聩既还，辄乃致国请戮。聩已见化于子，又有夫子至诚调和其间，当亦决不肯受，仍以命辄。群臣百姓又必欲得辄为君，辄乃自暴其罪恶，请于天子，告于方伯诸侯，而必欲致国于父。聩与群臣百姓，亦皆表辄悔悟仁孝之美，请于天子，告于方伯诸侯，必欲得辄而为之君。于是集命于辄，使之复君卫国，辄不得已，乃如后世上皇故事，率群臣百姓尊聩为太公，备物致养，而始退复其位焉。则君君、臣臣、父父、子子，名正言顺，一举而可为政于天下矣。孔子正名或是如此。"

四四

澄在鸿胪寺仓居。忽家信至，言儿病危。澄心甚忧闷不能堪。

先生曰："此时正宜用功。若此时放过，闲时讲学何用？人正要在此等时磨炼。父之爱子，自是至情，然天理亦自有个中和处，过即是私意。人于此处多认做天理当忧，则一向忧苦，不知已是'有所忧患，不得其正'。大抵七情所感，多只是过，少不及者。才过，便非心之本体，必须调停适中始得。就如父母之丧，人子岂不欲一哭便死，方快我心？然却曰'毁不灭性'。非圣人强制之也，天理本体，自有分限，不可过也。人但要识得心体，自然增减分毫不得。"

四五

"不可谓'未发之中常人俱有'。盖'体用一源'，有是体，即有是用。有'未发之中'，即有'发而皆中节之和'。今人未能有'发而皆中节之和'，须知是他'未发之中'亦未能全得。"

四六

"《易》之辞是'初九，潜龙勿用'六字；《易》之象是初画；《易》之变是值其画；《易》之占是用其辞。"

四七

"'夜气'是就常人说。学者能用功，则日间有事无事，皆是此气翕聚发生处。圣人则不消说'夜气'。"

四八

澄问"操存舍亡"章。

曰："'出入无时，莫知其乡'。此虽就常人心说，学者亦须是知得心之本体，亦元是如此，则操存工夫，始没病痛。不可便谓出为亡，入为存。若论本体，元是无出无入的。若论出入，则其思虑运用是出。然主宰常昭昭在此，何出之有？既无所出，何入之有？程子所谓'腔子'，亦只是天理而已。虽终日应酬，而不出天理，即是在'腔子'里。若出天理，斯谓之放，斯谓之亡。"

又曰："出入亦只是动静。动静无端，岂有'乡'邪？"

四九

王嘉秀问："佛以'出离生死'诱人入道，仙以'长生久视'诱人入道，其心亦不是要人做不好。究其极至，亦是见得圣人上一截，然非入道正路。如今仕者，有由科、有由贡、有由传奉，一般做到大官，毕竟非入仕正路，君子不由也。仙佛到极处，与儒者略同。但有了上一截，遗了下一截，终不似圣人之全。然其上一截同者，不可诬也。后世儒者又只得圣人下一截，分裂失真，流而为记诵、辞章、功利、训诂，亦卒不免为异端。是四家者，终身劳苦于身心，无分毫益，视彼仙佛之徒，清心寡欲，超然于世累之外者，反若有所不及矣。今学者不必先排仙佛，且当笃志为圣人之学。圣人之学明，则仙佛自泯。不然，则此之所学，恐彼或有不屑，而反欲其俯就，不亦难乎？鄙见如此，先生以为何如？"

先生曰："所论大略亦是。但谓上一截、下一截，亦是人见偏了。若论圣人大中至正之道，彻上彻下，只是一贯，更有甚上一截、下一截？'一阴一阳之谓道，但仁者见之便谓之仁，知者见之便谓之智，百姓又日用而不知，故君子之道鲜矣。'仁、智岂可不谓之道？但见得偏了，便有弊病。"

五〇

"蓍固是《易》，龟亦是《易》。"

五一

问："孔子谓武王未尽善，恐亦有不满意？"

先生曰："在武王自合如此。"

曰："使文王未殁，毕竟如何？"

曰："文王在时，天下三分已有其二。若到武王伐商之时，文王若在，或者不致兴兵，必然这一分亦来归了。文王只善处纣，使不得纵恶而已。"

五二

问："孟子言'执中无权，犹执一'。"

先生曰："中只是天理，只是易。随时变易，如何执得？须是因时制宜，难预先定一个规矩在。如后世儒者要将道理一一说得无罅漏，立定个格式，此正是执一。"

五三

唐诩问："立志是常存个善念，要为善去恶否？"

曰："善念存时，即是天理。此念即善，更思何善？此念非恶，更去何恶？此念如树之根芽，立志者，长立此善念而已。'从心所欲，不逾矩'，只是志到熟处。"

五四

"精神、道德、言动，大率收敛为主，发散是不得已。天地人物皆然。"

五五

问："文中子是如何人？"

先生曰："文中子庶几'具体而微'，惜其早死。"

问："如何却有续经之非？"

曰："续经亦未可尽非。"

请问。

良久，曰："'更觉良工心独苦'。"

五六

"许鲁斋谓'儒者以治生为先'之说亦误人。"

五七

问仙家元气、元神、元精。

先生曰："只是一件。流行为气，凝聚为精，妙用为神。"

五八

"喜、怒、哀、乐，本体自是中和的。才自家着些意思，便过、不及，便是私。"

五九

问"哭，则不歌"。

先生曰："圣人心体，自然如此。"

六〇

"克己须要扫除廓清，一毫不存，方是。有一毫在，则众恶相引而来。"

六一

问《律吕新书》。

先生曰："学者当务为急，算得此数熟亦恐未有用，必须心中先具礼、乐之本方可。且如其书说，多用管以候气，然至冬至那一刻时，管灰之飞，或有先后须臾之间，焉知那管正值冬至之刻？须自心中先晓得冬至之刻始得，此便有不通处。学者须先从礼、乐本原上用功。"

六二

曰仁云："心犹镜也。圣人心如明镜，常人心如昏镜。近世'格物'之说，如以镜照物，照上用功，不知镜尚昏在，何能照？先生之'格物'，如磨镜而使之明，磨上用功，明了后亦未尝废照。"

六三

问道之精粗。

先生曰："道无精粗，人之所见有精粗。如这一间房，人初进来，只见一个大规模如此，处久，便柱壁之类，一一看得明白。再久，如柱上有些文藻，细细都看出来，然只是一间房。"

六四

先生曰："诸公近见时少疑问，何也？人不用功，莫不自以为已知为学，只循而行之是矣。殊不知私欲日生，如地上尘，一日不扫，便又有一层。着实用功，便见道无终穷，愈探愈深，必使精白无一毫不彻方可。"

六五

问："知至然后可以言诚意。今天理、人欲，知之未尽，如何用得克己工夫？"

先生曰："人若真实切己用功不已，则于此心天理之精微，日见一日，私欲之细微，亦日见一日；若不用克己工夫，终日只是说话而已，天理终不自见，私欲亦终不自见。如人走路一般，走得一段，方认得一段，走到歧路处，有疑便问，问了又走，方渐能到得欲到之处。今人于已知之天理不肯存，已知之人欲不肯去，且只管愁不能尽知。只管闲讲，何益之有？且待克得自己无私可克，方愁不能尽知，亦未迟在。"

六六

问："道一而已。古人论道，往往不同，求之亦有要乎？"

先生曰："道无方体，不可执着；却拘滞于文义上求道，远矣。如今人只说天，其实何尝见天？谓日月风雷即天，不可；谓人物草木不是天，亦不可。道即是天，若识得时，何莫而非道？人但各以其一隅之见，认定以为道止如此，所以不同。若解向里寻求，见得自己心体，即无时无处不是此道，亘古亘今，无终无始，更有甚同异？心即道，道即天，知心则知道、知天。"

又曰："诸君要实见此道，须从自己心上体认，不假外求始得。"

六七

问："名物度数，亦须先讲求否？"

先生曰："人只要成就自家心体，则用在其中。如养得心体果有'未发之中'，自然有'发而中节之和'，自然无施不可。苟无是心，虽预先讲得世上许多名物度数，与己原不相干，只是装缀，临时自行不去。亦不是将名物度数全然不理，只要'知所先后，则近道'。"

又曰："人要随才成就，才是其所能为。如夔之乐，稷之种，是他资性合下便如此。成就之者，亦只是要他心体纯乎天理。其运用处，皆从天理上发来，然后谓之才。到得纯乎天理处，亦能'不器'。使夔、稷易艺而为，当亦能之。"

又曰："如'素富贵，行乎富贵。素患难，行乎患难'，皆是'不器'。此惟养得心体正者能之。"

六八

"与其为数顷无源之塘水，不若为数尺有源之井水，生意不穷。"时先生在塘边坐，傍有井，故以之喻学云。

六九

问："世道日降，太古时气象，如何复见得？"

先生曰："一日便是一元。人平旦时起坐，未与物接，此心清明景象，便如在伏羲时游一般。"

七〇

问："心要逐物，如何则可？"

先生曰："人君端拱清穆，六卿分职，天下乃治；心统五官，亦要如此。今眼要视时，心便逐在色上；耳要听时，心便逐在声上。如人君要选官时，便自去坐在吏部；要调军时，便自去坐在兵部。如此，岂惟失却君体，六卿亦皆不得其职。"

七一

"善念发而知之，而充之；恶念发而知之，而遏之。知与充与遏者，志也，天聪明也。圣人只有此，学者当存此。"

七二

澄曰："好色、好利、好名等心，固是私欲，如闲思杂虑，如何亦谓之私欲？"

先生曰："毕竟从好色、好利、好名等根上起，自寻其根便见。如汝心中，决知是无有做劫盗的思虑，何也？以汝元无是心也。汝若于货、色、名、利等心，一切皆如不做劫盗之心一般，都消灭了，光光只是心之本体，看有甚闲思虑？此便是'寂然不动'，便是'未发之中'，便是'廓然大公'，自然'感而遂通'，自然'发而中节'，自然'物来顺应'。"

七三

问志至气次。

先生曰:"'志之所至,气亦至焉'之谓,非'极至次贰'之谓。'持其志',则养气在其中。'无暴其气',则亦持其志矣。孟子救告子之偏,故如此夹持说。"

七四

问:"先儒曰:'圣人之道,必降而自卑;贤人之言,则引而自高。'如何?"

先生曰:"不然,如此却乃伪也。圣人如天,无往而非天。三光之上,天也;九地之下,亦天也,天何尝有降而自卑?此所谓'大而化之'也。贤人如山岳,守其高而已。然百仞者不能引而为千仞,千仞者不能引而为万仞,是贤人未尝引而自高也。引而自高,则伪矣。"

七五

问:"伊川谓'不当于喜怒哀乐未发之前求中',延平却教学者看未发之前气象。何如?"

先生曰:"皆是也。伊川恐人于未发前讨个中,把中做一物看,如吾向所谓认气定时做中,故令只于涵养省察上用功。延平恐人未便有下手处,故令人时时刻刻求未发前气象,使人正目而视惟此,倾耳而听惟此,即是'戒慎不睹,恐惧不闻'的工夫。皆古人不得已诱人之言也。"

七六

澄问:"喜、怒、哀、乐之中、和,其全体常人固不能有。如一件小事当喜、怒者,平时无有喜、怒之心,至其临时,亦能中节,亦可谓之中、和乎?"

先生曰:"在一时一事,固亦可谓之中、和,然未可谓之大本、达道。人性皆善,中、和是人人原有的,岂可谓无?但常人之心既有所昏蔽,则其本体虽亦时时发见,终是暂明暂灭,非其全体大用矣。无所不中,然后谓之大本,无所不和,然后谓之达道。惟天下之至诚,然后能立天下之大本。"

曰："澄于中字之义尚未明。"

曰："此须自心体认出来，非言语所能喻。中只是天理。"

曰："何者为天理？"

曰："去得人欲，便识天理。"

曰："天理何以谓之中？"曰："无所偏倚。"

曰："无所偏倚是何等气象？"

曰："如明镜然，全体莹彻，略无纤尘染着。"

曰："偏倚是有所染着，如着在好色、好利、好名等项上，方见得偏倚。若未发时，美色、名利皆未相着，何以便知其有所偏倚？"

曰："虽未相着，然平日好色、好利、好名之心，原未尝无。既未尝无，即谓之有，既谓之有，则亦不可谓无偏倚。譬之病疟之人，虽有时不发，而病根原不曾除，则亦不得谓之无病之人矣。须是平日好色、好利、好名等项一应私心，扫除荡涤，无复纤毫留滞，而此心全体廓然，纯是天理，方可谓之'喜、怒、哀、乐未发之中'，方是天下之大本。"

七七

问："'颜子没而圣学亡。'此语不能无疑。"

先生曰："见圣道之全者惟颜子，观喟然一叹可见。其谓'夫子循循然善诱人，博我以文，约我以礼'，是见破后如此说。博文、约礼，如何是善诱人？学者须思之。道之全体，圣人亦难以语人，须是学者自修自悟。颜子'虽欲从之，末由也已'，即'文王望道'未见意。望道未见，乃是真见。颜子没，而圣学之正派，遂不尽传矣。"

七八

问："身之主为心，心之灵明是知，知之发动是意，意之所着为物，是如此否？"

先生曰："亦是。"

七九

"只存得此心常见在，便是学。过去未来事，思之何益？徒放心耳！"

八〇

"言语无序，亦足以见心之不存。"

八一

尚谦问孟子之"不动心"与告子异。

先生曰："告子是硬把捉着此心，要他不动。孟子却是集义到自然不动。"

又曰："心之本体原自不动。心之本体即是性，性即是理，性元不动，理元不动。集义是复其心之本体。"

八二

"万象森然时，亦冲漠无朕；冲漠无朕，即万象森然。冲漠无朕者，'一'之父；万象森然者，'精'之母。'一'中有'精'，'精'中有'一'。"

八三

"心外无物。如吾心发一念孝亲，即孝亲便是物。"

八四

先生曰："今为吾所谓'格物'之学者，尚多流于口耳，况为口耳之学者，能反于此乎？天理、人欲，其精微必时时用力省察克治，方日渐有见。如今一说话之间，虽只讲天理，不知心中倏忽之间，已有多少私欲。盖有窃发而不知者，虽用力察之，尚不易见，况徒口讲而可得尽知乎？今只管讲天理来顿放着不循，讲人欲来顿放着不去，岂'格物''致知'之学？后世之学，其极至，只做得个'义袭而取'的工夫。"

八五

问格物。

先生曰："格者，正也。正其不正，以归于正也。"

八六

问："'知止'者，知至善只在吾心，元不在外也，而后志定。"

曰："然。"

八七

问："'格物'于动处用功否？"

先生曰："'格物'无间动静，静亦物也。孟子谓'必有事焉'，是动静皆有事。"

八八

"工夫难处，全在'格物''致知'上，此即'诚意'之事。意既诚，大段心亦自正，身亦自修。但'正心''修身'工夫，亦各有用力处。'修身'是已发边，'正心'是未发边。心正则'中'，身修则'和'。"

八九

"自'格物''致知'至'平天下'，只是一个'明明德'。虽'亲民'，亦'明德'事也。'明德'是此心之德，即是仁。"仁者，以天地万物为一体"，使有一物失所，便是吾仁有未尽处。"

九〇

“只说‘明明德’，而不说‘亲民’，便似老、佛。”

九一

“至善者，性也。性元无一毫之恶，故曰至善；止之，是复其本然而已。”

九二

问：“知至善即吾性，吾性具吾心，吾心乃至善所止之地，则不为向时之纷然外求，而志定矣。定则不扰扰而静，静而不妄动则安，安则一心一意只在此处，干思万想，务求必得此至善，是能虑而得矣。如此说是否？”

先生曰：“大略亦是。”

九三

问：“程子云‘仁者，以天地万物为一体’，何墨氏‘兼爱’，反不得谓之仁？”

先生曰：“此亦甚难言，须是诸君自体认出来始得。仁是造化生生不息之理，虽弥漫周遍，无处不是，然其流行发生，亦只有个渐，所以生生不息。如冬至一阳生，必自一阳生而后渐渐至于六阳，若无一阳之生，岂有六阳？阴亦然。惟其渐，所以便有个发端处；惟其有个发端处，所以生；惟其生，所以不息。譬之木，其始抽芽，便是木之生意发端处。抽芽然后发干，发干然后生枝生叶，然后是生生不息。若无芽，何以有干有枝叶？能抽芽，必是下面有个根在，有根方生，无根便死，无根何从抽芽？父子、兄弟之爱，便是人心生意发端处，如木之抽芽。自此而仁民，而爱物，便是发干生枝生叶。墨氏‘兼爱’无差等，将自家父子兄弟与途人一般看，便自没了发端处。不抽芽，便知得他无根，便不是生生不息，安得谓之仁？孝弟为仁之本，却是仁理从里面发生出来。”

九四

问：“延平云‘当理而无私心’。‘当理’与‘无私心’，如何分别？”

先生曰：“心即理也。‘无私心’即是当理；未当理便是私心。若析心与理言之，恐亦未善。”

又问：“释氏于世间一切情欲之私，都不染着，似无私心。但外弃人伦，却似未当理。”

曰：“亦只是一统事，都只是成就他一个私己的心。”

薛侃录

九五

侃问：“持志如心痛，一心在痛上，安有工夫说闲话，管闲事？”

先生曰：“初学工夫如此用亦好，但要使知‘出入无时，莫知其乡’。心之神明，原是如此，工夫方有着落。若只死死守着，恐于工夫上又发病。”

九六

侃问：“专涵养而不务讲求，将认欲作理，则如之何？”

先生曰：“人须是知学。讲求，亦只是涵养；不讲求，只是涵养之志不切。”

曰：“何谓知学？”

曰：“且道为何而学？学个甚？”

曰：“尝闻先生教，学是学存天理。心之本体，即是天理。体认天理，只要自心地无私意。”

曰：“如此，则只须克去心意便是，又愁甚理欲不明？”

曰：“正恐这些私意认不真。”

曰：“总是志未切。志切，目视、耳听皆在此，安有认不真的道理？‘是非之心，人皆有之’，不假外求。讲求亦只是体当自心所见，不成去心外别有个见。”

九七

先生问在坐之友：“比来工夫何似？”

一友举虚明意思。先生曰：“此是说光景。”

一友叙今昔异同。先生曰：“此是说效验。”

二友惘然，请是。

先生曰：“吾辈今日用功，只是要为善之心真切。此心真切，见善即迁，有过即改，方是真切工夫。如此则人欲日消，天理日明。若只管求光景、说效验，却是助长外驰病痛，不是工夫。”

九八

朋友观书，多有摘议晦庵者。

先生曰：“是有心求异，即不是。吾说与晦庵时有不同者，为入门下手处有毫厘千里之分，不得不辩。然吾之心与晦庵之心，未尝异也。若其余文义解得明当处，如何动得一字？”

九九

希渊问：“圣人可学而至，然伯夷、伊尹于孔子，才力终不同，其同谓之圣者安在？”

先生曰：“圣人之所以为圣，只是其心纯乎天理而无人欲之杂；犹精金之所以为精，但以其成色足而无铜铅之杂也。人到纯乎天理方是圣，金到足色方是精。然圣人之才力，亦有大小不同；犹金之分两有轻重。尧、舜犹万镒，文王、孔子犹九千镒，禹、汤、武王犹七八千镒，伯夷、伊尹犹四五千镒。才力不同，而纯乎天理则同，皆可谓之圣人；犹分两虽不同，而足色则同，皆可谓之精金。以五千镒者而入于万镒之中，其足色同也；以夷、尹而厕之尧、孔之间，其纯乎天理同也。盖所以为精金者，在足色而不在分两；所以为圣者，在纯乎天理而不在才力也。故虽凡人而肯为学，使此心纯乎天理，则亦可为圣人；犹一两之金，比之万镒，分两虽悬绝，而其到足色处可以无愧。故曰'人皆可以为尧、舜'者以此。学者学圣人，不过是去人欲而存天理耳，犹炼金而求其足色。金之成色所争不多，则锻炼之工省而功易成，成色愈下，则锻炼愈难；人之气质清浊粹驳，有中人以上、中人以下，其于道有生知安行、学知利行，其下者，必须人一己百、人十己千，及其成功则一。后世不知作圣之本是纯乎天理，却专去知识、才能上求圣人，以为圣人无所不知、无所不能，我须是将圣人许多知识、才能，逐一理会始得。故不务去天理上着工夫，徒弊精竭力，从册子上钻研，名物上考索，形迹上比拟；知识愈广而人欲愈滋，才力愈多而天理愈蔽。正如见人有万镒精金，不务锻炼成色，求无愧于彼之精纯，而乃妄希分两，务同彼之万镒，锡铅铜铁杂然而投，分两愈增而成色愈下，既其梢末，无复有金矣。"

时曰仁在旁，曰："先生此喻，足以破世儒支离之惑，大有功于后学。"

先生又曰："吾辈用功，只求日减，不求日增。减得一分人欲，便是复得一分天理，何等轻快脱洒！何等简易！"

一〇〇

士德问曰："'格物'之说，如先生所教，明白简易，人人见得。文公聪明绝世，于此反有未审。何也？"

先生曰："文公精神气魄大，是他早年合下便要继往开来，故一向只就考索著述上用功。若先切己自修，自然不暇及此。到得德盛后，果忧道之不明。如孔子退修六籍，删繁就简，开示来学，亦大段不费甚考索。文公早岁便著许多书，晚年方悔，是倒做了。"

士德曰："晚年之悔，如谓'向来定本之误'，又谓'虽读得书，何益于吾事？'又谓'此与守书籍，泥言语，全无交涉'，是他到此方悔从前用功之错，方去切己自修矣。"

曰："然。此是文公不可及处。他力量大，一悔便转，可惜不久即去世，平日许多错处，皆不及改正。"

一〇一

侃去花间草，因曰："天地间何善难培，恶难去？"

先生曰："未培未去耳。"

少间，曰："此等看善恶，皆从躯壳起念，便会错。"

侃未达。

曰："天地生意，花草一般，何曾有善恶之分？子欲观花，则以花为善，以草为恶；如欲用草时，复以草为善矣。此等善恶，皆由汝心好恶所生，故知是错。"

曰："然则无善无恶乎？"

曰："无善无恶者，理之静；有善有恶者，气之动。

不动于气，即无善无恶，是谓至善。"

曰："佛氏亦无善无恶，何以异？"

曰："佛氏着在无善无恶上，便一切都不管，不可以治天下。圣人无善无恶，只是'无有作好'，'无有作恶'，'不动于气'，然'遵王之道'，'会其有极'，便自一循天理，便有个裁成辅相。"

曰："草既非恶，即草不宜去矣？"

曰："如此却是佛、老意见。草若有碍，何妨汝去？"

曰："如此又是作好、作恶？"

曰："不作好恶，非是全无好恶，却似无知觉的人。谓之不作者，只是好恶一循于理。不去，又着一分意思。如此即是不曾好恶一般。"

曰："去草如何是一循于理，不着意思？"

曰："草有妨碍，理亦宜去，去之而已。偶未即去，亦不累心。若着了一分意思，即心体便有贻累，便有许多动气处。"

曰："然则善恶全不在物。"

曰："只在汝心。循理便是善，动气便是恶。"

曰："毕竟抑无善恶。"曰："在心如此，在物亦然。世儒惟不知此，舍心逐物，将'格物'之学错看了，终日驰求于外，只做得个'义袭而取'，终身行不著，习不察。"

曰："如好好色，如恶恶臭，则如何？"

曰："此正是一循于理。是天理合如此，本无私意作好、作恶。"

曰："如好好色，如恶恶臭，安得非意？"

曰："却是诚意，不是私意。诚意只是循天理。虽是循天理，亦着不得一分意。故有所忿　、好乐，则不得其正；须是廓然大公，方是心之本体。知此即知'未发之中'。"

伯生曰："先生云'草有妨碍，理亦宜去'。缘何又是躯壳起念？"

曰："此须汝心自体当。汝要去草，是甚么心？周茂叔窗前草不除，是甚么心？"

一〇二

先生谓学者曰："为学须得个头脑，工夫方有着落。

纵未能无间，如舟之有舵，一提便醒。不然，虽从事于学，只做个'义袭而取'。只是行不著，习不察，非大本、达道也。"

又曰："见得时，横说竖说皆是。若于此处通，彼处不通，只是未见得。"

一〇三

或问："为学以亲故，不免业举之累。"

先生曰："以亲之故而业举，为累于学，则治田以养其亲者，亦有累于学乎？先正云'惟患夺志'。但恐为学之志不真切耳。"

一〇四

崇一问："寻常意思多忙。有事固忙，无事亦忙，何也？"

先生曰："天地气机，元无一息之停，然有个主宰，故不先不后，不急不缓，虽千变万化，而主宰常定，人得此而生。若主宰定时，与天运一般不息，虽酬酢万变，常是从容自在。所谓'天君泰然，百体从令'。若无主宰，便只是这气奔放，如何不忙？"

一〇五

先生曰："为学大病在好名。"

侃曰："从前岁自谓此病已轻，比来精察，乃知全未。岂必务外为人？只闻誉而喜，闻毁而闷，即是此病发来。"

曰："最是。名与实对，务实之心重一分，则务名之心轻一分；全是务实之心，即全无务名之心；若务实之心，如饥之求食，渴之求饮，安得更有工夫好名？"

又曰："'疾没世而名不称'，'称'字去声读，亦'声闻过情，君子耻之'之意。实不称名，生犹可补，殁则无及矣。'四十、五十而无闻'，是不闻道，非无声闻也。孔子云'是闻也，非达也'，安肯以此望人？"

一〇六

侃多悔。

先生曰："悔悟是去病之药，然以改之为贵。若留滞于中，则又因药发病。"

一〇七

德章曰："闻先生以精金喻圣，以分两喻圣人之分量，以锻炼喻学者之工夫，最为深切。惟谓尧、舜为万镒，孔子为九千镒，疑未安。"

先生曰："此又是躯壳上起念，故替圣人争分两。若不从躯壳上起念，即尧、舜万镒不为多，孔子九千镒不为少。尧、舜万镒只是孔子的，孔子九千镒只是尧、舜的，原无彼我。所以谓之圣，只论精一，不论多寡。只要此心纯乎天理处同，便同谓之圣。若是力量气魄，如何尽同得？后儒只在分两上较量，所以流入功利。若除去了比较分两的心，各人尽着自己力量精神，只在此心纯天理上用功，即人人自有，个个圆成，便能大以成大，小以成小，不假外慕，无不具足。此便是实实落落'明善诚身'的事。后儒不明圣学，不知就自己心地良知良能上体认扩充，却去求知其所不知，求能其所不能，一味只是希高慕大，不知自己是桀、纣心地，动辄要做尧、舜事业，如何做得？终年碌碌，至于老死，竟不知成就了个甚么，可哀也已！"

一〇八

侃问："先儒以心之静为体，心之动为用，如何？"

先生曰："心不可以动、静为体、用。动、静，时也，即体而言用在体，即用而言体在用，是谓'体用一源'。若说静可以见其体，动可以见其用，却不妨。"

一〇九

问："上智下愚，如何不可移？"

先生曰："不是不可移，只是不肯移。"

一一〇

问"子夏门人问交"章。

先生曰："子夏是言小子之交，子张是言成人之交。若善用之，亦俱是。"

一一一

子仁问："'学而时习之，不亦说乎'，先儒以学为效先觉之所为，如何？"

先生曰："学是学去人欲存天理。从事于去人欲、存天理，则自正诸先觉，考诸古训，自下许多问辨思索、存省克治工夫，然不过欲去此心之人欲，存吾心之天理耳。若曰效先觉之所为，则只说得学中一件事，亦似专求诸外了。'时习'者，'坐如尸'，非专习坐也，坐时习此心也。'立如斋'，非专习立也，立时习此心也。'说'是'理义之说我心'之'说'。人心本自说理义，如目本说色，耳本说声，惟为人欲所蔽所累，始有不说。今人欲日去，则理义日洽浃，安得不说？"

一一二

国英问："曾子三省虽切，恐是未闻'一贯'时工夫？"

先生曰："'一贯'是夫子见曾子未得用功之要，故告之。学者果能忠恕上用功，岂不是'一贯'？'一'如树之根本，'贯'如树之枝叶，未种根，何枝叶之可得？体、用一源，体未立，用安从生！谓'曾子于其用处，盖已随事精察而力行之，但未知其体之一'，此恐未尽。"

一一三

黄诚甫问"汝与回也孰愈"章。

先生曰："子贡多学而识，在闻见上用功，颜子在心地上用功，故圣人问以启之。而子贡所对，又只在知见上，故圣人叹惜之，非许之也。"

一一四

"颜子'不迁怒，不贰过'，亦是有'未发之中'，始能。"

一一五

"种树者必培其根，种德者必养其心。欲树之长，必于始生时删其繁枝。欲德之盛，必于始学时去夫外好。如外好诗文，则精神日渐漏泄在诗文上去，凡百外好皆然。"

又曰："我此论学，是无中生有的工夫。诸公须要信得及，只是立志。学者一念为善之志，如树之种，但勿助勿忘，只管培植将去，自然日夜滋长，生气日完，枝叶日茂。树初生时，便抽繁枝，亦须刊落，然后根干能大。初学时亦然。故立志贵专一。"

一一六

因论先生之门，某人在涵养上用功，某人在识见上用功。

先生曰："专涵养者，日见其不足；专识见者，日见其有余。日不足者，日有余矣；日有余者，日不足矣。"

一一七

梁日孚问："居敬、穷理是两事，先生以为一事，如何？"

先生曰："天地间只有此一事，安有两事？若论万殊，礼仪三百，威仪三千，又何止两？公且道居敬是如何？穷理是如何？"

曰："居敬是存养工夫，穷理是穷事物之理。"

曰："存养个甚？"

曰："是存养此心之天理。"

曰："如此，亦只是穷理矣。"曰："且道如何穷事物之理？"

曰："如事亲，便要穷孝之理；事君，便要穷忠之理。"

曰："忠与孝之理，在君、亲身上？在自己心上？若在自己心上，亦只是穷此心之理矣。且道如何是敬？"

曰："只是主一。"

"如何是主一？"

曰："如读书，便一心在读书上；接事，便一心在接事上。"

曰："如此则饮酒便一心在饮酒上，好色便一心在好色上，却是逐物，成甚居敬工夫？"

日孚请问。

曰："一者，天理。主一，是一心在天理上。若只知主一，不知一即是理，有事时便是逐物，无事时便是着空。惟其有事无事，一心皆在天理上用功，所以居敬亦即是穷理；就穷理专一处说，便谓之居敬；就居敬精密处说，便谓之穷理。却不是居敬了别有个心穷理；穷理时别有个心居敬。名虽不同，工夫只是一事。就如《易》言'敬以直内，义以方外'，敬即是无事时义，义即是有事时敬，两句合说一件。如孔子言'修己以敬'，即不须言义；孟子言'集义'，即不须言敬。会得时，横说竖说，工夫总是一般；若泥文逐句，不识本领，即支离决裂，工夫都无下落。"

问："穷理何以即是尽性？"

曰："心之体，性也，性即理也。穷仁之理，真要仁极仁；穷义之理，真要义极义。仁、义只是吾性，故穷理即是尽性。如孟子说'充其恻隐之心，至仁不可胜用'，这便是穷理工夫。"

日孚曰："先儒谓'一草一木亦皆有理，不可不察'，如何？"

先生曰："夫我则不暇，公且先去理会自己性情，须能尽人之性，然后能尽物之性。"

日孚悚然有悟。

一一八

惟乾问："'知'如何是心之本体？"

先生曰："'知'是理之灵处。就其主宰处说便谓之心，就其禀赋处说便谓之性。孩提之童，无不知爱其亲，无不知敬其兄。只是这个灵能不为私欲遮隔，充拓得尽，便完全是他本体，便'与天地合德'。自圣人以下，不能无蔽，故须'格物'以致其知。"

一一九

守衡问："《大学》工夫只是诚意，诚意工夫只是格物、修、齐、治、平，只诚意尽矣。又有正心之功，有所忿好乐，则不得其正。何也？"

先生曰："此要自思得之。知此则知'未发之中'矣。"

守衡再三请。

曰："为学工夫有浅深，初时若不着实用意去好善、恶恶，如何能为善、去恶？这着实用意，便是诚意。然不知心之本体原无一物，一向着意去好善、恶恶，便又多了这分意思，便不是廓然大公。《书》所谓'无有作好作恶'，方是本体。所以说'有所忿懥好乐，则不得其正'。正心只是诚意工夫。里面体当自家心体，常要鉴空衡平，这便是'未发之中'。"

一二〇

正之问："戒惧是己所不知时工夫，慎独是己所独知时工夫，此说如何？"

先生曰："只是一个工夫。无事时固是独知，有事时亦是独知。人若不知于此独知之地用力，只在人所共知处用功，便是作伪，便是'见君子而后厌然'。此独知处便是诚的萌芽。此处不论善念、恶念，更无虚假，一是百是，一错百错，正是王霸、义利、诚伪、善恶界头。于此一立立定，便是端本澄源，便是立诚。古人许多诚身的工夫，精神命脉，全体只在此处。真是莫见莫显，无时无处，无终无始，只是此个工夫。今若又分戒惧为己所不知，即工夫便支离，亦有间断。既戒惧，即是知，己若不知，是谁戒惧？如此见解，便要流入断灭禅定。"

曰："不论善念、恶念，更无虚假，则独知之地，更无无念时邪？"

曰："戒惧亦是念。戒惧之念，无时可息。若戒惧之心稍有不存，不是昏聩，便已流入恶念。自朝至暮，自少至老，若要无念，即是己不知，此除是昏睡，除是槁木死灰。"

一二一

志道问："荀子云'养心莫善于诚'。先儒非之，何也？"

先生曰："此亦未可便以为非。'诚'字有以工夫说者：诚是心之本体，求复其本体，便是思诚的工夫。明道说'以诚敬存之'，亦是此意。《大学》'欲正其心，先诚其意'。荀子之言固多病，然不可一例吹毛求疵。大凡看人言语，若先有个意见，便有过当处。'为富不仁'之言，孟子有取于阳虎。此便见圣贤大公之心。"

一二二

萧惠问："己私难克，奈何？"

先生曰："将汝己私来，替汝克。"

先生曰："人须有为己之心，方能克己；能克己，方能成己。"

萧惠曰："惠亦颇有为己之心，不知缘何不能克己？"

先生曰："且说汝有为己之心是如何？"

惠良久曰："惠亦一心要做好人，便自谓颇有为己之心。今思之，看来亦只是为得个躯壳的己，不曾为个真己。"

先生曰："真己何曾离着躯壳？恐汝连那躯壳的己也不曾为。且道汝所谓躯壳的己，岂不是耳、目、口、鼻、四肢？"

惠曰："正是为此，目便要色，耳便要声，口便要味，四肢便要逸乐，所以不能克。"

先生曰："美色令人目盲，美声令人耳聋，美味令人口爽，驰骋田猎令人发狂，这都是害汝耳、目、口、鼻、四肢的，岂得是为汝耳、目、口、鼻、四肢？若为着耳、目、口、鼻、四肢时，便须思量耳如何听，目如何视，口如何言，四肢如何动，必须非礼勿视、听、言、动，方才成得个耳、目、口、鼻、四肢。这个才是为着耳、目、口、鼻、四肢。汝今终日向外驰求，为名为利，这都是为着躯壳外面的物事。汝若为着耳、目、口、鼻、四肢，要非礼勿视、听、言、动时，岂是汝之耳、目、口、鼻、四肢自能勿视、听、言、动？须由汝心。这视、听、言、动，皆是汝心。汝心之视发窍于目，汝心之听发窍于耳，汝心之言发窍于口，汝心之动发窍于四肢。若无汝心，便无耳、目、口、鼻、四肢。所谓汝心，亦不专是那一团血肉。

若是那一团血肉，如今已死的人，那一团血肉还在，缘何不能视、听、言、动？所谓汝心，却是那能视、听、言、动的，这个便是性，便是天理。有这个性，才能生这性之生理，便谓之仁。这性之生理，发在目便会视，发在耳便会听，发在口便会言，发在四肢便会动，都只是那天理发生，以其主宰一身，故谓之心。这心之本体，原只是个天理，原无非礼。这个便是汝之真己。这个真己，是躯壳的主宰，若无真己，便无躯壳，真是有之即生，无之即死。汝若真为那个躯壳的己，必须用这个真己，便须常常保守着这个真己的本体。'戒慎不睹，恐惧不闻'，惟恐亏损了他一些，才有一毫非礼萌动，便如刀割，如针刺，忍耐不过，必须去了刀，拔了针。这才是有为己之心，方能克己。汝今正是认贼作子，缘何却说有为己之心，不能克己？"

一二三

有一学者病目，戚戚甚忧。

先生曰："尔乃贵目贱心。"

一二四

萧惠好仙、释。

先生警之曰："吾亦自幼笃志二氏，自谓既有所得，谓儒者为不足学。其后居夷三载，见得圣人之学，若是其简易广大，始自叹悔错用了三十年气力。大抵二氏之学，其妙与圣人只有毫厘之间。汝今所学，乃其土苴，辄自信自好若此，真鸱鸮窃腐鼠耳。"

惠请问二氏之妙。

先生曰："向汝说圣人之学，简易广大，汝却不问我悟的，只问我悔的。"

惠惭谢，请问圣人之学。

先生曰："汝今只是了人事问。待汝办个真要求为圣人的心，来与汝说。"

惠再三请。先生曰："已与汝一句道尽，汝尚自不会。"

一二五

刘观时问："'未发之中'是如何？"

先生曰："汝但戒慎不睹，恐惧不闻，养得此心纯是天理，便自然见。"

观时请略示气象。

先生曰："哑子吃苦瓜，与你说不得。你要知此苦，还须你自吃。"

时曰仁在傍曰："如此才是真知，即是行矣。"

一时，在座诸友皆有省。

一二六

萧惠问死生之道。

先生曰："知昼夜即知死生。"

问昼夜之道。

曰："知昼则知夜。"

曰："昼亦有所不知乎？"

先生曰："汝能知昼？懵懵而兴，蠢蠢而食，行不著，习不察，终日昏昏，只是梦昼。惟'息有养，瞬有存'，此心惺惺明明，天理无一息间断，才是能知昼。这便是天德，便是通乎昼夜之道而知，更有甚么死生？"

一二七

马子莘问："修道之教，旧说谓圣人品节，吾性之固有，以为法于天下，若礼、乐、刑、政之属。此意如何？"

先生曰："道即性即命，本是完完全全，增减不得，不假修饰的，何须要圣人品节？却是不完全的物件。礼、乐、刑、政，是治天下之法，固亦可谓之教，但不是子思本旨。

若如先儒之说，下面由教入道的，缘何舍了圣人礼、乐、刑、政之教，别说出一段戒慎恐惧工夫？却是圣人之教为虚设矣。"

子莘请问。

先生曰：“子思性、道、教，皆从本原上说。天命于人，则命便谓之性。率性而行，则性便谓之道。修道而学，则道便谓之教。率性是诚者事，所谓‘自诚明，谓之性’也；修道是诚之者事，所谓‘自明诚，谓之教’也。圣人率性而行即是道。圣人以下，未能率性于道，未免有过、不及，故须修道。修道则贤知者不得而过，愚不肖者不得而不及，都要循着这个道，则道便是个教。此‘教’字与‘天道至教，风雨霜露，无非教也’之‘教’同，‘修道’字与‘修道以仁’同。人能修道，然后能不违于道，以复其性之本体，则亦是圣人率性之道矣。下面‘戒慎恐惧’便是修道的工夫，‘中和’便是复其性之本体。如《易》所谓‘穷理尽性，以至于命’，‘中和位育’，便是尽性至命。”

一二八

黄诚甫问：“先儒以孔子告颜渊为邦之问，是立万世常行之道。如何？”

先生曰：“颜子具体圣人，其于为邦的大本大原都已完备。夫子平日知之已深，到此都不必言，只就制度文为上说。此等处亦不可忽略，须要是如此方尽善。又不可因自己本领是当了，便于防范上疏阔，须是要‘放郑声，远佞人’。盖颜子是个克己向里、德上用心的人，孔子恐其外面末节，或有疏略，故就他不足处帮补说。若在他人，须告以‘为政在人，取人以身，修身以道，修道以仁’，‘达道’‘九经’，及‘诚身’许多工夫，方始做得。这个方是万世常行之道。不然，只去，行了夏时，乘了殷辂，服了周冕，作了《韶》《舞》，天下便治得？后人但见颜子是孔门第一人，又问个为邦，便把做天大事看了。”

一二九

蔡希渊问：“文公《大学》新本，先‘格致’而后‘诚意’工夫，似与首章次第相合。若如先生从旧本之说，即‘诚意’反在‘格致’之前，于此尚未释然。"

先生曰：“《大学》工夫，即是‘明明德’，‘明明德’只是个‘诚意’。‘诚意’的工夫，只是‘格物’‘致知’。若以‘诚意’为主，去用‘格物’‘致知’的工夫，即工夫始有下落，即为善、去恶无非是‘诚意’的事。如新本先去穷格事物之理，即茫茫荡荡，都无着落处；须用添个‘敬’字，方才牵扯得向身心上来，然终是没根源。若须用添个敬字，缘何孔门倒将一个最紧要的字落了，直待千余年后要人来补出？正谓以‘诚意’为主，即不须添‘敬’字。所以提出个‘诚意’来说，正是学问的大头脑处。于此不察，真所谓毫厘之差，千里之谬。大抵《中庸》工夫只是‘诚身’，‘诚身’之极便是‘至诚’。《大学》工夫只是‘诚意’，‘诚意’之极便是‘至善’。工夫总是一般。今说这里补个‘敬’字，那里补个‘诚’字，未免画蛇添足。"

卷　中

钱德洪序

　　德洪曰：昔南元善刻《传习录》于越，凡二册。下册摘录先师手书，凡八篇。其答徐成之二书，吾师自谓"天下是朱非陆，论定既久，一旦反之为难，二书姑为调停两可之说，使人自思得之"。故元善录为下册之首者，意亦以是欤？今朱、陆之辨，明于天下久矣，洪刻先师《文录》，置二书于外集者，示未全也，故今不复录。其余指知、行之本体，莫详于答人论学与答周道通、陆清伯、欧阳崇一四书。而谓格物为学者用力日可见之地，莫详于答罗整庵一书。平生冒天下之非诋推陷，万死一生，遑遑然不忘讲学，惟恐吾人不闻斯道，流于功利、机智，以日堕于夷狄、禽兽而不觉。其一体同物之心，懂懂终身，至于毙而后已。此孔孟以来贤圣苦心，虽门人子弟，未足以慰其情也。是情也，莫详于答聂文蔚之第一书，此皆仍元善所录之旧。而揭"必有事焉"即"致良知"工夫，明白简切，使人言下即得入手，此又莫详于答文蔚之第二书，故增录之。元善当时汹汹，乃能以身明此道，卒至遭奸被斥，油油然惟以此生得闻斯学为庆，而绝无有纤芥愤郁不平之气。斯录之刻，人见其有功于同志甚大，而不知其处时之甚艰也。今所去取，裁之时义则然，非忍有所加损于其间也。

答顾东桥书

一三〇

来书云："近时学者务外遗内，博而寡要，故先生特倡'诚意'一义，针砭膏肓，诚大惠也。"

吾子洞见时弊如此矣，亦将何以救之乎？然则鄙人之心，吾子固已一句道尽，复何言哉！复何言哉！若"诚意"之说，自是圣门教人用功第一义，但近世学者乃作第二义看，故稍与提掇紧要出来，非鄙人所能特倡也。

一三一

来书云："但恐立说太高，用功太捷，后生师傅，影响谬误，未免坠于佛氏明心、见性、定慧、顿悟之机，无怪闻者见疑。"

区区"格、致、诚、正"之说，是就学者本心、日用事为间，体究践履，实地用功。是多少次第、多少积累在？

正与空虚顿悟之说相反。闻者本无求为圣人之志，又未尝讲究其详，遂以见疑，亦无足怪。若吾子之高明，自当一语之下便了然矣。乃亦谓立说太高，用功太捷，何邪？

一三二

来书云："所喻知、行并进，不宜分别前后，即《中庸》'尊德性而道问学'之功，交养互发，内外本末一以贯之之道。然工夫次第，不能无先后之差。如知食乃食，知汤乃饮，知衣乃服，知路乃行，未有不见是物，先有是事。此亦毫厘倏忽之间，非谓有等今日知之，而明日乃行也。"

既云"交养互发，内外本末，一以贯之"，则知、行并进之说，无复可疑矣。又云"工夫次第，不能无先后之差"，无乃自相矛盾已乎？知食乃食等说，此尤明白易见，但吾子为近闻障蔽自不察耳。夫人必有欲食之心，然后知食，欲食之心即是意，即是行之始矣。食味之美恶，必待入口而后知，岂有不待入口而已先知食味之美恶者邪？必有欲行之心，然后知路，欲行之心即是意，即是行之始矣。路岐之险夷，必待身亲履历而后知，岂有不待身亲履历而已先知路岐之险夷者邪？知汤乃饮，知衣乃服，以此例之，皆无可疑。若如吾子之喻，是乃所谓不见是物，而先有是事者矣。吾子又谓"此亦毫厘倏忽之间，非谓截然有等今日知之，而明日乃行也"，是亦察之尚有未精。然就如吾子之说，则知、行之为合一并进，亦自断无可疑矣。

一三三

来书云："真知即所以为行，不行不足谓之知，此为学者吃紧立教，俾务躬行则可。若真谓行即是知，恐其专求本心，遂遗物理，必有暗而不达之处，抑岂圣门知、行并进之成法哉？"

知之真切笃实处，即是行；行之明觉精察处，即是知，知、行工夫，本不可离。只为后世学者分作两截用功，失却知、行本体，故有合一并进之说。真知即所以为行，不行不足谓之知。即如来书所云"知食乃食"等说可见，前已略言之矣。此虽吃紧救弊而发，然知、行之体本来如是，非以己意抑扬其间，姑为是说，以苟一时之效者也。"专求本心，遂遗物理"，此盖失其本心者也。夫物理不外于吾心，外吾心而求物理，无物理矣。遗物理而求吾心，吾心又何物邪？心之体，性也，性即理也。故有孝亲之心，即有孝之理，无孝亲之心，即无孝之理矣；有忠君之心，即有忠之理，无忠君之心，即无忠之理矣。理岂外于吾心邪？晦庵谓"人之所以为学者，心与理而已。心虽主乎一身，而实管乎天下之理；理虽散在万事，而实不外乎人之一心"，是其一分一合之间，而未免已启学者心、理为二之弊。此后世所以有"专求本心，遂遗物理"之患，正由不知心即理耳。夫外心以求物理，是以有暗而不达之处。此告子"义外"之说，孟子所以谓之"不知义"也。心一而已，以其全体恻怛而言谓之仁，以其得宜而言谓之义，以其条理而言谓之理；不可外心以求仁，不可外心以求义，独可外心以求理乎？外心以求理，此知、行之所以二也。求理于吾心，此圣门知、行合一之教，吾子又何疑乎！

一三四

来书云："所释《大学》古本谓'致其本体之知'，此固孟子'尽心'之旨，朱子亦以'虚灵知觉'为此心之量。然'尽心'由于知性，'致知'在于'格物'。"

"'尽心'由于'知性'，'致知'在于'格物'"，此语然矣。然而推本吾子之意，则其所以为是语者，尚有未明也。朱子"以尽心、知性、知天"为"物格、知致"，以"存心、养性、事天"为"诚意、正心、修身"，以"夭寿不贰、修身以俟"为知至仁尽，圣人之事。若鄙人之见，则与朱子正相反矣。夫"尽心、知性、知天"者，"生知、安行"，圣人之事也。"存心、养性、事天"者，"学知、利行"，贤人之事也。"夭寿不贰、修身以俟"者，"困知、勉行"，学者之事也。岂可专以"尽心、知性"为知，"存心、养性"为行乎？

吾子骤闻此言，必又以为大骇矣。然其间实无可疑者，一为吾子言之。夫心之体，性也。性之原，天也。能尽其心，是能尽其性矣。《中庸》云"惟天下至诚，为能尽其性"，又云"知天地之化育，质诸鬼神而无疑，知天也"，此惟圣人而后能然。故曰：此生知、安行，圣人之事也；存其心者，未能尽其心者也，故须加存之之功。必存之既久，不待于存，而自无不存，然后可以进而言尽。盖"知天""之知"，如"知州""知县"之"知"："知州"，则一州之事皆己事也，"知县"，则一县之事皆己事也，是与天为一者也。"事天"则如子之事父，臣之事君，犹与天为二也。天之所以命于我者，心也，性也，吾但存之而不敢失，养之而不敢害，如"父母全而生之，子全而归之”者也。故曰：此学知、利行，贤人之事也；至于“夭寿不贰”，则与存其心者又有间矣。存其心者，虽未能尽其心，固已一心于为善，时有不存，则存之而已。今使之“夭寿不贰”，是犹以夭寿贰其心者也。犹以夭寿贰其心，是其为善之心犹未能一也。存之尚有所未可，而何尽之可云乎？今且使之不以夭寿贰其为善之心，若曰死生夭寿，皆有定命，吾但一心于为善，修吾之身以俟天命而已，是其平日尚未知有天命也。事天虽与天为二，然已真知天命之所在，但惟恭敬奉承之而已耳。若俟之云者，则尚未能真知天命之所在，犹有所俟者也，故曰：所以立命。“立”者，“创立”之“立”。如“立德”“立言”“立功”“立名”之类。凡言“立者”，皆是昔未尝有，而今始建立之谓。孔子所谓“不知命，无以为君子”者也。故曰：此困知、勉行，学者之事也。今以“尽心、知性、知天”为“格物、致知”，使初学之士，尚未能不贰其心者，而遽责之以圣人生知、安行之事，如捕风捉影，茫然莫知所措其心，几何而不至于“率天下而路”也？今世致知、格物之弊，亦居然可见矣。吾子所谓“务外遗内、博而寡要”者，无乃亦是过欤？此学问最紧要处，于此而差，将无往而不差矣。此鄙人之所以冒天下之非笑，忘其身之陷于罪戮，呶呶其言，其不容已者也。

一三五

来书云：“闻语学者，乃谓‘即物穷理’之说，亦是玩物丧志。又取其‘厌繁就约’、‘涵养本原’数说，标示学者，指为晚年定论，此亦恐非。”

朱子所谓“格物”云者，在即物而穷其理也。即物穷理是就事事物物上，求其所谓定理者也。是以吾心而求理于事事物物之中，析心与理而为二矣。夫求理于事事物物者，如求孝之理于其亲之谓也。求孝之理于其亲，则孝之理，其果在于吾之心邪？抑果在于亲之身邪？假而果在于亲之身，则亲没之后，吾心遂无孝之理欤？见孺子之入井，必有恻隐之理，是恻隐之理果在于孺子之身欤？抑在于吾心之良知欤？其或不可以从之于井欤？其或可以手而援之欤？是皆所谓理也。是果在于孺子之身欤？抑果出于吾心之良知欤？以是例之，万事万物之理莫不皆然。是可以知析心与理为二之非矣。夫析心与理而为二，此告子义外之说，孟子之所深辟也。"务外遗内，博而寡要"，吾子既已知之矣，是果何谓而然哉？谓之玩物丧志，尚犹以为不可欤？若鄙人所谓"致知、格物"者，致吾心之良知于事事物物也。吾心之良知，即所谓"天理"也。致吾心良知之"天理"于事事物物，则事事物物皆得其理矣。致吾心之良知者，致知也。事事物物皆得其理者，格物也。是合心与理而为一者也。合心与理而为一，则凡区区前之所云，与朱子晚年之论，皆可以不言而喻矣。

一三六

来书云："人之心体，本无不明，而气拘物蔽，鲜有不昏。非学、问、思、辨，以明天下之理，则善、恶之机，真、妄之辨，不能自觉，任情恣意，其害有不可胜言者矣。"

此段大略似是而非，盖承沿旧说之弊，不可以不辨也。夫问、思、辨、行，皆所以为学，未有学而不行者也。如言学孝，则必服劳奉养，躬行孝道，则后谓之学。岂徒悬空口耳讲说，而遂可以谓之学孝乎？学射，则必张弓挟矢，引满中的；学书，则必伸纸执笔，操觚染翰；尽天下之学，无有不行而可以言学者。则学之始，固已即是行矣。笃者，敦实笃厚之意，已行矣，而敦笃其行，不息其功之谓尔。盖学之不能以无疑，则有问，问即学也，即行也；又不能无疑，则有思，思即学也，即行也；又不能无疑，则有辨，辨即学也，即行也；辨既明矣，思既慎矣，问既审矣，学既能矣，又从而不息其功焉，斯之谓笃行。非谓学、问、思、辨之后，而始措之于行也。是故以求能其事而言，谓之学；以求解其惑而言，谓之问；以求通其说而言，谓之思；以求精其察而言，谓之辨。以求履其实而言，谓之行。盖析其功而言，则有五；合其事而言，则一而已。此区区心、理合一之体，知、行并进之功，所以异于后世之说者，正在于是。

今吾子特举学、问、思、辨以穷天下之理，而不及笃行。是专以学、问、思、辨为知，而谓穷理为无行也已。天下岂有不行而学者邪？岂有不行而遂可谓之穷理者邪？明道云"只穷理便尽性至命"，故必仁极仁，而后谓之能穷仁之理；义极义，而后谓之能穷义之理。仁极仁，则尽仁之性矣。义极义，则尽义之性矣。学至于穷理至矣，而尚未措之于行，天下宁有是邪？是故知不行之不可以为学，则知不行之不可以为穷理矣；知不行之不可以为穷理，则知知、行之合一并进，而不可以分为两节事矣。夫万事万物之理，不外于吾心，而必曰穷天下之理，殆以吾心之良知为未足，而必外求于天下之广，以裨补增益之，是犹析心与理而为二也。夫学、问、思、辨、笃行之功，虽其困勉至于人一己百，而扩充之极，至于尽性知天，亦不过致吾心之良知而已。良知之外，岂复有加于毫末乎？今必曰穷天下之理，而不知反求诸其心，则凡所谓善恶之机，真妄之辨者，舍吾心之良知，亦将何所致其体察乎？吾子所谓气拘物蔽者，拘此蔽此而已。今欲去此之蔽，不知致力于此，而欲以外求，是犹目之不明者，不务服药调理以治其目，而徒怅怅然求明于其外，明岂可以自外而得哉？任情恣意之害，亦以不能精察天理于此心之良知而已。此诚毫厘千里之谬者，不容于不辨。吾子毋谓其论之太刻也。

一三七

来书云："教人以致知、明德，而戒其即物穷理，诚使昏暗之士，深居端坐，不闻教告，遂能至于知致而德明乎？纵令静而有觉，稍悟本性，则亦定慧无用之见。果能知古今，达事变而致用于天下国家之实否乎？其曰"知者意之体，物者意之用"，"格物如'格君心之非'之格"。语虽超悟，独得不蹈陈见，抑恐于道未相吻合？"

区区论致知格物，正所以穷理，未尝戒人穷理，使之深居端坐而一无所事也。若谓即物穷理，如前所云务外而遗内者，则有所不可耳。昏暗之士，果能随时随物精察此心之天理，以致其本然之良知，则虽愚必明，虽柔必强，大本立而达道行，九经之属，可一以贯之而无遗矣，尚何患其无致用之实乎？彼顽空虚静之徒，正惟不能随事随物精察此心之天理，以致其本然之良知，而遗弃伦理、寂灭虚无以为常，是以要之不可以治家国天下。孰谓圣人穷理尽性之学，而亦有是弊哉！

心者，身之主也，而心之虚灵明觉，即所谓本然之良知也。其虚灵明觉之良知应感而动者，谓之意。有知而后有意，无知则无意矣。知非意之体乎？意之所用，必有其物，物即事也。如意用于事亲，即事亲为一物，意用于治民，即治民为一物，意用于读书，即读书为一物，意用于听讼，即听讼为一物。凡意之所用，无有无物者，有是意即有是物，无是意即无是物矣。物非意之用乎？

"格"字之义，有以"至"字训者，如"格于文祖"，"有苗来格"，是以"至"训者也。然"格于文祖"，必纯孝诚敬，幽明之间无一不得其理，而后谓之"格"。有苗之顽，实以文德诞敷而后格，则亦兼有"正"字之义在其间，未可专以"至"字尽之也。如"格其非心"，"大臣格君心之非"之类，是则一皆"正其不正以归于正"之义，而不可以"至"字为训矣。且《大学》"格物"之训，又安知其不以"正"字为训，而必以"至"字为义乎？如以"至"字为义者，必曰"穷至事物之理"，而后其说始通。是其用功之要，全在一"穷"字，用力之地，全在一"理"字也。若上去一"穷"，下去一"理"字，而直曰"致知在至物"，其可通乎？夫"穷理尽性"，圣人之成训，见于《系辞》者也。苟"格物"之说而果即"穷理"之义，则圣人何不直曰"致知在穷理"，而必为此转折不完之语，以启后世之弊邪？盖《大学》"格物"之说，自与《系辞》"穷理"大旨虽同，而微有分辨。"穷理"者，兼格、致、诚、正而为功也。故言"穷理"，则格、致、诚、正之功皆在其中。言"格物"，则必兼举致知、诚意、正心，而后其功始备而密。今偏举"格物"而遂谓之"穷理"，此所以专以"穷理"属知，而谓"格物"未常有行。非惟不得"格物"之旨，并"穷理"之义而失之矣。此后世之学所以析知、行为先后两截，日以支离决裂，而圣学益以残晦者，其端实始于此。吾子盖亦未免承沿积习，则见以为"于道未相吻合"，不为过矣。

一三八

来书云："谓致知之功，将如何为温清、如何为奉养，即是'诚意'，非别有所谓'格物'，此亦恐非。"

此乃吾子自以己意揣度鄙见而为是说，非鄙人之所以告吾子者矣。若果如吾子之言，宁复有可通乎！盖鄙人之见，则谓意欲温清、意欲奉养者，所谓"意"也，而未可谓之"诚意"，必实行其温清奉养之意，务求自慊而无自欺，然后谓之"诚意"；知如何而为温清之节，知如何而为奉养之宜者，所谓"知"也，而未可谓之"致知"，必致其知如何为温清之节者之知，而实以之温清，致其知如何为奉养之宜者之知，而实以之奉养，然后谓之"致知"；温清之事，奉养之事，所谓"物"也，而未可谓之"格物"，必其于温清之事也，一如其良知之所知，当如何为温清之节者而为之，无一毫之不尽；于奉养之事也，一如其良知之所知当，如何为奉养之宜者而为之，无一毫之不尽，然后谓之"格物"。温清之物格，然后知温清之良知始致，奉养之物格，然后知奉养之良知始致，故曰"物格而后知至"；致其知温清之良知，而后温清之意始诚，致其知奉养之良知，而后奉养之意始诚，故曰"知至而后意诚"。此区区"诚意、致知、格物"之说盖如此，吾子更熟思之，将亦无可疑者矣。

一三九

来书云："道之大端，易于明白，所谓'良知良能，愚夫愚妇可与及'者。至于节目时变之详，毫厘千里之谬，必待学而后知。今语孝于温清定省，孰不知之？至于舜之不告而娶，武之不葬而兴师，养志、养口、小杖、大杖、割股、庐墓等事，处常、处变，过与不及之间，必须讨论是非，以为制事之本，然后心体无蔽，临事无失。"

道之大端易于明白，此语诚然。顾后之学者，忽其易于明白者而弗由，而求其难于明白者以为学，此其所以"道在迩而求诸远，事在易而求诸难"也。孟子云："夫道若大路然，岂难知哉？人病不求耳。"良知良能，愚夫愚妇，与圣人同，但惟圣人能致其良知，而愚夫愚妇不能致，此圣、愚之所由分也。节目时变，圣人夫岂不知，但不专以此为学。而其所谓学者，正惟致其良知，以精察此心之天理，而与后世之学不同耳。吾子未暇良知之致，而汲汲焉顾是之忧，此正求其难于明白者以为学之蔽也。夫良知之于节目时变，犹规矩、尺度之于方圆、长短也。节目时变之不可预定，犹方圆、长短之不可胜穷也。故规矩诚立，则不可欺以方圆，而天下之方圆不可胜用矣；尺度诚陈，则不可欺以长短，而天下之长短不可胜用矣；良知诚致，则不可欺以节目时变，而天下之节目时变不可胜应矣。毫厘千里之谬，不于吾心良知一念之微而察之，亦将何所用其学乎！是不以规矩而欲定天下之方圆，不以尺度而欲尽天下之长短。吾见其乖张谬戾，日劳而无成也已。吾子谓"语孝于温清定省，孰不知之"，然而能致其知者鲜矣。若谓粗知温清定省之仪节，而遂谓之能致其知，则凡知君之当仁者，皆可谓之能致其仁之知；知臣之当忠者，皆可谓之能致其忠之知，则天下孰非致知者邪？以是而言可以知致知之必在于行，而不行之不可以为致知也，明矣。知、行合一之体，不益较然矣乎？夫舜之不告而娶，岂舜之前已有不告而娶者为之准则，故舜得以考之何典，问诸何人，而为此邪？抑亦求诸其心一念之良知，权轻重之宜，不得已而为此邪？武之不葬而兴师，岂武之前已有不葬而兴师者为之准则，故武得以考之何典，问诸何人，而为此邪？抑亦求诸其心一念之良知，权轻重之宜，不得已而为此邪？使舜之心而非诚于为无后，武之心而非诚于为救民，则其不告而娶，与不葬而兴师，乃不孝、不忠之大者。而后之人不务致其良知，以精察义理于此心感应酬酢之间，顾欲悬空讨论此等变常之事，执之以为制事之本，以求临事之无失，其亦远矣。其余数端，皆可类推，则古人致知之学，从可知矣。

一四〇

来书云："谓《大学》'格物'之说，专求本心，犹可牵合。至于六经、四书所载'多闻多见'，'前言往行'，'好古敏求'，'博学审问'，'温故知新'，'博学详说'，'好问好察'，是皆明白求于事为之际、资于论说之间者，用功节目固不容紊矣。"

"格物"之义，前已详悉，牵合之疑，想已不俟复解矣。至于"多闻多见"，乃孔子因子张之务外好高，徒欲以多闻多见为学，而不能求诸其心以阙疑殆，此其言行所以不免于尤悔，而所谓见闻者，适以资其务外好高而已。盖所以救子张多闻多见之病，而非以是教之为学也。夫子尝曰："盖有不知而作之者，我无是也。"是犹孟子"是非之心，人皆有之"之义也。此言正所以明德性之良知非由于闻见耳。若曰"多闻择其善者而从之，多见而识之"，则是专求诸见闻之末，而已落在第二义矣，故曰"知之次也"。夫以见闻之知为次，则所谓知之上者果安所指乎？是可以窥圣门致知用力之地矣。

夫子谓子贡曰："赐也，汝以予为多学而识之者欤？非也，予一以贯之。"使诚在于"多学而识"，则夫子胡乃谬为是说，以欺子贡者邪？"一以贯之"，非致其良知而何？《易》曰："君子多识前言往行，以畜其德。"夫以畜其德为心，则凡多识前言往行者，孰非畜德之事？此正知、行合一之功矣。

"好古敏求"者，好古人之学，而敏求此心之理耳。心即理也。学者，学此心也；求者，求此心也。孟子云："学问之道无他，求其放心而已矣。"非若后世广记博诵古人之言词，以为好古，而汲汲然惟以求功名利达之具于其外者也。"博学审问"，前言已尽。

"温故知新"，朱子亦以"温故"属之"尊德性"矣，德性岂可以外求哉？惟夫"知新"必由于"温故"，而"温故"乃所以"知新"，则亦可以验知、行之非两节矣。

"博学而详说之者，将以反说约也。"若无"反约"之云，则"博学详说"者，果何事邪？舜之"好问好察"，惟以用中而致其精一于道心耳。道心者，良知之谓也。君子之学，何尝离去事为而废论说？但其从事于事为、论说者。要皆知、行合一之功，正所以致其本心之良知，而非若世之徒事口耳谈说以为知者，分知、行为两事，而果有节目先后之可言也？

一四一

来书云："杨、墨之为仁义，乡愿之乱忠信，尧、舜、子之之禅让，汤、武、楚项之放伐，周公、莽、操之摄辅，漫无印证，又焉适从？且于古今事变、礼乐名物，未尝考识，使国家欲兴明堂、建辟雍、制历律、草封禅，又将何所致其用乎？故《论语》曰"'生而知之'者，义理耳。若夫礼乐名物，古今事变，亦必待学而后有以验其行事之实"。此则可谓定论矣。"

所喻杨、墨、乡愿、尧、舜、子之、汤、武、楚项、周公、莽、操之辨，与前舜、武之论，大略可以类推，古今事变之疑，前于良知之说，已有规矩、尺度之喻，当亦无俟多赘矣。至于明堂、辟雍诸事，似尚未容于无言者。然其说甚长，姑就吾子之言而取正焉，则吾子之惑将亦可少释矣。

夫明堂、辟雍之制，始见于吕氏之《月令》，汉儒之训疏，六经、四书之中，未尝详及也。岂吕氏、汉儒之知，乃贤于三代之贤圣乎？齐宣之时，明堂尚有未毁，则幽、厉之世，周之明堂皆无恙也。尧、舜茅茨土阶，明堂之制未必备，而不害其为治；幽、厉之明堂，固犹文、武、成、康之旧，而无救于其乱，何邪？岂非"以不忍人之心，而行不忍人之政"，则虽茅茨土阶，固亦明堂也。以幽、厉之心，而行幽、厉之政，则虽明堂，亦暴政所自出之地邪？武帝肇讲于汉，而武后盛作于唐，其治乱何如邪？天子之学曰辟雍，诸侯之学曰泮宫，皆象地形而为之名耳。然三代之学，其要皆所以明人伦，非以辟不辟、泮不泮为重轻也。

孔子云："人而不仁，如礼何！人而不仁，如乐何！"制礼作乐，必具中和之德，声为律而身为度者，然后可以语此。若夫器数之末，乐工之事，祝史之守。故曾子曰："君子所贵乎道者三，笾豆之事，则有司存也。"

尧"命羲和，钦若昊天，历象日月星辰"，其重在于"敬授人时"也。舜"在璇玑玉衡"，其重在于"以齐七政"也。是皆汲汲然以仁民之心而行其养民之政，治历明时之本，固在于此也。羲和历数之学，皋、契未必能之也，禹、稷未必能之也，尧、舜之知而不偏物，虽尧、舜亦未必能之也。然至于今循羲和之法而世修之，虽曲知小慧之人，星术浅陋之士，亦能推步占候而无所忒。则是后世曲知小慧之人，反贤于禹、稷、尧、舜者邪？

"封禅"之说，尤为不经，是乃后世佞人谀士，所以求媚于其上，倡为夸侈，以荡君心而靡国费，盖欺天罔人无耻之大者，君子之所不道，司马相如之所以见讥于天下后世也。吾子乃以是为儒者所宜学，殆亦未之思邪？

夫圣人之所以为圣者，以其生而知之也。而释《论语》者曰："'生而知之'者，义理耳。若夫礼乐名物、古今事变，亦必待学而后有以验其行事之实。"夫礼乐名物之类，果有关于作圣之功也，而圣人亦必待学而后能知焉，则是圣人亦不可以谓之"生知"矣。谓圣人为"生知"者，专指义理而言，而不以礼乐名物之类，则是礼乐名物之类无关于作圣之功矣。圣人之所以谓之"生知"者，专指义理而不以礼乐名物之类，则是"学而知之"者，亦惟当学知此义理而已，"困而知之"者，亦惟当困知此义理而已。今学者之学圣人，于圣人之所能知者，未能"学而知之"，而顾汲汲焉求知圣人之所不能知者以为学，无乃失其所以希圣之才欤？凡此，皆就吾子之所惑者而稍为之分释，未及乎拔本塞源之论也。

一四二

夫拔本塞源之论不明于天下，则天下之学圣人者，将日繁日难，斯人沦于禽兽夷狄，而犹自以为圣人之学。吾之说虽或暂明于一时，终将冻解于西而冰坚于东，雾释于前而云滃于后，呶呶焉危困以死，而卒无救于天下之分毫也已。夫圣人之心，以天地万物为一体，其视天下之人，无外内远近，凡有血气，皆其昆弟赤子之亲，莫不欲安全而教养之，以遂其万物一体之念。天下之人心，其始亦非有异于圣人也，特其间于有我之私，隔于物欲之蔽，大者以小，通者以塞，人各有心，至有视其父、子、兄、弟如仇雠者。圣人有忧之，是以推其天地万物一体之仁以教天下，使之皆有以克其私，去其蔽，以复其心体之同然。其教之大端，则尧、舜、禹之相授受，所谓"道心惟微，惟精惟一，允执厥中"。而其节目，则舜之命契，所谓"父子有亲，君臣有义，夫妇有别，长幼有序，朋友有信"五者而已。

唐虞三代之世，教者惟以此为教，而学者惟以此为学。当是之时，人无异见，家无异习，安此者谓之圣，勉此者谓之贤，而背此者，虽其启明如朱，亦谓之不肖。下至闾井、田野、农、工、商、贾之贱，莫不皆有是学，而惟以成其德行为务。何者？无有闻见之杂，记诵之烦，辞章之靡滥，功利之驰逐，而但使之孝其亲，弟其长，信其朋友，以复其心体之同然。是盖性分之所固有，而非有假于外者，则人亦孰不能之乎？

学校之中，惟以成德为事。而才能之异，或有长于礼乐、长于政教、长于水土播植者，则就其成德，而因使益精其能于学校之中。迨夫举德而任，则使之终身居其职而不易。用之者惟知同心一德，以共安天下之民，视才之称否，而不以崇卑为轻重，劳逸为美恶：效用者亦惟知同心一德，以共安天下之民，苟当其能，则终身处于烦剧而不以为劳，安于卑琐而不以为贱。

当是之时，天下之人熙熙皞皞，皆相视如一家之亲。其才质之下者，则安其农、工、商、贾之分，各勤其业，以相生相养，而无有乎希高慕外之心。其才能之异，若皋、夔、稷、契者，则出而各效其能。若一家之务，或营其衣食，或通其有无，或备其器用，集谋并力，以求遂其仰事俯育之愿，惟恐当其事者之或怠而重己之累也。故稷勤其稼，而不耻其不知教，视契之善教，即己之善教也。夔司其乐，而不耻于不明礼，视夷之通礼，即己之通礼也。盖其心学纯明，而有以全其万物一体之仁，故其精神流贯，志气通达，而无有乎人己之分，物我之间。譬之一人之身：目视，耳听，手持，足行，以济一身之用。目不耻其无聪，而耳之所涉，目必营焉；足不耻其无执，而手之所探，足必前焉。盖其元气充周，血脉条畅，是以痒疴呼吸，感触神应，有不言而喻之妙。此圣人之学所以至易至简，易知易从，学易能而才易成者，正以大端惟在复心体之同然，而知识技能非所与论也。

一四三

三代之衰，王道熄而霸术焻。孔孟既没，圣学晦而邪说横。教者不复以此为教，而学者不复以此为学，霸者之徒，窃取先王之近似者，假之于外以内济其私己之欲，天下靡然而宗之，圣人之道遂以芜塞。相仿相效，日求所以富强之说，倾诈之谋，攻伐之计，一切欺天罔人，苟一时之得，以猎取声利之术，若管、商、苏、张之属者，至不可名数。既其久也，斗争劫夺，不胜其祸，斯人沦于禽兽、夷狄，而霸术亦有所不能行矣。

世之儒者，慨然悲伤，搜猎先圣王之典章法制，而掇拾修补于煨烬之余，盖其为心良亦欲以挽回先王之道。圣学既远，霸术之传，积渍已深，虽在贤知，皆不免于习染，其所以讲明修饰，以求宣畅光复于世者，仅可以增霸者之藩篱，而圣学之门墙，遂不复可睹。于是乎有训诂之学，而传之以为名；有记诵之学，而言之以为博；有辞章之学，而侈之以为丽。若是者，纷纷籍籍，群起角立于天下，又不知其几家，万径千蹊，莫知所适。世之学者，如入百戏之场，欢谑跳踉、骋奇斗巧、献笑争妍者，四面而竞出，前瞻后盼，应接不遑，而耳目眩瞀，精神恍惑，日夜遨游淹息其间，如病狂丧心之人，莫自知其家业之所归。时君世主亦皆昏迷颠倒于其说，而终身从事于无用之虚文，莫自知其所谓。间有觉其空疏谬妄，支离牵滞，而卓然自奋，欲以见诸行事之实者，极其所抵，亦不过为富强功利、五霸之事业而止。圣人之学，日远日晦，而功利之习愈趋愈下，其间虽尝瞀惑于佛、老，而佛、老之说，卒亦未能有胜其功利之心。虽又尝折衷于群儒，而群儒之论终亦未能有以破其功利之见。

盖至于今，功利之毒沦浃于人之心髓，而习以成性也，几千年矣。相矜以智，相轧以势，相争以利，相高以技能，相取以声誉。其出而仕也，理钱谷者则欲兼夫兵刑，典礼乐者又欲与于铨轴，处郡县则思藩臬之高，居台谏则望宰执之要。故不能其事则不得以兼其官，不通其说则不可以要其誉。记诵之广，适以长其傲也；知识之多，适以行其恶也；闻见之博，适以肆其辩也；辞章之富，适以饰其伪也。是以皋、夔、稷、契所不能兼之事，而今之初学小生皆欲通其说，究其术。其称名僭号，未尝不曰吾欲以共成天下之务，而其诚心实意之所在，以为不如是则无以济其私而满其欲也。

呜呼，以若是之积染，以若是之心志，而又讲之以若是之学术，宜其闻吾圣人之教，而视之以为赘疣枘凿，则其以良知为未足，而谓圣人之学为无所用，亦其势有所必至矣！呜呼，士生斯世，而尚何以求圣人之学乎！尚何以论圣人之学乎！士生斯世，而欲以为学者，不亦劳苦而繁难乎！不亦拘滞而险艰乎！呜呼，可悲也已！所幸天理之在人心，终有所不可泯，而良知之明，万古一日，则其闻吾拔本塞源之论，必有恻然而悲，戚然而痛，愤然而起，沛然若决江河，而有所不可御者矣。非夫豪杰之士，无所待而兴起者，吾谁与望乎？

启问道通书

一四四

吴、曾两生至，备道道通恳切为道之意，殊慰相念！若道通真可谓笃信好学者矣。忧病中会，不能与两生细论，然两生亦自有志向，肯用功者，每见辄觉有进。在区区诚不能无负于两生之远来，在两生则亦庶几无负其远来之意矣。临别以此册致道通意，请书数语。荒愦无可言者，辄以道通来书中所问数节，略下转语奉酬。草草殊不详细，两生当亦自能口悉也。

来书云："日用工夫只是'立志'，近来于先生诲言，时时体验，愈益明白。然于朋友不能一时相离。若得朋友讲习，则此志才精健阔大，才有生意。若三五日不得朋友相讲，便觉微弱，遇事便会困，亦时会忘。乃今无朋友相讲之日，还只静坐，或看书，或游衍经行，凡寓目措身，悉取以培养此志，颇觉意思和适。然终不如朋友讲聚，精神流动，生意更多也。离群索居之人，当更有何法以处之？"

此段足验道通日用工夫所得，工夫大略亦只是如此用。只要无间断，到得纯熟后，意思又自不同矣。大抵吾人为学，紧要大头脑，只是"立志"。所谓"困、忘"之病，亦只是志欠真切。今好色之人，未尝病于困忘，只是一真切耳。自家痛痒，自家须会知得，自家须会搔摩得。既自知得痛痒，自家须不能不搔摩得；佛家谓之"方便法门"，须是自家调停斟酌，他人总难与力，亦更无别法可设也。

一四五

来书云："上蔡常问'天下何思何虑？'伊川云：'有此理，只是发得太早。'在学者工夫，固是'必有事焉而勿忘'，然亦须识得'何思何虑'底气象，一并看为是。

若不识得这气象，便有'正'与'助长'之病。若认得'何思何虑'，而忘'必有事焉'工夫，恐又堕于'无'也。须是不滞于'有'，不堕于'无'。然乎否也？"

所论亦相去不远矣，只是契悟未尽。上蔡之问，与伊川之答，亦只是上蔡、伊川之意，与孔子《系辞》原旨稍有不同。《系》言"何思何虑"，是言所思所虑只是一个天理，更无别思别虑耳，非谓无思无虑也。故曰："同归而殊途，一致而百虑，天下何思何虑。"云"殊途"，云"百虑"，则岂谓无思无虑邪？心之本体即是天理，天理只是一个，更有何可思虑得？天理原自寂然不动，原自感而遂通，学者用功，虽千思万虑，只是要复他本来体用而已，不是以私意去安排思索出来。故明道云："君子之学，莫若廓然而大公，物来而顺应。"若以私意去安排思索，便是用智自私矣。"何思何虑"正是工夫，在圣人分上，便是自然的；在学者分上，便是勉然的。伊川却是把作效验看了，所以有"发得太早"之说。既而云"却好用功"，则已自觉其前言之有未尽矣。濂溪"主静"之论，亦是此意。今道通之言，虽已不为无见，然亦未免尚有两事也。

一四六

来书云："凡学者才晓得做工夫，便要识认得圣人气象。盖认得圣人气象，把做准的，乃就实地做工夫去，才不会差，才是作圣工夫。未知是否？"

先认圣人气象，昔人尝有是言矣，然亦欠有头脑。圣人气象自是圣人的，我从何处识认？若不就自己良知上真切体认，如以无星之称而权轻重，未开之镜而照妍媸，真所谓以小人之腹，而度君子之心矣。圣人气象何由认得？自己良知原与圣人一般，若体认得自己良知明白，即圣人气象不在圣人而在我矣。程子尝云："觑着尧，学他行事，无他许多聪明睿智，安能如彼之动容周旋中礼？"又云："心通于道，然后能辨是非。"今且说通于道在何处？聪明睿智从何处出来？

一四七

来书云："事上磨炼，一日之内，不管有事无事，只一意培养本原。若遇事来感，或自己有感，心上既有觉，安可谓无事？但因事凝心一会，大段觉得事理当如此，只如无事处之，尽吾心而已。然乃有处得善与未善，何也？又或事来得多，须要次第与处，每因才力不足，辄为所困，虽极力扶起而精神已觉衰弱。遇此未免要十分退省，宁不了事，不可不加培养。如何？"

所说工夫，就道通分上，也只是如此用，然未免有出入在。凡人为学，终身只为这一事。自少至老，自朝至暮，不论有事无事，只是做得这一件，所谓"必有事焉"者也。若说"宁不了事，不可不加培养"，却是尚为两事也。"必有事焉而勿忘勿助"，事物之来，但尽吾心之良知以应之，所谓"忠恕违道不远"矣。凡处得有善有未善，及有困顿失次之患者，皆是牵于毁誉得丧，不能实致其良知耳。若能实致其良知，然后见得平日所谓善者未必是善，所谓未善者，却恐正是牵于毁誉得丧，自贼其良知者也。

一四八

来书云："致知之说，春间再承诲益，已颇知用力，觉得比旧尤为简易。但鄙心则谓与初学言之，还须带"格物"意思，使之知下手处。本来'致知'、'格物'一并下，但在初学未知下手用功，还说与'格物'，方晓得'致知'"。云云"格物"是"致知"工夫，知得"致知"，便已知得"格物"。

若是未知"格物"，则是"致知"工夫亦未尝知也。近有一书，与友人论此，颇悉，今往一通，细观之当自见矣。

一四九

来书云："今之为朱、陆之辨者尚未已，每对朋友言，正学不明已久，且不须枉费心力，为朱、陆争是非，只依先生'立志'二字点化人。若其人果能辨得此志来，决意段明白了，朱、陆虽不辨，彼自能觉得。又尝见朋友中，见有人议先生之言者，辄为动气。昔在朱、陆二先生所以遗后世纷纷之议者，亦见二先生工夫有未纯熟，分明亦有动气之病。若明道则无此矣。观其与吴涉礼论介甫之学云：'为我尽达诸介甫，不有益于他，必有益于我也。'气象何等从容！尝见先生与人书中，亦引此言，愿朋友皆如此，如何？"

此节议论得极是、极是，愿道通遍以告于同志，各自且论自己是非，莫论朱、陆是非也。以言语谤人，其谤浅；若自己不能身体实践，而徒入耳出口，呶呶度日，是以身谤也，其谤深矣。凡今天下之论议我者，苟能取以为善，皆是砥砺切磋我也，则在我无非警惕修省进德之地矣。昔人谓"攻吾之短者是吾师"，师又可恶乎？

一五〇

来书云："有引程子'人生而静以上不容说，才说性，便已不是性'。何故不容说，何故不是性？晦庵答云：'不容说者，未有性之可言；不是性者，已不能无气质之杂矣。'二先生之言，皆未能晓，每看书至此，辄为一惑，请问。""生之谓性"，"生"字即是"气"字，犹言"气即是性"也。气即是性，"人生而静以上不容说"，才说"气即是性"，即已落在一边，不是性之本原矣。孟子性善，

是从本原上说。然性善之端，须在气上始见得，若无气，亦无可见矣。恻隐、羞恶、辞让、是非即是气。程子谓"论性不论气，不备；论气不论性，不明"，亦是为学者各认一边，只得如此说。若见得自性明白时，气即是性，性即是气，原无性、气之可分也。

答陆原静书

一五一

来书云："下手工夫，觉此心无时宁静，妄心固动也，照心亦动也；心既恒动，则无刻暂停也。"

是有意于求宁静，是以愈不宁静耳。夫妄心则动也，照心非动也。恒照则恒动恒静，天地之所以"恒久而不已也"。照心固照也，妄心亦照也。"其为物不贰，则其生物不息"，有刻暂停，则息矣，非"至诚无息"之学矣。

一五二

来书云："良知亦有起处"云云。

此或听之未审。良知者，心之本体，即前所谓恒照者也。心之本体，无起无不起。虽妄念之发，而良知未尝不在，但人不知存，则有时而或放耳；虽昏塞之极，而良知未尝不明，但人不知察，则有时而或蔽耳。虽有时而或放，其体实未尝不在也，存之而已耳；虽有时而或蔽，其体实未尝不明也，察之而已耳。若谓良知亦有起处，则是有时而不在也，非其本体之谓矣。

一五三

"精一"之"精"以理言，"精神"之"精"以气言。理者，气之条理；气者，理之运用。无条理则不能运用，无运用则亦无以见其所谓条理者矣。精则精，精则明，精则一，精则神，精则诚；一则精，一则明，一则神，一则诚，原非有二事也。但后世儒者之说，与养生之说，各滞于一偏，是以不相为用。前日"精一"之论，虽为原静爱养精神而发，然而作圣之功，实亦不外是矣。

一五四

来书云："元神、元气、元精，必各有寄藏发生之处，又有真阴之精、真阳之气"云云。

夫良知一也，以其妙用而言谓之神，以其流行而言谓之气，以其凝聚而言谓之精，安可以形象方所求哉？真阴之精，即真阳之气之母；真阳之气，即真阴之精之父；阴根阳，阳根阴，亦非有二也。苟吾良知之说明，则凡若此类，皆可以不言而喻。不然，则如来书所云，三关、七返、九还之属，尚有无穷可疑者也。

一五五

来书云："良知，心之本体，即所谓性善也，未发之中也，寂然不动之体也，廓然大公也，何常人皆不能而必待于学邪？中也、寂也、公也，既以属心之体，则良知是矣。今验之于心，知无不良，而中、寂、大公，实未有也。岂良知复超然于体用之外乎？"

性无不善，故知无不良，良知即是未发之中，即是廓然大公、寂然不动之本体，人人之所同具者也。但不能不昏蔽于物欲，故须学以去其昏蔽。然于良知之本体，初不能有加损于毫末也。知无不良，而中、寂、大公未能全者，是昏蔽之未尽去而存之未纯耳。体即良知之体，用即良知之用，宁复有超然于体用之外者乎？

一五六

来书云："周子曰'主静'，程子曰'动亦定，静亦定'，先生曰定者心之本体是静定也，决非不睹不闻、无思无为之谓，必常知、常存、常主于理之谓也。'夫常知、常存、常主于理，明是动也，已发也，何以谓之静？何以谓之本体？岂是静定也，又有以贯乎心之动静者邪？"

理无动者也。"常知、常存、常主于理"，即"不睹不闻、无思无为"之谓也。不睹不闻、无思无为，非槁木死灰之谓也。睹、闻、思、为一于理，而未尝有所睹、闻、思、为，即是"动而未尝动"也。所谓"动亦定，静亦定，体用一原"者也。

一五七

来书云："此心未发之体，其在已发之前乎？其在已发之中而为之主乎？其无前后、内外而浑然一体者乎？今谓心之动、静者，其主有事、无事而言乎？其主寂然、感通而言乎？其主循理从欲而言乎？若以循理为静，从欲为动，则于所谓'动中有静，静中有动'，'动极而静，静极而动'者，不可通矣。若以有事而感通为动，无事而寂然为静，则于所谓'动而无动，静而无静'者，不可通矣。若谓未发在已发之先，静而生动，是至诚有息也，圣人有复也，又不可矣。若谓未发在已发之中，则不知未发、已发俱当主静乎？抑未发为静而已发为动乎？抑未发、已发俱无动无静乎？俱有动有静乎？幸教"。

"未发之中"即良知也，无前后、内外而浑然一体者也。有事、无事可以言动、静，而良知无分于有事、无事也。寂然、感通可以言动、静，而良知无分于寂然、感通也。动、静者，所遇之时。心之本体固无分于动、静也。理无动者也，动即为欲。循理，则虽酬酢万变而未尝动也；从欲，则虽槁心一念而未尝静也。"动中有静，静中有动"，又何疑乎？有事而感通固可以言动，然而寂然者未尝有增也。无事而寂然固可以言静，然而感通者未尝有减也。"动而无动，静而无静"，又何疑乎？无前后、内外而浑然一体，则至诚有息之疑，不待解矣。未发在已发之中而已发之中未尝别有未发者在，已发在未发之中而未发之中未尝别有已发者存，是未尝无动、静，而不可以动、静分者也。凡观古人言语，在以意逆志而得其大旨，若必拘滞于文义，则"靡有孑遗"者，是周果无遗民也。周子"静极而动"之说，苟不善观，亦未免有病。盖其意从"太极动而生阳，静而生阴"说来。太极生生之理，妙用无息，而常体不易。太极之生生，即阴阳之生生。就其生生之中，指其妙用无息者而谓之动，谓之阳之生，非谓动而后生阳也；就其生生之中，指其常体不易者而谓之静，谓之阴之生，非谓静而后生阴也。若果静而后生阴，动而后生阳，则是阴阳、动静，截然各自为一物矣。阴阳一气也，一气屈伸而为阴阳。动静一理也，一理隐显而为动静。春夏可以为阳、为动，而未尝无阴与静也。秋冬可以为阴、为静，而未尝无阳与动也。春夏此不息，秋冬此不息，皆可谓之阳、谓之动也；春夏此常体，秋冬此常体，皆可谓之阴、谓之静也。自元、会、运、世、岁、月、日、时以至刻、杪、忽、微，莫不皆然。所谓"动静无端、阴阳无始"，在知道者默而识之，非可以言语穷也。

若只牵文泥句，比拟仿像，则所谓"心从法华转"，非是"转法华"矣。

一五八

来书云："尝试于心，喜、怒、忧、惧之感发也，虽动气之极，而吾心良知一觉，即罔然消阻，或遏于初，或制于中，或悔于后。然则良知常若居优闲无事之地而为之主，于喜、怒、忧、惧若不与焉者，何欤？"

知此，则知未发之中、寂然不动之体，而有发而中节之和、感而遂通之妙矣。然谓"良知常若居于优闲无事之地"，语尚有病。盖良知虽不滞于喜、怒、忧、惧，而喜、怒、忧、惧亦不外于良知也。

一五九

来书云："夫子昨以良知为照心。窃谓良知，心之本体也；照心，人所用功，乃戒慎恐惧之心也，犹思也。而遂以戒慎恐惧为良知，何欤？"

能戒慎恐惧者，是良知也。

一六〇

来书云："先生又曰：'照心非动也'，岂以其循理而谓之静欤？'妄心亦照也'，岂以其良知未常不在于其中、未常不明于其中，而视、听、言、动之不过则者皆天理欤？且既曰妄心，则在妄心可谓之照，而在照心则谓之妄矣。妄与息何异？今假妄之照，以续至诚之无息，窃所未明，幸再启蒙。

"照心非动"者，以其发于本体明觉之自然，而未尝有所动也，有所动即妄矣；"妄心亦照"者，以其本体明觉之自然者，未尝不在于其中，但有所动耳，无所动即照矣。无妄、无照，非以妄为照，以照为妄也。照心为明，妄心为妄，是犹有妄、有照也。有妄、有照，则犹贰也，贰则息矣。无妄、无照则不贰，不贰则不息矣。

一六一

来书云："养生以清心寡欲为要。夫清心寡欲，作圣之功毕矣。然寡欲则心自清，清心非舍弃人事，而独居求静之谓也，盖欲使此心纯乎天理，而无一毫人欲之私耳。今欲为此之功，而随人欲生而克之，则病根常在，未免灭于东而生于西。若欲刊剥洗荡于众欲未萌之先，则又无所用其力，徒使此心之不清。且欲未萌而搜剔以求去之，是犹引犬上堂而逐之也，愈不可矣。"

必欲此心纯乎天理而无一毫人欲之私，此作圣之功也。必欲此心纯乎天理而无一毫人欲之私，非防于未萌之先，而克于方萌之际不能也。防于未萌之先而克于方萌之际，此正《中庸》"戒慎恐惧"、《大学》"致知格物"之功。舍此之外，无别功矣。夫谓"灭于东而生于西、引犬上堂而逐之"者，是自私自利、"将迎""意必"之为累，而非克治洗荡之为患也。今曰"养生以清心寡欲为要"，只"养生"二字，便是自私自利、将迎意必之根。有此病根潜伏于中，宜其有灭于东而生于西、引犬上堂而逐之之患也。

一六二

来书云："佛氏于'不思善、不思恶时，认本来面目'，与吾儒"随物而格"之功不同。吾若于不思善、不思恶时用致知之功，则已涉于思善矣。欲善恶不思，而心之良知清静自在，惟有寐方醒之时耳，斯正孟子'夜气'之说。但于斯光景不能久，倏忽之际，思虑已生，不知用功久者，其当寐初醒而思未起之时否乎？今澄欲求宁静，愈不宁静，欲念无生，则念愈生，如之何而能使此心前念易灭，后念不生，良知独显，而与造物者游乎？"

"不思善、不思恶，时认本来面目。"此佛氏为未识本来面目者设此方便。本来面目即吾圣门所谓良知，今既认得良知明白，即已不消如此说矣。"随物而格"，是致知之功，即佛氏之"常惺惺"，亦是常存他本来面目耳，体段工夫大略相似，但佛氏有个自私自利之心，所以便有不同耳。今欲善恶不思而心之良知清静自在，此便有自私自利、将迎意必之心。所以有"不思善、不思恶时用致知之功，则已涉于思善"之患。孟子说"夜气"，亦只是为失其良心之人指出个良心萌动处，使他从此培养将去，今已知得良知明白，常用致知之功，即已不消说"夜气"。却是得兔后不知守兔，而仍去守株，兔将复失之矣。"欲求宁静"，"欲念无生"，此正是自私自利、将迎意必之病，是以念愈生而愈不宁静。良知只是一个良知，而善恶自辨，更有何善何恶可思！良知之体本自宁静，今却又添一个求宁静，本自生生，今却又添一个欲无生，非独圣门致知之功不如此，虽佛氏之学亦未如此将迎意必也。只是一念良知，彻头彻尾，无始无终，即是前念不灭，后念不生。今却欲前念易灭，而后念不生，是佛氏所谓"断灭种性"，入于槁木死灰之谓矣。

一六三

来书云："佛氏又有'常提念头'之说，其犹孟子所谓'必有事'，夫子所谓'致良知'之说乎？其即'常惺惺、常记得、常知得、常存得'者乎？于此念头提在之时，而事至物来，应之必有其道。但恐此念头提起时少，放下时多，则工夫间断耳。且念头放失，多因私欲客气之动而始，忽然惊醒而后提，其放而未提之间，心之昏杂多不自觉，今欲日精日明，常提不放，以何道乎？只此常提不放，即全功乎？抑于常提不放之中，更宜加省克之功乎？虽曰常提不放，而不加戒惧克治之功，恐私欲不去；若加戒惧克治之功焉，又为'思善'之事，而于'本来面目'又未达一间也。如之何则可？"

戒惧克治，即是常提不放之功，即是"必有事焉"，岂有两事邪？此节所问，前一段已自说得分晓，末后却是自生迷惑，说得支离，及有"本来面目未达一间"之疑，都是自私自利、将迎意必之为病，去此病自无此疑矣。

一六四

来书云："质美者明得尽，查滓便浑化'，如何谓明得尽？如何而能便浑化？"

良知本来自明。气质不美者，查滓多，障蔽厚，不易开明；质美者，查滓原少，无多障蔽，略加致知之功，此良知便自莹澈，些少查滓如汤中浮雪，如何能作障蔽？此本不甚难晓，原静所以致疑于此，想是因一"明"字不明白，亦是稍有欲速之心。向曾面论明善之义，"明则诚"矣，非若后儒所谓明善之浅也。

一六五

来书云："聪明睿知，果质乎？仁义礼智，果性乎？喜怒哀乐，果情乎？私欲客气，果一物乎？二物乎？古之英才，若子房、仲舒、叔度、孔明、文中、韩、范诸公，德业表著，皆良知中所发也，而不得谓之闻道者，果何在乎？苟曰此特生质之美耳，则生知安行者，不愈于学知困勉者乎？愚意窃云，谓诸公见道偏则可，谓全无闻，则恐后儒崇尚记诵训诂之过也。然乎？否乎？"

性一而已。仁义礼智，性之性也；聪明睿知，性之质也；喜怒哀乐，性之情也；私欲客气，性之蔽也：质有清浊，故情有过、不及，而蔽有浅、深也。私欲客气，一病两痛，非二物也。张、黄、诸葛及韩、范诸公，皆天质之美，自多暗合道妙，虽未可尽谓之知学，尽谓之闻道，然亦自有其学，违道不远者也。使其闻学知道，即伊、傅、周、召矣。若文中子，则又不可谓之不知学者，其书虽多出于其徒，亦多有未是处，然其大略，则亦居然可见。但今相去辽远，无有的然凭证，不可悬断其所至矣。夫良知即是道，良知之在人心，不但圣贤，虽常人亦无不如此，若无有物欲牵蔽，但循着良知发用流行将去，即无不是道。但在常人，多为物欲牵蔽，不能循得良知。如数公者，天质既自清明，自少物欲为之牵蔽，则其良知之发用流行处，自然是多，自然违道不远，学者学循此良知而已，谓之知学，只是知得专在学循良知。数公虽未知专在良知上用功，而或泛滥于多歧，疑迷于影响，是以或离或合而未纯。若知得时，便是圣人矣。后儒尝以数子者尚皆是气质用事，未免于行不著，习不察，此亦未为过论。但后儒之所谓著、察者，亦是狃于闻见之狭，蔽于沿习之非，而依拟仿象于影响形迹之间，尚非圣门之所谓著、察者也，则亦安得"以己之昏昏，而求人之昭昭"也乎？所谓"生知安行"，知行二字，亦是就用功上说。若是知行本体即是良知良能，虽在困勉之人，亦皆可谓之"生知安行"矣。"知行"二字更宜精察。

一六六

来书云："昔周茂叔每令伯淳寻仲尼、颜子乐处。敢问是乐也，与七情之乐同乎、否乎？若同，则常人之一遂所欲皆能乐矣，何必圣贤？若别有真乐，则圣贤之遇大忧、大怒、大惊、大惧之事，此乐亦在否乎？且君子之心常存戒惧，是盖终身之忧也，恶得乐？澄平生多闷，未常见真乐之趣，今切愿寻之。"

"乐"是心之本体，虽不同于七情之乐，而亦不外于七情之乐；虽则圣贤别有真乐，而亦常人之所同有，但常人有之而不自知，反自求许多忧苦，自加迷弃。虽在忧苦迷弃之中，而此乐又未尝不存，但一念开明，反身而诚，则即此而在矣。每与原静论，无非此意，而原静尚有"何道可得"之问，是犹未免于骑驴觅驴之蔽也。

一六七

来书云："《大学》以'心有好乐、忿懥、忧患、恐惧'为'不得其正'，而程子亦谓'圣人情顺万事而无情'。所谓'有'者，《传习录》中以病疟譬之，极精切矣。若程子之言，则是圣人之情不生于心而生于物也，何谓耶？且事感而情应，则是是非非可以就格；事或未感时，谓之有则未形也，谓之无则病根在有无之间，何以致吾知乎？学务无情，累虽轻，而出儒入佛矣，可乎？"

圣人致知之功，至诚无息；其良知之体，皎如明镜，略无纤翳，妍媸之来，随物见形，而明镜曾无留染：所谓"情顺万事而无情"也。"无所住而生其心"，佛氏曾有是言，未为非也。明镜之应物，妍者妍，媸者媸，一照而皆真，即是生其心处；妍者妍，媸者媸，一过而不留，即是无所住处。病疟之喻，既已见其精切，则此节所问可以释然。病疟之人，疟虽未发，而病根自在，则亦安可以其疟之未发而遂忘其服药调理之功乎？若必待疟发而后服药调理，则既晚矣；致知之功，无间于有事、无事，而岂论于病之已发、未发邪？大抵原静所疑，前后虽若不一，然皆起于自私自利、将迎意必之为祟。此恨一去，则前后所疑，自将冰消雾释，有不待于问辨者矣。

钱德洪跋

答原静书出，读者皆喜澄善问、师善答，皆得闻所未闻。师曰："原静所问，只是知解上转，不得已与之逐节分疏。若信得良知，只在良知上用工，虽千经万典，无不吻合，异端曲学，一勘尽破矣，何必如此节节分解！佛家有'扑人逐块'之喻，见块扑人，则得人矣，见块逐块，于块奚得哉？"在座诸友闻之，惕然皆有惺悟。此学贵反求，非知解可入也。

答欧阳崇一

一六八

崇一来书云：师云"德性之良知，非由于闻见，若曰'多择其善者而从之，多见而识之'，则是专求之见闻之末，而已落在第二义"。窃意良知虽不由见闻而有，然学者之知未常不由见闻而发。滞于见闻固非，而见闻亦良知之用也。今曰"落在第二义"，恐为专以见闻为学者而言，若致其良知而求之见闻，似亦知行合一之功矣。如何？"良知不由见闻而有，而见闻莫非良知之用，故良知不滞于见闻，而亦不离于见闻。孔子云："吾有知乎哉？无知也。"良知之外，别无知矣，故"致良知"是学问大头脑，是圣人教人第一义。今云专求之见闻之末，则是失却头脑，而已落在第二义矣。近时同志中，盖已莫不知有"致良知"之说，然其工夫尚多鹘突者，正是欠此一问。大抵学问工夫只要主意头脑是当。若主意头脑专以"致良知"为事，则凡多闻、多见莫非"致良知"之功。盖日用之间见闻酬酢，虽千头万绪，莫非良知之发用流行，除却见闻酬酢，亦无良知可致矣，故只是一事。若曰致其良知而求之见闻，则语意之间未免为二。此与专求之见闻之末者虽稍不同，其为未得精一之旨，则一而已。"多闻择其善者而从之，多见而识之"，既云择，又云识，其良知亦未尝不行于其间，但其用意乃专在多闻多见上去择、识，则已失却头脑矣。崇一于此等处见得当已分晓，今日之问，正为发明此学，于同志中极有益，但语意未莹，则毫厘千里，亦不容不精察之也。

一六九

来书云："师云：'《系》言何思何虑，是言所思所虑只是天理，更无别思别虑耳，非谓无思无虑也。心之本体即是天理，有何可思虑得？学者用功，虽千思万虑，只是要复他本体，不是以私意去安排思索出来。若安排思索，便是自私用智矣。学者之弊，大率非沉空守寂，则安排思索。'德辛壬之岁着前一病，近又着后一病。但思索亦是良知发用，其与私意安排者，何所取别？恐认贼作子，惑而不知也。"

"思曰睿，睿作圣""心之官则思，思则得之"，思其可少乎？沉空守寂与安排思索，正是自私用智，其为丧失良知一也。良知是天理之昭明灵觉处，故良知即是天理。思是良知之发用，若是良知发用之思，则所思莫非天理矣。良知发用之思，自然明白简易，良知亦自能知得。若是私意安排之思，自是纷纭劳扰，良知亦自会分别得。盖思之是非邪正，良知无有不自知者。所以认贼作子，正为致知之学不明，不知在良知上体认之耳。

一七〇

来书又云："师云：'为学终身只是一事，不论有事无事，只是这一件。若说宁不了事，不可不加培养，却是分为两事也。'窃意觉精力衰弱，不足以终事者，良知也。宁不了事，且加休养，致知也。如何却为两事？若事变之来，有事势不容不了，而精力虽衰，稍鼓舞亦能支持，则持志以帅气可矣。然言动终无气力，毕事则困惫已甚，不几于暴其气已乎？此其轻重缓急，良知固未尝不知，然或迫于事势，安能顾精力？或因于精力，安能顾事势？如之何则可？"

"宁不了事，不可不加培养"之意，且与初学如此说，亦不为无益，但作两事看了，便有病痛在。孟子言"必有事焉"，则君子之学终身只是"集义"一事。义者，宜也，心得其宜之谓义；能致良知，则心得其宜矣，故"集义"亦只是致良知。君子之酬酢万变，当行则行，当止则止，当生则生，当死则死，斟酌调停，无非是致其良知、以求自慊而已。故"君子素其位而行"，"思不出其位"，凡谋其力之所不及，而强其知之所不能者，皆不得为致良知，而凡"劳其筋骨，饿其体肤，空乏其身，行拂乱其所为，动心忍性，以增益其所不能"者，皆所以致其良知也。若云"宁不了事，不可不加培养"者，亦是先有功利之心，较计成败利钝而爱憎取舍于其间，是以将了事自作一事，而培养又别作一事，此便有是内、非外之意，便是自私用智，便是"义外"，便有"不得于心，勿求于气"之病，便不是致良知以求自慊之功矣。所云"鼓舞支持，毕事则困惫已甚"，又云"迫于事势，困于精力"，皆是把作两事做了，所以有此。凡学问之功，一则诚，二则伪，凡此皆是致良知之意，欠诚一真切之故。《大学》言"诚其意者，如恶恶臭，如好好色，此之谓自慊"。曾见有恶恶臭、好好色，而须鼓舞支持者乎？曾见毕事则困惫已甚者乎？曾有迫于事势、困于精力者乎？此可以知其受病之所从来矣。

一七一

来书又有云："人情机诈百出，御之以不疑，往往为所欺，觉则自入于逆、亿。夫逆诈，即诈也；亿不信，即非信也；为人欺，又非觉也。不逆、不亿而常先觉，其惟良知莹彻乎？然而出入毫忽之间，背觉合诈者多矣。"

"不逆、不亿而先觉"，此孔子因当时人专以逆、诈、亿、不信为心，而自陷于诈与不信，又有不逆、不亿者，然不知致良知之功，而往往又为人所欺诈，故有是言；非教人以是存心，而专欲先觉人之诈与不信也。以是存心，即是后世猜忌险薄者之事；而只此一念，已不可与入尧、舜之道矣。不逆、不亿而为人所欺者，尚亦不失为善，但不如能致其良知，而自然先觉者之尤为贤耳。崇一谓"其惟良知莹彻"者，盖已得其旨矣。然亦颖悟所及，恐未实际也。盖良知之在人心，亘万古、塞宇宙而无不同。不虑而知，恒易以知险；不学而能，恒简以知阻。先天而天不违，天且不违，而况于人乎？况于鬼神乎？夫谓背觉合诈者，是虽不逆人而或未能自欺也，虽不亿人而或未能果自信也，是或常有先觉之心，而未能常自觉也。常有求先觉之心，即已流于逆、亿而足以自蔽其良知矣，此背觉合诈之所以未免也。君子学以为己，未尝虞人之欺己也，恒不自欺其良知而已；未尝虞人之不信己也，恒自信其良知而已；未尝求先觉人之诈与不信也，恒务自觉其良知而已。是故不欺则良知无所伪而诚，诚则明矣；自信则良知无所惑而明，明则诚矣。明、诚相生，是故良知常觉、常照。常觉、常照则如明镜之悬，而物之来者自不能遁其妍媸矣。何者？不欺而诚，则无所容其欺，苟有欺焉，而觉矣；自信而明，则无所容其不信，苟不信焉而觉矣。是谓"易以知险"，"简以知阻"，子思所谓"至诚如神，可以前知"者也。然子思谓"如神"，谓"可以前知"，犹二而言之，是盖推言思诚者之功效，是犹为不能先觉者说也。若就至诚而言，则至诚之妙用，即谓之"神"，不必言"如神"，至诚则"无知而无不知"，不必言"可以前知"矣。

答罗整庵少宰书

一七二

某顿首启：昨承教及《大学》，发舟匆匆，未能奉答。晓来江行稍暇，复取手教而读之。恐至赣后人事复纷沓，先具其略以请。

来教云："见道固难，而体道尤难。道诚未易明，而学诚不可不讲。恐未可安于所见而遂以为极则也。"

幸甚幸甚！何以得闻斯言乎？其敢自以为极则而安之乎？正思就天下之道以讲明之耳。而数年以来，闻其说而非笑之者有矣，诟訾之者有矣，置之不足较量辨议之者有矣，其肯遂以教我乎？其肯遂以教我，而反复晓谕、恻然惟恐不及救正之乎？然则天下之爱我者，固莫有如执事之心深且至矣！感激当何如哉！

夫"德之不修，学之不讲"，孔子以为忧。而世之学者稍能传习训诂，即皆自以为知学，不复有所谓讲学之求，可悲矣！夫道必体而后见，非已见道而后加体道之功也；道必学而后明，非外讲学而复有所谓明道之事也。然世之讲学者有二，有讲之以身心者，有讲之以口耳者。讲之以口耳，揣摸测度、求之影响者也；讲之以身心，行著习察、实有诸己者也。知此，则知孔门之学矣。

一七三

来教谓某"《大学》古本之复，以人之为学，但当求之于内，而程朱格物之说，不免求之于外"，"遂去朱子之分章，而削其所补之《传》"。

非敢然也。学岂有内外乎？《大学》古本乃孔门相传旧本耳。朱子疑其有所脱误，而改正补缉之，在某则谓其本无脱误，悉从其旧而已矣。失在于过信孔子则有之，非故去朱子之分章而削其《传》也。夫学贵得之心，求之于心而非也，虽其言之出于孔子，不敢以为是也，而况其未及孔子者乎！求之于心而是也，虽其言之出于庸常，不敢以为非也，而况其出于孔子者乎！且旧本之传数千载矣，今读其文词，既明白而可通；论其工夫，又易简而可入。亦何所按据，而断其此段之必在于彼，彼段之必在于此，与此之如何而缺，彼之如何而补？而遂改正补缉之，无乃重于背朱而轻于叛孔已乎？

一七四

来教谓"如必以学不资于外求，但当反观、内省以为务，则'正心诚意'四字，亦何不尽之有？何必于入门之际，便困以'格物'一段工夫也？"

诚然诚然！若语其要，则"修身"二字亦足矣，何必又言"正心"？"正心"二字亦足矣，何必又言"诚意"？"诚意"二字亦足矣，何必又言"致知"，又言"格物"？惟其工夫之详密，而要之只是一事，此所以为"精一"之学，此正不可不思者也。夫理无内外，性无内外，故学无内外。讲习、讨论，未尝非内也；反观、内省，未尝遗外也。夫谓学必资于外求，是以己性为有外也，是"义外"也，用智者也；谓反观、内省为求之于内，是以己性为有内也，是有我也，自私者也：是皆不知性之无内外也。故曰："精义入神，以致用也；利用安身，以崇德也"："性之德也，合内外之道也。"此可以知"格物"之学矣。"格物"者，《大学》之实下手处，彻首彻尾，自始学至圣人，只此工夫而已，非但入门之际有此一段也。

夫正心、诚意、致知、格物，皆所以"修身"；而"格物"者，其所用力，日可见之地。故格物者，格其心之物也，格其意之物也，格其知之物也；正心者，正其物之心也；诚意者，诚其物之意也；致知者，致其物之知也。此岂有内外彼此之分哉？理一而已：以其理之凝聚而言，则谓之"性"；以其凝聚之主宰而言，则谓之"心"；以其主宰之发动而言，则谓之"意"；以其发动之明觉而言，则谓之"知"；以其明觉之感应而言，则谓之"物"。故就物而言，谓之"格"；就知而言，谓之"致"；就意而言，谓之"诚"；就心而言，谓之"正"。正者，正此也；诚者，诚此也；致者，致此也；格者，格此也：皆所谓穷理以尽性也。天下无性外之理，无性外之物。学之不明，皆由世之儒者认理为外、认物为外，而不知"义外"之说，孟子盖尝辟之，力至袭陷其内而不觉，岂非亦有似是而难明者欤？不可以不察也！

一七五

凡执事所以致疑于"格物"之说者，必谓其是内而非外也，必谓其专事于反观、内省之为，而遗弃其讲习、讨论之功也，必谓其一意于纲领、本原之约，而脱略于支条、节目之详也，必谓其沉溺于枯槁、虚寂之偏，而不尽于物理、人事之变也。审如是，岂但获罪于圣门，获罪于朱子，是邪说诬民，叛道乱正，人得而诛之也，而况于执事之正直哉？审如是，世之稍明训诂、闻先哲之绪论者，皆知其非也，而况执事之高明哉？凡某之所谓"格物"，其于朱子九条之说，皆包罗统括于其中。但为之有要，作用不同，正所谓毫厘之差耳。然毫厘之差，而千里之谬实起于此，不可不辨。

一七六

孟子辟杨、墨，至于"无父无君"。二子亦当时之贤者，使与孟子并世而生，未必不以之为贤。墨子"兼爱"，行仁而过耳；杨子"为我"，行义而过耳。此其为说，亦岂灭理乱常之甚，而足以眩天下哉？而其流之弊，孟子至比于禽兽、夷狄，所谓"以学术杀天下后世"也。今世学术之弊，其谓之学仁而过者乎？谓之学义而过者乎？抑谓之学不仁、不义而过者乎？吾不知其于洪水猛兽何如也。孟子云："予岂好辩哉？予不得已也。"杨、墨之道塞天下，孟子之时，天下之尊信杨、墨，当不下于今日之崇尚朱说，而孟子独以一人呶呶于其间，噫，可哀矣！韩氏云："佛、老之害，甚于杨、墨；韩愈之贤，不及孟子。孟子不能救之于未坏之先，而韩愈乃欲全之于已坏之后，其亦不量其力，且见其身之危，莫之救以死也。"

呜呼！若某者，其尤不量其力，果见其身之危，莫之救以死也矣！夫众方嘻嘻之中，而犹出涕嗟，若举世恬然以趋，而独疾首蹙额以为忧，此其非病狂丧心，殆必诚有大苦者隐于其中。而非天下之至仁，其孰能察之。其为《朱子晚年定论》，盖亦不得已而然。中间年岁早晚，诚有所未考，虽不必尽出于晚年，固多出于晚年者矣。然大意在委曲调停，以明此学为重。

平生于朱子之说，如神明蓍龟，一旦与之背驰，心诚有所未忍，故不得已而为此。"知我者谓我心忧，不知我者谓我何求"，盖不忍抵牾朱子者，其本心也；不得已而与之抵牾者，道固如是，"不直则道不见也"。执事所谓"决与朱子异"者，仆敢自欺其心哉？夫道，天下之公道也；学，天下之公学也，非朱子可得而私也。非孔子可得而私也，天下之公也，公言之而已矣。故言之而是，虽异于己，乃益于己也；言之而非，虽同于己，适损于己也。益于己者，己必喜之；损于己者，己必恶之。然则某今日之论，虽或于朱子异，未必非其所喜也。"君子之过，如日月之食，其更也，人皆仰之"，而"小人之过，也必文"。某虽不肖，固不敢以小人之心事朱子也。

一七七

执事所以教，反覆数百言，皆以未释鄙人"格物"之说。若鄙说一明，则此数百言，皆可以不待辨说而释然无滞。故今不敢缕缕，以滋琐屑之渎。然鄙说非面陈口析，断亦未能了了于纸笔间也。嗟乎！执事所以开导启迪于我者，可谓恳到详切矣，人之爱我，宁有如执事者乎！仆虽甚愚下，宁不知所感刻佩服？然而不敢遽舍其中心之诚，然而姑以听受云者，正不敢有负于深爱，亦思有以报之耳。秋尽东还，必求一面，以卒所请，千万终教！

答聂文蔚

一七八

春间远劳迁途，枉顾问证，惓惓此情，何可当也！已期二三同志，更处静地，扳留旬日，少效其鄙见，以求切劘之益。而公期俗绊，势有不能，别去极怏怏，如有所失。忽承笺惠，反覆千余言，读之无甚浣慰。中间推许太过，盖亦奖掖之盛心，而规砺真切，思欲纳之于贤圣之域，又托诸崇一以致其勤勤恳恳之怀，此非深交笃爱，何以及是？知感知愧，且惧其无以堪之也。

虽然，仆亦何敢不自鞭勉，而徒以感愧辞让为乎哉！其谓"思孟周程无意相遭于千载之下，与其尽信于天下，不若真信于一人。道固自在，学亦自在，天下信之不为多，一人信之不为少"者，斯固君子"不见是而无闷"之心，岂世之谟谟屑屑者，知足以及之乎！乃仆之情，则有大不得已者存乎其间，而非以计人之信与不信也。

一七九

夫人者，天地之心，天地万物，本吾一体者也。生民之困苦荼毒，孰非疾痛之切于吾身者乎？不知吾身之疾痛，无是非之心者也。是非之心，不虑而知，不学而能，所谓"良知"也。良知之在人心，无间于圣愚，天下古今之所同也。世之君子，惟务致其良知，则自能公是非、同好恶，视人犹己，视国犹家，而以天地万物为一体，求天下无治，不可得矣。

古之人所以能见善不啻若己出，见恶不啻若己入，视民之饥溺，犹己之饥溺，而"一夫不获"，"若己推而纳诸沟中"者，非故为是而以祈天下之信己也，务致其良知，求自慊而已矣。尧、舜、三王之圣，言而民莫不信者，致其良知而言之也；行而民莫不说者，致其良知而行之也。是以其民熙熙皞皞，杀之不怨，利之不庸，施及蛮貊，而凡有血气者，莫不尊亲，为其良知之同也。呜呼！圣人之治天下，何其简且易哉！

一八〇

后世良知之学不明，天下之人用其私智，以相比轧，是以人各有心，而偏琐僻陋之见，狡伪阴邪之术，至于不可胜说：外假仁义之名，而内以行其自私自利之实；诡辞以阿俗，矫行以干誉；掩人之善而袭以为己长，讦人之私而窃以为己直；忿以相胜而犹谓之徇义，险以相倾而犹谓之疾恶，妒贤忌能而犹自以为公是非，恣情纵欲而犹自以为同好恶，相陵相贼，自其一家骨肉之亲，已不能无尔我胜负之意、彼此藩篱之形，而况于天下之大、民物之众，又何能一体而视之？则无怪于纷纷籍籍，而祸乱相寻于无穷矣！

一八一

仆诚赖天之灵，偶有见于良知之学，以为必由此而后天下可得而治。是以每念斯民之陷溺，则为之戚然痛心，忘其身之不肖，而思以此救之，亦不自知其量者。天下之人见其若是，遂相与非笑而诋斥之，以为是病狂丧心之人耳。呜呼！是奚足恤哉？吾方疾痛之切体，而暇计人之非笑乎？

人固有见其父子兄弟之坠溺于深渊者，呼号匍匐，踜跇颠顿，扳悬崖壁而下拯之。士之见者，方相与揖让谈笑于其旁，以为是弃其礼貌衣冠，而呼号颠顿若此，是病狂丧心者也。故夫揖让谈笑于溺人之旁而不知救，此惟行路之人、无亲戚骨肉之情者能之，然已谓之"无恻隐之心，非人矣"。若夫在父子兄弟之爱者，则固未有不痛心疾首、狂奔尽气。匍匐而拯之。彼将陷溺之祸有不顾，而况于病狂丧心之讥乎？而又况于薪人之信与不信乎？呜呼！今之人虽谓仆为病狂丧心之人，亦无不可矣。天下之人心，皆吾之心也。天下之人犹有病狂者矣，吾安得而非病狂乎？犹有丧心者矣，吾安得而非丧心乎？

一八二

昔者孔子之在当时，有议其为谄者，有讥其为佞者，有毁其未贤，诋其为不知礼，而侮之以为"东家丘"者，有嫉而沮之者，有恶而欲杀之者，晨门、荷蒉之徒，皆当时之贤士，且曰："是知其不可而为之者欤？""鄙哉，硁硁乎！莫己知也，斯已而已矣。"虽子路在升堂之列，尚不能无疑于其所见，不悦于其所欲往，而且以之为迂，则当时之不信夫子者，岂特十之二三而已乎？然而夫子汲汲遑遑，若求亡子于道路，而不暇于暖席者，宁以祈人之知我、信我而已哉？盖其天地万物一体之仁，疾痛迫切，虽欲已之而自有所不容已，故其言曰："吾非斯人之徒与而谁与？""欲洁其身而乱大伦。""果哉，末之难矣！"呜呼！此非诚以天地万物为一体者，孰能以知夫子之心乎？若其"遁世无闷"，"乐天知命"者，则固"无入而不自得"，"道并行而不相悖"也。

一八三

仆之不肖，何敢以夫子之道为己任？顾其心亦已稍加疾痛之在身，是以彷徨四顾，将求其有助于我者，相与讲去其病耳。今诚得豪杰同志之士，扶持匡翼，共明良知之学于天下，使天下之人，皆知自致其良知，以相安相养，去其自私自利之蔽，一洗谗妒胜忿之习，以济于大同，则仆之狂病，固将脱然以愈，而终免于丧心之患矣，岂不快哉？

嗟乎！今诚欲求豪杰同志之士于天下，非如吾文蔚者，而谁望之乎？如吾文蔚之才与志，诚足以援天下之溺者，今又既知其具之在我，而无假于外求矣，循是而充，若决河注海，孰得而御哉？文蔚所谓"一人信之不为少"，其又能逊以委之何人乎？

一八四

会稽素号山水之区，深林长谷，信步皆是，寒暑晦明，无时不宜，安居饱食，尘嚣无扰，良朋四集，道义日新，优哉游哉，天地之间，宁复有乐于是者？孔子云："不怨天，不尤人，下学而上达。"仆与二三同志，方将请事斯语，奚暇外慕？独其切肤之痛，乃有未能恝然者，辄复云云尔。

咳疾暑毒，书札绝懒，盛使远来，迟留经月，临歧执笔，又不觉累纸。盖于相知之深，虽已缕缕至此，殊觉有所未能尽也。

答聂文蔚二

一八五

得书，见近来所学之骤进，喜慰不可言。谛视数过，其间虽亦有一二未莹彻处，却是致良知之功尚未纯熟。到纯熟时，自无此矣。譬之驱车，既已由于康庄大道之中，或时横斜迂曲者，乃马性未调、衔勒不齐之故，然已只在康庄大道中，决不赚入旁蹊曲径矣。近时海内同志，到此地位者，曾未多见，喜慰不可言，斯道之幸也！贱躯旧有咳嗽畏热之病，近入炎方，辄复大作。主上圣明洞察，责付甚重，不敢遽辞。地方军务冗沓，皆舆疾从事。今却幸已平定，已具本乞回养病。得在林下，稍就清凉，或可瘳耳。人还，伏枕草草，不尽倾企，外惟濬一简，幸达致之。

一八六

来书所询，草草奉复一二：近岁来山中讲学者，往往多说"勿忘、勿助"工夫甚难。问之，则云："才着意便是助，才不着意便是忘，所以甚难。"区区因问之云："忘是忘个甚么？助是助个甚么？"其人默然无对，始请问。

区区因与说，我此间讲学，却只说个"必有事焉"，不说"勿忘、勿助"。"必有事焉"者，只是时时去"集义"。若时时去用"必有事"的工夫，而或有时间断，此便是忘了，即须"勿忘"；时时去用"必有事"的工夫，而或有时欲速求效，此便是助了，即须"勿助"。其工夫全在"必有事焉"上用，"勿忘、勿助"，只就其间提撕警觉而已。若是工夫原不间断，即不须更说"勿忘"；原不欲速求效，即不须更说"勿助"。此其工夫，何等明白简易！何等洒脱自在！今却不去"必有事"上用工，而乃悬空守着一个"勿忘、勿助"，此正如烧锅煮饭，锅内不曾渍水下米，而乃专去添柴放火，不知毕竟煮出个甚么物来！吾恐火候未及调停，而锅已先破裂矣。近日一种专在"勿忘、勿助"上用工者，其病正是如此。终日悬空去做个"勿忘"，又悬空去做个"勿助"，济济荡荡，全无实落下手处，究竟工夫只做得个"沉空守寂"，学成一个痴呆汉，才遇些子事来，即便牵滞纷扰，不复能经纶宰制。此皆有志之士，而乃使之劳苦缠缚，担搁一生，皆由学术误人之故，甚可悯矣！

一八七

夫"必有事焉"只是"集义"，"集义"只是"致良知"。说"集义"则一时未见头脑，说"致良知"，即当下便有实地步可用工。故区区专说"致良知"。随时就事上致其良知，便是"格物"；着实去致良知，便是"诚意"；着实致其良知，而无一毫意必固我，便是"正心"；着实致良知，则自无忘之病，无一毫意必固我，则自助之病故说"格、致、诚、正"，则不必更说个"忘、助"。孟子说"忘、助"，亦就告子得病处立方。告子强制其心，是助的病痛，故孟子专说助长之害。告子助长，亦是他以义为外，不知就自心上"集义"，在"必有事焉"上用功，是以如此。若时时刻刻就自心上"集义"，则良知之体洞然明白，自然是是非非，纤毫莫遁，又焉有"不得于言，勿求于心；不得于心，勿求于气"之弊乎？孟子"集义"、"养气"之说，固大有功于后学，然亦是因病立方，说得大段，不若《大学》"格、致、诚、正"之功，尤极精一简易，为彻上彻下、万世无弊者也。

一八八

圣贤论学，多是随时就事，虽言若人殊，而要其工夫头脑，若合符节。缘天地之间，原只有此性，只有此理，只有此良知，只有此一件事耳。故凡就古人论学处说工夫，更不必搀和兼搭而说，自然无不吻合贯通者；才须搀和兼搭而说，即是自己工夫未明彻也。近时有谓"集义"之功，必须兼搭个"致良知"而后备者，则是"集义"之功尚未了彻也；"集义"之功尚未了彻也。适足以为"致良知"之累而已矣。谓"致良知"之功，必须兼搭一个"勿忘、勿助"而后明者，则是"致良知"之功尚未了彻；"致良知"之功尚未了彻，适足以为"勿忘、勿助"之累而已矣。若此者，皆是就文义上解释牵附，以求混融凑泊，而不曾就自己实工夫上体验，是以论之愈精，而去之愈远。文蔚之论，其于大本达道，既已沛然无疑，至于"致知""穷理"及"忘、助"等说，时亦有搀和兼搭处，却是区区所谓康庄大道之中，或时横斜迂曲者，到得工夫熟后自将释然矣。

一八九

文蔚谓"致知之说，求之事亲从兄之间，便觉有所持循"者，此段最见近来真切笃实之功。但以此自为，不妨自有得力处；以此遂为定说教人，却未免又有因药发病之患，亦不可不一讲也。

盖良知只是一个天理，自然明觉发见处，只是一个真诚知之真诚恻怛以事亲，便是孝；致此良知之真诚恻怛以从兄，便是悌；致此良知之真诚恻怛以事君，便是忠，只是一个良知，一个真诚恻怛。若是从兄的良知不能致其真诚恻怛，即是事亲的良知不能致其真诚恻怛矣；事君的良知不能致其真诚恻怛，即是从兄的良知不能致其真诚恻怛矣。故致得事君的良知，便是致却从兄的良知；致得从兄的良知，便是致却事亲的良知。不是事君的良知不能致却，须又从事亲的良知上去扩充将来，如此又是脱却本原，着在支节上求了。良知只是一个，随他发见流行处，当下具足，更无去求，不须假借。

然其发见流行处，却自有轻重厚薄、毫发不容增减者，所谓"天然自有之中也"。虽则轻重厚薄、毫发不容增减，而原又只是一个；虽则只是一个，而其间轻重厚薄、又毫发不容增减；若可得增减；若须假借，即已非其真诚恻怛之本体矣。此良知之妙用，所以无方体、无穷尽，"语大，天下莫能载；语小，天下莫能破"者也。

一九〇

孟氏"尧舜之道，孝弟而已矣"者，是就人之良知发见得最真切笃厚、不容蔽昧处提醒人，使人于事君、处友、仁民、爱物，与凡动静语默间，皆只是致他那一念事亲从兄真诚恻怛的良知，即自然无不是道。盖天下之事，虽千变万化，至于不可穷诘，而但惟致此事亲从兄、一念真诚恻怛之良知以应之，则更无有遗缺渗漏者，正谓其只有此一个良知故也。事亲从兄一念良知之外，更无有良知可致得者。故曰："尧舜之道，孝弟而已矣。"此所以为"惟精惟一"之学，"放之四海而皆准，施诸后世而无朝夕"者也。

文蔚云"欲于事亲从兄之间，而求所谓良知之学"，就自己用功得力处如此说，亦无不可；若曰"致其良知之真诚恻怛以求尽夫事亲从兄之道焉"，亦无不可也。明道云："行仁自孝弟始。孝弟是仁之一事，谓之行仁之本则可，谓是仁之本则不可。"其说是矣。

一九一

"亿、逆、先、觉"之说，文蔚谓"诚则旁行曲防，皆良知之用"，甚善甚善！间有搀搭处，则前已言之矣。惟濬之言亦未为不是，在文蔚须有取于惟濬之言而后尽，在惟濬又须有取于文蔚之言而后明。不然，则亦未免各有倚着之病也。"舜察迩言，而询刍荛"，非是以迩言当察、刍荛当询而后如此，乃良知之发见流行，光明圆莹，更无罣碍遮隔处，此所以谓之大知。才有执着意必，其知便小矣。讲学中自有去取分辨，然就心地上着实用工夫，却须如此方是。

一九二

"尽心"三节，区区曾有"生知、学知、困知"之说，颇已明白，无可疑者。盖尽心、知性、知天者，不必说存心、养性、事天，不必说夭寿不贰、修身以俟，而存心、养性与修身以俟之功，已在其中矣。存心、养性、事天者，虽未到得尽心、知天的地位，然已是在那里做个求到尽心、知天的工夫，更不必说夭寿不贰、修身以俟，而夭寿不贰、修身已俟之功，已在其中矣。譬之行路，尽心、知天者，如年力壮健之人，既能奔走往来于数千里之间者也；存心、事天者，如童稚之年，使之学习步趋于庭除之间者也；夭寿不贰、修身以俟者，如襁褓之孩，方使之扶墙傍壁，而渐学起立移步者也。既已能奔走往来于数千里之间者，则不必更使之于庭除之间而学步趋，而步趋于庭除之间，自无弗能矣；既已能步趋于庭除之间，则不必更使之扶墙傍壁而学起立移步，而起立移步，自无弗能矣。然学起立移步，便是学步趋庭除之始；学步趋庭除，便是学奔走往来于数千里之基，固非有二事，但其工夫之难易则相去悬绝矣。心也、性也、天也，一也，故及其知之成功则一。然而三者，人品力量自有阶级，不可躐等而能也。

细观文蔚之论，其意以恐尽心、知天者，废却存心、修身之功，而反为尽心、知天之病。是盖为圣人忧工夫之或间断，而不知为自己忧工夫之未真切也。吾侪用工，却须专心致志在"夭寿不贰、修身以俟"上做，只此便是做尽心、知天工夫之始；正如学起立移步，便是学奔走千里之始。吾方自虑其不能起立移步，而岂遽虑其不能奔走千里，又况为奔走千里者而虑其或遗忘于起立移步之习哉？文蔚识见，本自超绝迈往，而所论云然者，亦是未能脱去旧时解说文义之习，是为此三段书分疏比合，以求融会贯通，而自添许多意见缠绕，反使用工不专一也。近时悬空去做勿忘、勿助者，其意见正有此病，最能担误人，不可不涤除耳。

一九三

所谓"尊德性而道问学"一节，至当归一，更无可疑。此便是文蔚曾
着实用功，然后能为此言。此本不是险僻难见的道理，人或意见不同者，
还是良知尚有纤翳潜伏，若除去此纤翳，即自无不洞然矣。

一九四

已作书，后移卧檐间，偶遇无事，遂复答此。文蔚之学，既已得其大
者，此等处久当释然自解，本不必屑屑如此分疏。但承相爱之厚，千里差
人远及，谆谆下问，而竟虚来意，又自不能已于言也。然直戆烦缕已甚，
恃在信爱，当不为罪。惟濬处及谦之、崇一处，各得转录一通寄视之，尤
承一体之好也。

训蒙大意示教读刘伯颂等

一九五

古之教者，教以人伦。后世记诵、词章之习起，而先王之教亡。今教
童子，惟当以孝、弟、忠、信、礼、义、廉、耻为专务。其栽培涵养之
方，则宜诱之歌诗以发其志意，导之习礼以肃其威仪，讽之读书以开其知
觉。今人往往以歌诗、习礼为不切时务，此皆末俗庸鄙之见，乌足以知古
人立教之意哉！

大抵童子之情，乐嬉游而惮拘检，如草木之始萌芽，舒畅之则条达，
摧挠之则衰痿。今教童子，必使其趋向鼓舞，中心喜悦，则其进自不能
已。譬之时雨春风，沾被卉木，莫不萌动发越，自然日长月化；若冰霜剥

落，则生意萧索，日就枯槁矣。故凡诱之歌诗者，非但发其志意而已，亦所以泄其跳号呼啸于咏歌，宣其幽抑结滞于音节也；导之习礼者，非但肃其威仪而已，亦所以周旋揖让而动荡其血脉，拜起屈伸而固束其筋骸也；讽之读书者，非但开其知觉而已，亦所以沉潜反复而存其心，抑扬讽诵以宣其志也。凡此皆所以顺导其志意，调理其性情，潜消其鄙吝，默化其粗顽，日使之渐于礼义而不苦其难，入于中和而不知其故。是盖先王立教之微意也。

若近世之训蒙稚者，日惟督以句读课仿，责其检束而不知导之以礼，求其聪明而不知养之以善，鞭挞绳缚，若待拘囚。彼视学舍如囹狱而不肯入，视师长如寇仇而不欲见，窥避掩覆以遂其嬉游，设诈饰诡以肆其顽鄙，偷薄庸劣，日趋下流。是盖驱之于恶而求其为善也，何可得乎！

凡吾所以教，其意实在于此。恐时俗不察，视以为迂，且吾亦将去，故特叮咛以告。尔诸教读，其务体吾意，永以为训；毋辄因时俗之言，改废其绳墨，庶成"蒙以养正"之功矣。念之念之！

教　约

一九六

每日清晨，诸生参揖毕，教读以次遍询诸生：在家所以爱亲敬长之心，得无懈忽，未能真切否？温清定省之仪，得无亏缺，未能实践否？往来街衢步趋礼节，得无放荡，未能谨饬否？一应言行心术，得无欺妄非僻，未能忠信笃敬否？诸童子务要各以实对，有则改之，无则加勉。教读复随时就事，曲加诲谕开发。然后各退，就席肄业。

一九七

凡歌诗，须要整容定气，清朗其声音，均审其节调；毋躁而急，毋荡而嚣，毋馁而慑。久则精神宣畅，心气和平矣。每学量童生多寡，分为四班。每日轮一班歌诗，其余皆就席，敛容肃听。每五日，则总四班递歌于本学；每朔望，集各学会歌于书院。

一九八

凡习礼，需要澄心肃虑，审其仪节，度其容止；毋忽而惰，毋沮而怍，毋径而野；从容而不失之迂缓，修谨而不失之拘局。久则体貌习熟，德性坚定矣。童生班次，皆如歌诗，每间一日，则轮一班习礼，其余皆就席，敛容肃观。习礼之日，免其课仿。每十日，则总四班递习于本学；每朔望，则集各学会习于书院。

一九九

凡授书，不在徒多，但贵精熟；量其资禀，能二百字者，止可授以一百字。常使精神力量有余，则无厌苦之患，而有自得之美。讽诵之际，务令专心一志，口诵心惟，字字句句䌷绎反复，抑扬其音节，宽虚其心意。久则义礼浃洽，聪明日开矣。

二〇〇

每日工夫，先考德，次背书诵书，次习礼或作课仿，次复诵书、讲书，次歌诗。凡习礼、歌诗之数，皆所以常存童子之心，使其乐习不倦，而无暇及于邪僻。教者知此，则知所施矣。虽然，此其大略也，"神而明之，则存乎其人"。

卷　下

陈九川录

二〇一

正德乙亥，九川初见先生于龙江，先生与甘泉先生论"格物"之说，甘泉持旧说。

先生曰："是求之于外了。"

甘泉曰："若以格物理为外，是自小其心也。"九川甚喜旧说之是。

先生又论《尽心》一章，九川一闻，却遂无疑。

后家居，复以"格物"遗质。

先生答云："但能实地用功，久当自释。"

山间乃自录《大学》旧本读之，觉朱子"格物"之说非是；然亦疑先生以意之所在为物，"物"字未明。己卯，归自京师，再见先生于洪都。先生兵务倥偬，乘隙讲授，首问："近年用功何如？"

九川曰："近年体验得'明明德'工夫，只是'诚意'。自'明明德于天下'，步步推入根源，到'诚意'上，再去不得，如何以前又有'格致'工夫？后又体验，觉得意之诚伪，必先知觉乃可，以颜子'有不善，未尝不知；知之，未尝复行'为证，豁然若无疑，却又多了'格物'工夫。又思来吾心之灵何，有不知意之善恶？只是物欲蔽了。须格去物欲，始能如颜子'未尝不知'耳。又自疑工夫颠倒，与'诚意'不成片段。后问希颜。希颜曰：'先生谓格物致知是诚意工夫，极好。'九川曰：'如何是诚意工夫？'希颜令再思体看。九川终不悟，请问。"

先生曰："惜哉！此可一言而悟，惟濬所举颜子事便是了。只要知身、心、意、知、物是一件。"

九川疑曰："物在外，如何与身、心、意、知是一件？"

先生曰："耳、目、口、鼻、四肢，身也，非心安能视、听、言、动？心欲视、听、言、动，无耳、目、口、鼻、四肢，亦不能。故无心则无身，无身则无心。但指其充塞处言之谓之身，指其主宰处言之谓之心，指心之发动处谓之意，指意之灵明处谓之知，指意之涉着处谓之物：只是一件。意未有悬空的，必着事物，故欲诚意，则随意所在某事而格之，去其人欲而归于天理，则良知之在此事者，无蔽而得致矣。此便是诚意的工夫。"

九川乃释然，破数年之疑。

又问："甘泉近亦信用《大学》古本，谓'格物'犹言'造道'，又谓'穷理'如'穷其巢穴'之穷，以身至之也，故格物亦只是随处体认天理，似与先生之说渐同？"

先生曰："甘泉用功，所以转得来。当时与说'亲民'字不须改，他亦不信；今论'格物'亦近，但不须换'物'字作'理'字，只还他一'物'字便是。"

后，有人问九川曰："今何不疑'物'字？"

曰："《中庸》曰：'不诚无物。'程子曰：'物来顺应。'又如'物各付物'，'胸中无物'之类，皆古人常用字也。"

他日，先生亦云"然"。

二〇二

九川问："近年因厌泛滥之学，每要静坐，求屏息念虑，非惟不能，愈觉扰扰，如何？"

先生曰："念如何可息？只是要正。"

曰："当自有无念时否？"

先生曰："实无无念时。"

曰："如此却如何言静？"曰："静未尝不动，动未尝不静。戒谨恐惧即是念，何分动静？"

曰："周子何以言'定之以中正仁义而主静'？"

曰："无欲故静，是'静亦定，动亦定'的'定'字，主其本体也；戒惧之念，是活泼地，此是天机不息处。所谓'维天之命，于穆不已'，一息便是死。非本体之念，即是私念。"

二〇三

又问："用功收心时，有声色在前，如常闻见，恐不是专一。"

曰："如何欲不闻见？除是槁木死灰、耳聋目盲则可。只是虽闻见而不流去，便是。"

曰："昔有人静坐，其子隔壁读书，不知其勤惰，程子称其甚敬。何如？"

曰："伊川恐亦是讥他。"

二〇四

又问："静坐用功，颇觉此心收敛，遇事又断了，旋起个念头，去事上省察。事过，又寻旧功，还觉有内外，打不作一片。"

先生曰："此'格物'之说未透。心何尝有内外？即如惟濬，今在此讲论，又岂有一心在内照管？这听讲说时专敬，即是那静坐时心。工夫一贯，何须更起念头？人须在事上磨炼，做工夫乃有益；若只好静，遇事便乱，终无长进。那静时工夫亦差，似收敛而实放溺也。"

后在洪都，复与于中、国裳论内外之说，渠皆云："物自有内外，但要内外并着工夫，不可有间耳。"以质先生。

曰："工夫不离本体，本体原无内外，只为后来做工夫的，分了内外，失其本体了。如今正要讲明工夫不要有内外，乃是本体工夫。"

是日俱有省。

二〇五

又问："陆子之学何如？"

先生曰："濂溪、明道之后，还是象山，只是粗些。"

九川曰："看他论学，篇篇说出骨髓，句句似针膏肓，却不见他粗。"

先生曰："然。他心上用过工夫，与揣摹依仿、求之文义自不同。但细看有粗处，用功久，当见之。"

二〇六

庚辰往虔州再见先生，问："近来工夫虽若稍知头脑，然难寻个稳当快乐处。"

先生曰："尔却去心上寻个天理，此正所谓理障。此间有个诀窍。"

曰："请问如何？"

曰："只是致知。"

曰："如何致？"

曰："尔那一点良知，是尔自家底准则。尔意念着处，他是便知是、非便知非，更瞒他一些不得。尔只不要欺他，实实落落依着他做夫，善便存、恶便去，他这里何等稳当快乐。此便是'格物'的真诀，'致知'的实功。若不靠着这些真机，如何去格物？我亦近年体贴出来如此分明，初犹疑只依他恐有不足，精细看，无些小欠阙。"

二〇七

在虔，与于中、谦之同侍。

先生曰："人胸中各有个圣人，只自信不及，都自埋倒了。"因顾于中曰："尔胸中原是圣人。"于中起不敢当。

先生曰："此是尔自家有的,如何要推?"

于中又曰:"不敢。"

先生曰："众人皆有之,况在于中?却何故谦起来?谦亦不得。"于中乃笑受。

又论:"良知在人,随你如何,不能泯灭,虽盗贼亦自知不当为盗,唤他作贼,他还忸怩。"

于中曰:"只是物欲遮蔽,良心在内,自不会失;如云自蔽日,日何尝失了。"

先生曰:"于中如此聪明,他人见不及此。"

二〇八

先生曰："这些子看得透彻,随他千言万语、是非诚伪,到前便明。合得的便是,合不得的便非,如佛家说'心印'相似,真是个试金石、指南针。"

二〇九

先生曰:"人若知这良知诀窍,随他多少邪思枉念,这里一觉,都自消融。真个是灵丹一粒、点铁成金。"

二一〇

崇一曰:"先生'致知'之旨,发尽精蕴,看来这里再去不得。"

先生曰:"何言之易也!再用功半年看如何?又用功一年如何?工夫愈久,愈觉不同,此难口说。"

二一一

先生问九川:"于'致知'之说,体验如何?"

九川曰："自觉不同：往时操持常不得个恰好处，此乃是恰好处。"

先生曰："可知是体来与听讲不同。我初与讲时，知尔只是忽易，未有滋味。只这个要妙，再体到深处，日见不同，是无穷尽的。"

又曰："此'致知'二字，真是个千古圣传之秘，见到这里，'百世以俟圣人而不惑'。"

二一二

九川问曰："伊川说到'体用一原、显微无间'处，门人已说是泄天机。先生'致知'之说，莫亦泄天机太甚否？"

先生曰："圣人已指以示人，只为后人掩匿，我发明耳，何故说泄？此是人人自有的，觉来甚不打紧一般，然与不用实功人说，亦甚轻忽可惜，彼此无益；与实用功而不得其要者提撕之，甚沛然得力。"

二一三

又曰："知来本无知，觉来本无觉；然不知，则遂沦埋。"

二一四

先生曰："大凡朋友，须箴规指摘处少，诱掖奖劝意多，方是。"

后又戒九川云："与朋友论学，须委曲谦下，'宽以居之'。"

二一五

九川卧病虔州。

先生云："'病物'亦难格，觉得如何？"

对曰："工夫甚难。"

先生曰："常快活，便是工夫。"

二一六

九川问："自省念虑，或涉邪妄，或预料理天下事，思到极处，井井有味，便缱绻难屏；觉得早则易觉迟则难，用力克治，愈觉扦格。惟稍迁念他事，则随两忘。如此廓清，亦似无害。"

先生曰："何须如此！只要在良知上着工夫。"

九川曰："正谓那一时不知。"

先生曰："我这里自有工夫，何缘得他来？只为尔工夫断了，便蔽其知。既断了，则继续旧功便是，何必如此？"

九川曰："直是难鏖，虽知丢他不去。"

先生曰："须是勇。用功久，自有勇。故曰'是集义所生者'，胜得容易，便是大贤。"

二一七

九川问："此工夫却于心上体验明白，只解书不通。"

先生曰："只要解心。心明白，书自然融会。若心上不通，只要书上文义通，却自生意见。"

二一八

有一属官，因久听讲先生之学，曰："此学甚好，只是簿书讼狱繁难，不得为学。"

先生闻之，曰："我何尝教尔离了簿书讼狱，悬空去讲学？尔既有官司之事，便从官司的事上为学，才是真格物。如问一词讼，不可因其应对无状，起个怒心；不可因他言语圆转，生个喜心；不可恶其嘱托，加意治之；不可因其请求，屈意从之；不可因自己事务烦冗，随意苟且断之；不可因旁人潜毁罗织，随人意思处之。这许多意思皆私，只尔自知，须精细省察克治，惟恐此心有一毫偏倚，枉人是非，这便是格物致知。簿书讼狱之间，无非实学。若离了事物为学，却是着空。"

二一九

虞州将归，有诗别先生云："良知何事系多闻，妙合当时已种根。好恶从之为圣学，将迎无处是乾元。"

先生曰："若未来讲此学，不知说'好恶从之'，从个甚么？"

敷英在座，曰："诚然。尝读先生《大学古本序》，不知所说何事。及来听讲许时，乃稍知大意。"

二二〇

于中、国裳辈同侍食。先生曰："凡饮食只是要养我身，食了要消化；若徒蓄积在肚里，便成痞了，如何长得肌肤？后世学者博闻多识，留滞胸中，皆伤食之病也。"

二二一

先生曰："圣人亦是'学知'，众人亦是'生知'。"

问曰："何如？"曰："这良知人人皆有，圣人只是保全，无些障蔽，兢兢业业，亹亹翼翼，自然不息，便也是学；只是生的分数多，所以谓之'生知安行'。众人自孩提之童，莫不完具此知，只是障蔽多，然本体之知自难泯息，虽问学克治也只凭他，只是学的分数多，所以谓之'学知利行'。"

黄直录

二二二

黄以方问："先生格致之说，随时格物以致其知，则知是一节之知，非全体之知也，何以到得'溥博如天，渊泉如渊'地位？"

先生曰："人心是天、渊。心之本体，无所不该，原是一个天，只为私欲障碍，则天之本体失了。心之理无穷尽，原是一个渊，只为私欲窒塞，则渊之本体失了。如今念念致良知，将此障碍窒塞一齐去尽，则本体已复，便是天、渊了。"

乃指天以示之曰："比如面前见天，是昭昭之天；四外见天，也只是昭昭之天。只为许多房子墙壁遮蔽，便不见天之全体，若撤去房子墙壁，总是一个天矣。不可道眼前天是昭昭之天，外面又不是昭昭之天也。于此便见一节之知，即全体之知；全体之知，即一节之知：总是一个本体。"

二二三

先生曰："圣贤非无功业节气，但其循着这天理则便是道，不可以事功气节名矣。"

二二四

"'发愤忘食'，是圣人之志如此，真无有已时；'乐以忘忧'，是圣人之道如此，真无有戚时。恐不必云得不得也。"

二二五

先生曰："我辈致知，只是各随分限所及。今日良知见在如此，只随今日所知扩充到底；明日良知又有开悟，便从明日所知扩充到底。如此方是精一工夫。与人论学，亦须随人分限所及。如树有这些萌芽，只把这些水去灌溉，萌芽再长，便又加水，自拱把以至合抱，灌溉之功皆是随其分限所及。若些小萌芽，有一桶水在，尽要倾上，便浸坏他了。"

二二六

问知行合一。

先生曰："此须识我立言宗旨。今人学问，只因知、行分作两件，故有一念发动，虽是不善，然却未曾行，便不去禁止。我今说个'知行合一'，正要人晓得一念发动处，便即是行了；发动处有不善，就将这不善的念克倒了。须要彻根彻底，不使那一念不善潜伏在胸中。此是我立言宗旨。"

二二七

"圣人无所不知，只是知个天理；无所不能，只是能个天理。圣人本体明白，故事事知个天理所在，便去尽个天理；不是本体明后，却于天下事物都便知得，便做得来也。天下事物，如名物度数、草木鸟兽之类，不胜其烦。圣人须是本体明了，亦何缘能尽知得？但不必知的，圣人自不消求知；其所当知的，圣人自能问人，如'子入太庙，每事问'之类。先儒谓'虽知亦问，敬谨之至'，此说不可通。圣人于礼乐名物，不必尽知，然他知得一个天理，便自有许多节文度数出来；不知能问，亦即是天理节文所在。"

二二八

问："先生尝谓'善恶只是一物'。善恶两端，如冰炭相反，如何谓只一物？"

先生曰："至善者，心之本体。本体上才过当些子，便是恶了；不是有一个善，却又有一个恶来相对也。故善恶只是一物。"

直因闻先生之说，则知程子所谓"善固性也，恶亦不可不谓之性"。又曰："善、恶皆天理，谓之恶者本非恶，但于本性上过与不及之间耳。"其说皆无可疑。

二二九

先生尝谓："人但得好善如好好色，恶恶如恶恶臭，便是圣人。"直初时闻之，觉甚易，后体验得来，此个工夫着实是难。如一念虽知好善恶恶，然不知不觉又夹杂去了。才有夹杂，便不是好善如好好色、恶恶如恶恶臭的心。善能实实的好，是无一念不善矣；恶能实实的恶，是无念及恶矣：如何不是圣人？故圣人之学，只是一诚而已。

二三〇

问："《修道说》言'率性之谓道'，属圣人分上事；'修道之谓教'，属贤人分上事。"

先生曰："众人亦率性也。但率性在圣人分上较多，故'率性之谓道'属圣人事；圣人亦修道也，但修道在贤人分上多，故'修道之谓教'属贤人事。"

又曰："《中庸》一书，大抵皆是说修道的事，故后面凡说君子、说颜渊、说子路，皆是能修道的；说小人、说贤知愚不肖、说庶民，皆是不能修道的；其他言舜、文、周公、仲尼至诚至圣之类，则又圣人之自能修道者也。"

二三一

问："儒者到三更时分，扫荡胸中思虑，空空静静，与释氏之静只一般，两下皆不用。此时何所分别？"

先生曰："动静只是一个。那三更时分，空空静静的，只是存天理，即是如今应事接物的心；如今应事接物的心，亦是循此天理，便是那三更时分空空静静的心。故动静只是一个，分别不得。知得动静合一，释氏毫厘差处亦自莫掩矣。"

二三二

门人在座，有动止甚矜持者。

先生曰："人若矜持太过，终是有弊。"

曰："矜持太过，如何有弊？"

曰："人只有许多精神，若专在容貌上用功，则于中心照管不及者多矣。"

有太直率者。

先生曰："如今讲此学，却外面全不检束，又分心与事为二矣。"

二三三

门人作文送友行，问先生曰："作文字不免费思，作了后又一二日，常记在怀。"

曰："文字思索亦无害，但作了常记在怀，则为文所累，心中有一物矣，此则未可也。"

又作诗送人，先生看诗毕，谓曰："凡作文字要随我分限所及。若说得太过了，亦非'修辞立诚'矣。"

二三四

"文公'格物'之说，只是少头脑。如所谓'察之于念虑之微'，此一句不该与'求之文字之中'，'验之于事为之著'，'索之讲论之际'混作一例看，是无轻重也。"

二三五

问"有所忿懥"一条。

先生曰："忿懥几件，人心怎能无得，只是不可'有'耳。凡人忿懥，着了一分意思，便怒得过当，非廓然大公之体了。故'有所忿懥'，便不得其正也。如今于凡忿懥等件，只是个物来顺应，不要着一分意思，便心体廓然大公，得其本体之正了。且如出外见人相斗，其不是的，我心亦怒。然虽怒，却此心廓然，不曾动些子气。如今怒人，亦得如此，方才是正。"

二三六

先生尝言："佛氏不着相，其实着了相，吾儒着相，其实不着相。"

请问。

曰："佛怕父子累，却逃了父子；怕君臣累，却逃了君臣；怕夫妇累，却逃了夫妇。都是为个君臣、父子、夫妇着了相，便须逃避。如吾儒有个父子，还他以仁；有个君臣，还他以义；有个夫妇，还他以别。何曾着父子、君臣、夫妇的相？"

黄修易录

二三七

黄勉叔问："心无恶念时，此心空空荡荡的，不知亦须存个善念否？"

先生曰："既去恶念，便是善念，便复心之本体矣。

譬如日光，被云来遮蔽，云去光已复矣。若恶念既去，又要存个善念，即是日光之中添燃一灯。"

二三八

问："近来用功，亦颇觉妄念不生，但腔子里黑窣窣的，不知如何打得光明？"

先生曰："初下手用功，如何腔子里便得光明？譬如奔流浊水，才贮在缸里，初然虽定，也只是昏浊的；须俟澄定既久，自然渣滓尽去，复得清来。汝只要在良知上用功，良知存入，黑窣窣自能光明也。今便要责效，却是助长，不成工夫。"

二三九

先生曰："吾教人'致良知'，在'格物'上用功，却是有根本的学问，日长进一日，愈久愈觉精明。世儒教人'事事物物上'去寻讨，却是无根本的学问：方其壮时，虽暂能外面修饰，不见有过；老则精神衰迈，终须放倒。譬如无根之树，移栽水边，虽暂时鲜好，终久要憔悴。"

二四〇

问"志于道"一章。

先生曰："只'志道'一句，便含下面数句工夫，自住不得。譬如做此屋，'志于道'是念念要去择地鸠材，经营成个区宅；'据德'却是经画已成，有可据矣；'依仁'却是常常住在区宅内，更不离去；'游艺'却是加些画采，美此区宅。艺者，义也，理之所宜者也。如诵诗、读书、弹琴、习射之类，皆所以调习此心，使之熟于道也。苟不'志道'而'游艺'，却如无状小子，不先去置造区宅，只管要去买画挂做门面，不知将挂在何处？"

二四一

问："读书所以调摄此心，不可缺的。但读之之时，一种科目意思牵引而来，不知何以免此？"

先生曰："只要良知真切，虽做举业，不为心累；总有累亦易觉，克之而已。且如读书时，良知知得强记之心不是，即克去之；有欲速之心不是，即克去之；有夸多斗靡之心不是，即克去之。如此，亦只是终日与圣贤印对，是个纯乎天理之心。任他读书，亦只是调摄此心而已，何累之有？"

曰："虽蒙开示，奈资质庸下，实难免累。窃闻穷通有命，上智之人恐不屑此。不肖为声利牵缠，甘心为此，徒自苦耳。欲屏弃之，又制于亲，不能舍去，奈何？"

先生曰："此事归辞于亲者多矣，其实只是无志。志立得时，良知千事万为只是一事。读书作文安能累人？人自累于得失耳！"

因叹曰："此学不明，不知此处担阁了几多英雄汉！"

二四二

问："'生之谓性'，告子亦说得是，孟子如何非之？"先生曰："固是性，但告子认得一边去了，不晓得头脑；若晓得头脑，如此说亦是。孟子亦曰：'形色，天性也。'这也是指气说。"

又曰："凡人信口说、任意行，皆说'此是依我心性出来'，此是所谓'生之谓性'，然却要有过差。若晓得头脑，依吾良知上说出来、行将去，便自是停当。然良知亦只是这口说、这身行，岂能外得气，别有个去行去说？故曰：'论性不论气，不备；论气不论性，不明。'气亦性也，性亦气也，但须认得头脑是当。"

二四三

又曰："诸君工夫，最不可'助长'。上智绝少，学者无超入圣人之理。一起一伏，一进一退，自是工夫节次。不可以我前日用得工夫了，今却不济，便要矫强，做出一个没破绽的模样，这便是'助长'，连前些子工夫都坏了。此非小过，譬如行路的人，遭一蹎跌，起来便走，不要欺人做那不曾跌倒的样子出来。诸君只要常常怀个'遁世无闷，不见是而无闷'之心，依此良知忍耐做去，不管人非笑，不管人毁谤，不管人荣辱，任他工夫有进有退，我只是这致良知的主宰不息，久久自然有得力处，一切外事亦自能不动。"

又曰："人若着实用功，随人毁谤，随人欺慢，处处得益，处处是进德之资；若不用功，只是魔也，终被累倒。"

二四四

先生一日出游禹穴，顾田间禾曰："能几何时，又如此长了！"

范兆期在傍曰："此只是有根。学问能自植根，亦不患无长。"

先生曰："人孰无根？良知即是天植灵根，自生生不息；但着了私累，把此根戕贼蔽塞，不得发生耳。"

二四五

一友常易动气责人，先生警之曰："学须反己，若徒责人，只见得人不是，不见自己非。若能反己，方见自己有许多未尽处，奚暇责人？舜能化得象的傲，其机括只是不见象的不是。若舜只要正他的奸恶，就见得象的不是矣。象是傲人，必不肯相下，如何感化得他？"

是友感悔。

曰："你今后只不要去论人之是非，凡当责辩人时，就把做一件大己私，克去方可。"

二四六

先生曰："凡朋友问难，纵有浅近粗疏，或露才扬己，皆是病发。当因其病而药之，可也；不可便怀鄙薄之心，非君子与人为善之心矣。"

二四七

问："《易》，朱子主卜筮，程《传》主理，何如？"

先生曰："卜筮是理，理亦是卜筮。天下之理，孰有大于卜筮者乎？只为后世将卜筮专主在占卦上看了，所以看得卜筮似小艺。不知今之师友问答，博学、审问、慎思、明辨、笃行之类，皆是卜筮。卜筮者，不过求决狐疑、神明吾心而已，《易》是问诸天。人有疑，自信不及，故以《易》问天；谓人心尚有所涉，惟天不容伪耳。"

黄省曾录

二四八

黄勉之问:"'无适也,无莫也,义之与比。'事事要如此否?"

先生曰:"固是事事要如此,须是识得个头脑方可。义即是良知,晓得良知是个头脑,方无执着。且如受人馈送,也有今日当受的、他日不当受的;也有今日不当受的,他日当受的。你若执着了今日当受的,便一切受去;执着了今日不当受的,便一切不受去,便是'适''莫',便不是良知的本体,如何唤得做'义'?"

二四九

问:"'思无邪'一言,如何便盖得三百篇之义?"

先生曰:"岂特三百篇?六经只此一言,便可该贯,以至穷古今天下圣贤的话,'思无邪'一言也可该贯。此外更有何说?此是一了百当的工夫。"

二五〇

问道心、人心。

先生曰:"'率性之谓道',便是道心。但着些人的意思在,便是人心。道心本是无声无臭,故曰'微'。依着人心行去,便有许多不安稳处,故曰'危'。"

二五一

问:"'中人以下,不可以语上',愚的人,与之语上尚且不进,况不与之语,可乎?"

先生曰:"不是圣人终不与语,圣人的心,忧不得人人都做圣人;只是人的资质不同，施教不可躐等，中人以下的人，便与他说性、说命，他也不省得，也须慢慢琢磨他起来。"

二五二

一友问："读书不记得，如何？"

先生曰："只要晓得，如何要记得？要晓得，已是落第二义了，只要明得自家本体。若徒要记得，便不晓得；若徒要晓得，便明不得自家的本体。"

二五三

问："'逝者如斯'，是说自家心性活泼泼地否？"

先生曰："然。须要时时用'致良知'的工夫，方才活泼泼地，方才与他川水一般。若须臾间断，便与天地不相似。此是学问极至处，圣人也只如此。"

二五四

问"志士、仁人"章。

先生曰："只为世上人，都把生身命子看得来太重，不问当死不当死，定要宛转委曲保全，以此把天理却丢去了。忍心害理，何者不为？若违了天理，便与禽兽无异，便偷生在世上百千年，也不过做了千百年的禽兽。学者要于此等处看得明白，比干、龙逢，只为也看得分明，所以能成就得他的仁。"

二五五

问："叔孙武叔毁仲尼，大圣人如何犹不免于毁谤？"

先生曰："毁谤自外来的，虽圣人如何免得？人只贵于自修，若自己实实落落是个圣贤，纵然人都毁他，也说他不着。却若浮云掩日，如何损得日的光明？若自己是个象恭色庄、不坚不介的，纵然没一个人说他的恶慝，终须一日发露。所以孟子说'有求全之毁，有不虞之誉'，毁誉在外的，安能避得？只要自修何如尔！"

二五六

刘君亮要在山中静坐。

先生曰："汝若以厌外物之心去求之静，是反养成一个骄惰之气了；汝若不厌外物，复于静处涵养，却好。"

二五七

王汝中、省曾侍坐。

先生握扇命曰："你们用扇。"

省曾起对曰："不敢。"

先生曰："圣人之学，不是这等捆缚苦楚的，不是装做道学的模样。"

汝中曰："观'仲尼与曾点言志'一章，略见。"

先生曰："然。以此章观之，圣人何等宽洪包含气象！且为师者问志于群弟子，三子皆整顿以对。至于曾点，飘飘然不看那三子在眼，自去鼓起瑟来，何等狂态！及至言志，又不对师之问目，都是狂言。设在伊川，或斥骂起来了。圣人乃复称许他，何等气象！圣人教人，不是个束缚他通做一般：只如狂者，便从狂处成就他；狷者便从狷处成就地。人之才气如何同得。"

二五八

先生语陆元静曰："元静少年亦要解五经，志亦好博。但圣人教人，只怕人不简易，他说的皆是简易之规。以今人好博之心观之，却似圣人教人差了。"

二五九

先生曰："孔子无'不知而作'，颜子'有不善未尝不知'：此是圣学真血脉路。"

钱德洪录

二六〇

何廷仁、黄正之、李侯璧、汝中、德洪侍坐。

先生顾而言曰："汝辈学问不得长进，只是未立志。"

侯璧起而对曰："琪亦愿立志。"

先生曰："难说不立，未是必为圣人之志耳。"

对曰："愿立必为圣人之志。"

先生曰："你真有圣人之志，良知上更无不尽。良知上留得些子别念挂带，便非必为圣人之志矣。"

洪初闻时，心若未服，听说到，不觉悚汗。

二六一

先生曰："良知是造化的精灵，这些精灵，生天生地，成鬼成帝，皆从此出，真是与物无对。人若复得他完完全全，无少亏欠，自不觉手舞足蹈，不知天地间更有何乐可代。"

二六二

一友静坐有见，驰问先生。

答曰："吾昔居滁时，见诸生多务知解、口耳异同，无益于得，姑教之静坐。一时窥见光景，颇收近效；久之，渐有喜静厌动、流入枯槁之病，或务为玄解妙觉，动人听闻。故迩来只说'致良知'，良知明白，随你去静处体悟也好，随你去事上磨炼也好，良知本体原是无动无静的，此便是学问头脑。我这个话头，自滁州到今，亦较过几番，只是'致良知'三字无病。医经折肱，方能察人病理。"

二六三

一友问："功夫欲得此知时时接续，一切应感处反觉照管不及。若去事上周旋，又觉不见了。如何则可？"

先生曰："此只认良知未真，尚有内外之间。我这里工夫，不由人急心认得。良知头脑是当，去朴实用功，自会透彻。到此便是内外两忘，又何心事不合一？"

二六四

又曰："工夫不是透得这个真机，如何得他充实光辉？若能透得时，不由你聪明知解接得来。须胸中渣滓浑化，不使有毫发沾带始得。"

二六五

先生曰："'天命之谓性'，命即是性；'率性之谓道'，性即是道；'修道之谓教'，道即是教。"

问："如何'道即是教'？"

曰："道即是良知。良知原是完完全全，是的还他是，非的还他非，是非只依着他，更无有不是处，这良知还是你的明师。"

二六六

问："'不睹不闻'，是说本体；'戒慎恐惧'，是说工夫否？"

先生曰："此处须信得本体原是'不睹不闻'的，亦原是'戒慎恐惧'

的，'戒慎恐惧'不曾在'不睹不闻'上加得些子。见得真时，便谓'戒慎恐惧'是本体，'不睹不闻'是工夫亦得。"

二六七

问"通乎昼夜之道而知。"

先生曰："良知原是知昼知夜的。"

又问："人睡熟时，良知亦不知了。"

曰："不知何以一叫便应？"

曰："良知常知，如何有睡熟时？"

曰："'向晦宴息'，此亦造化常理。夜来天地混沌，形色俱泯，人亦耳目无所睹闻，众窍俱翕，此即良知收敛凝一时；天地既开，庶物露生，人亦耳目有所睹闻，众窍俱辟，此即良知妙用发生时。可见人心与天地一体。故'上下与天地同流'。今人不会宴息，夜来不是昏睡，即是忘思魇寐。"

曰："睡时工夫如何用？"

先生曰："知昼即知夜矣。日间良知，是顺应无滞的；夜间良知，即是收敛凝一的。有梦即先兆。"

二六八

又曰："良知在'夜气'发的，方是本体，以其无物欲之杂也。学者要使事物纷扰之时，常如'夜气'一般，就是'通乎昼夜之道而知'。"

二六九

先生曰："仙家说到'虚'，圣人岂能'虚'上加得一毫'实'？佛氏说到'无'，圣人岂能'无'上加得一毫'有'？但仙家说虚，从养生上来；佛氏说无，从出离生死苦海上来：却于本体上加却这些子意思在，便不是他'虚''无'的本色了，便于本体有障碍。圣人只是还他良知的本色，更不着些子意在。良知之虚便是天之太虚，良知之无便是太虚之无形，日、月、风、雷、山、川、民、物，凡有貌象形色，皆在太虚无形中发用流行，未尝作得天的障碍。圣人只是顺其良知之发用，天地万物，俱在我良知的发用流行中，何尝又有一物起于良知之外，能作得障碍？"

二七〇

或问："释氏亦务养心，然要之不可以治天下，何也？"

先生曰："吾儒养心，未尝离却事物，只顺其天则自然就是工夫；释氏却要尽绝事物，把心看做幻相，渐入虚寂去了，与世间若无些子交涉，所以不可治天下。"

二七一

或问"异端"。

先生曰："与愚夫愚妇同的，是谓同德；与愚夫愚妇异的，是谓异端。"

二七二

先生曰："孟子'不动心'与'告子不动心'，所异只在毫厘间。告子只在不动心上着功，孟子便直从此心原不动处分晓。心之本体原是不动的，只为所行有不合义，便动了。孟子不论心之动与不动，只是'集义'，所行无不是义，此心自然无可动处。若告子只要此心不动，便是把捉此心，将他生生不息之根反阻挠了。此非徒无益，而又害之。孟子'集义'工夫，自是养得充满，并无馁歉；自是纵横自在，活泼泼地：此便是浩然之气。"

二七三

又曰："告子病源，从'性无善无不善'上见来。性无善无不善，虽如此说，亦无大差。但告子执定看了，便有个无善无不善的性在内。有善有恶又在物感上看，便有个物在外，却做两边看了，便会差。无善无不善，性原是如此。悟得及时，只此一句便尽了，更无有内外之间。告子见一个性在内，见一个物在外，便见他于性有未透彻处。"

二七四

朱本思问："人有虚灵，方有良知。若草、木、瓦、石之类，亦有良知否？"

先生曰："人的良知，就是草、木、瓦、石的良知。若草、木、瓦、石无人的良知，不可以为草、木、瓦、石矣。岂惟草、木、瓦、石为然，天地无人的良知，亦不可为天地矣。盖天地万物，与人原是一体，其发窍之最精处，是人心一点灵明，风、雨、露、雷、日、月、星、辰、禽、兽、草、木、山、川、土、石，与人原只一体。故五谷、禽兽之类，皆可以养人；药石之类，皆可以疗疾；只为同此一气，故能相通耳。"

二七五

先生游南镇，一友指岩中花树问曰："天下无心外之物，如此花树，在深山中自开自落，于我心亦何相关？"

先生曰："你未看此花时，此花与汝心同归于寂；你来看此花时，则此花颜色，一时明白起来：便知此花不在你的心外。"

二七六

问："大人与物同体，如何《大学》又说个厚薄？"

先生曰："惟是道理，自有厚薄。比如身是一体，把手足捍头目，岂是偏要薄手足？其道理合如此。禽兽与草木同是爱的，把草木去养禽兽，心又忍得？人与禽兽同是爱的，宰禽兽以养亲与供祭祀、燕宾客，心又忍得。至亲与路人同是爱的，如箪食豆羹，得则生，不得则死，不能两全，宁救至亲，不救路人，心又忍得？这是道理合该如此。及至吾身与至亲，更不得分别彼此厚薄。盖以仁民爱物，皆从此出：此处可忍，更无所不忍矣。《大学》所谓'厚薄'，是良知上自然的条理，不可逾越，此便谓之义；顺这个条理，便谓之礼；知此条理，便谓之智；终始是这条理，便谓之信。"

二七七

又曰："目无体，以万物之色为体；耳无体，以万物之声为体；鼻无体，以万物之臭为体；口无体，以万物之味为体；心无体，以天地万物感应之是非为体。"

二七八

问："夭寿不贰。"

先生曰："学问工夫，于一切声利、嗜好，俱能脱落殆尽，尚有一种生死念头，毫发挂带，便于全体有未融释处。人于生死念头，本从生身命根上带来，故不易去；若于此处见得破、透得过，此心全体方是流行无碍，方是尽性至命之学。"

二七九

一友问："欲于静坐时，将好名、好色、好货等根，逐一搜寻，扫除廓清，恐是剜肉做疮否？"

先生正色曰："这是我医人的方子，真是去得人病根。更有大本事人，过了十数年，亦还用得着。你如不用，且放起，不要作坏我的方子！"

是友愧谢。

少间曰："此量非你事，必吾门稍知意思者为此说以误汝。"

在坐者皆悚然。

二八〇

一友问"工夫不切"。

先生曰："学问工夫，我已曾一句道尽，如何今日转说转远，都不着根！"

对曰："致良知盖闻教矣，然亦须讲明。"

先生曰："既知致良知，又何可讲明？良知本是明白，实落用功便是；不肯用功，只在语言上转说转糊涂。"

曰："正求讲明致之之功。"

先生曰："此亦须你自家求，我亦无别法可道。昔有禅师，人来问法，只把麈尾提起。一日，其徒将其麈尾藏过，试他如何设法。禅师寻麈尾不见，又只空手提起。我这个良知，就是设法的麈尾，舍了这个，有何可提得？"

少间，又一友请问"工夫切要"。

先生旁顾曰："我麈尾安在？"

一时，在坐者皆跃然。

二八一

或问"至诚""前知"。

先生曰："诚是实理，只是一个良知。实理之妙用流行，就是神；其萌动处，就是几，诚、神、几曰'圣人'。圣人不贵前知，祸福之来，虽圣人有所不免，圣人只是知几，遇变而通耳。良知无前后，只知得见在的几，便是一了百了。若有个前知的心，就是私心，就有趋避利害的意。邵子必于前知，终是利害心未尽处。"

二八二

先生曰："无知无不知，本体原是如此。譬如日未尝有心照物，而自无物不照，无照无不照，原是日的本体。良知本无知，今却要有知；本无不知，今却疑有不知，只是信不及耳！"

二八三

先生曰："'惟天下之圣，为能聪明睿知'，旧看何等玄妙，今看来原是人人自有的。耳原是聪，目原是明，心思原是睿知，圣人只是一能之尔。能处正是良知，众人不能，只是个不致知。何等明白简易！"

二八四

问："孔子所谓'远虑'，周公'夜以继日'，与'将迎'不同。何如？"

先生曰："'远虑'不是茫茫荡荡去思虑，只是要存这天理。天理在人心，亘古亘今，无有终始；天理即是良知，千思万虑，只是要致良知。良知愈思愈精明，若不精思，漫然随事应去，良知便粗了。若只着在事上，茫茫荡荡去思教，做'远虑'，便不免有毁誉、得丧、人欲搀入其中，就是'将迎'了。周公终夜以思，只是'戒慎不睹恐惧不闻'的工夫，见得时，其气象与'将迎'自别。"

二八五

问："'一日克己复礼，天下归仁'，朱子作'效验'说如何？"

先生曰："圣贤只是为己之学，重功夫不重效验。仁者以万物为体，不能一体，只是己私未忘。全得仁体，则天下皆归于吾，仁就是'八荒皆在我闼'意，天下皆与，其仁亦在其中。如'在邦无怨，在家无怨'，亦只是自家不怨，如'不怨天，不尤人'之意；然家邦无怨，于我亦在其中，但所重不在此。"

二八六

问："孟子'巧、力、圣、智'之说，朱子云'三子力有余而巧不足'。何如？"

先生曰："三子固有力，亦有巧。巧、力实非两事，巧亦只在用力处，力而不巧，亦是徒力。三子譬如射：一能步箭，一能马箭，一能远箭，他射得到，俱谓之力；中处，俱可谓之巧。但步不能马，马不能远，各有所长，便是才力分限有不同处，孔子则三者皆长。然孔子之和，只到得柳下惠而极；清，只到得伯夷而极，任，只到得伊尹而极。何曾加得些子？若谓'三子力有余而巧不足'，则其力反过孔子了。'巧、力'只是发明'圣、知'之义，若识得'圣、知'本体是何物，便自然了。"

二八七

先生曰："'先天而天弗违'，天即良知也；'后天而奉天时'，良知即天也。"

二八八

"良知只是个是非之心，是非只是个好恶；只好恶就尽了是非，只是非就尽了万事万变。"

又曰："'是非'两字是个大规矩，巧处则存乎其人。"

二八九

"圣人之知，如青天之日，贤人如浮云天日，愚人如阴霾天日，虽有昏明不同，其能辨黑白则一。虽昏黑夜里，亦影影见得黑白，就是日之余光未尽处；困学工夫，亦只从这点明处精察去耳。"

二九〇

问："知譬日，欲譬云，云虽能蔽日，亦是天之一气合有的，欲亦莫非人心合有否？"

先生曰："喜、怒、哀、惧、爱、恶、欲，谓之七情。七者俱是人心合有的，但要认得良知明白。比如日光，亦不可指着方所；一隙通明，皆是日光所在；虽云雾四塞，太虚中色象可辨，亦是日光不灭处。不可以云能蔽日，教天不要生云。七情顺其自然之流行，皆是良知之用，不可分别善恶，但不可有所着。七情有着，俱谓之'欲'，俱为良知之蔽；然才有着时，良知亦自会觉，觉即蔽去，复其体矣！此处能勘得破，方是简易透彻工夫。"

二九一

问："圣人'生知安行'是自然的，如何有甚工夫？"

先生曰："知、行二字，即是工夫，但有浅深难易之殊耳。良知原是精精明明的。如欲孝亲，生知安行的只是依此良知，实落尽孝而已；学知利行者只是时时省觉，务要依此良知尽孝而已；至于困知勉行者，蔽锢已深，虽要依此良知去孝，又为私欲所阻，是以不能，必须加人一己百、人十己千之功，方能依此良知以尽其孝。圣人虽是生知安行，然其心不敢自是，肯做困知勉行的工夫。困知勉行的却要思量做生知、安行的事，怎生成得？"

二九二

问："乐是心之本体，不知遇大故于哀哭时，此乐还在否？"

先生曰："须是大哭一番了方乐，不哭便不乐矣；虽哭，此心安处即是乐也。本体未尝有动。"

二九三

问："良知一而已，文王作《彖》，周公系《爻》，孔子赞《易》，何以各自看理不同？"

先生曰："圣人何能拘得死格？大要出于良知同，便各为说，何害？且如一园竹，只要同此枝节，便是大同；若拘定枝枝节节，都要高下大小一样，便非造化妙手矣。汝辈只要去培养良知，良知同，更不妨有异处。汝辈若不肯用功，连笋也不曾抽得，何处去论枝节？"

二九四

乡人有父子讼狱，请诉于先生，侍者欲阻之，先生听之，言不终辞，其父子相抱恸哭而去。

柴鸣治入问曰："先生何言，致伊感悔之速？"

先生曰："我言舜是世间大不孝的子，瞽瞍是世间大慈的父。"

鸣治愕然，请问。

先生曰："舜常自以为大不孝，所以能孝。瞽瞍常自以为大慈，所以不能慈。瞽瞍只记得舜是我提孩长的，今何不曾豫悦我？不知自心已为后妻所移了，尚谓自家能慈，所以愈不能慈。舜只思父提孩我时，如何爱我，今日不爱，只是我不能尽孝，日思所以不能尽孝处，所以愈能孝。及至瞽瞍底豫时，又不过复得此心原慈的本体。所以后世称舜是个古今大孝的子，瞽瞍亦做成个慈父。"

二九五

先生曰："孔子有鄙夫来问，未尝先有知识以应之，其心只空空而已。但叩他自知的是非两端，与之一剖决，鄙夫之心便已了然。鄙夫自知的是非，便是他本来天则，虽圣人聪明，如何可与增减得一毫？他只不能自信，夫子与之一剖决，便已竭尽无余了。若夫子与鄙夫言时，留得些子知识在，便是不能竭他的良知，道体即有二了。"

二九六

先生曰："'烝烝乂，不格奸'，本注说象已进于乂，不至大为奸恶。舜征庸后，象犹日以杀舜为事，何大奸恶如之！舜只是自进于乂，以乂薰烝，不去正他奸恶。凡文过掩慝，此是恶人常态；若要指摘他是非，反去激他恶性。舜初时致得象要杀己，亦是要象好的心太急，此就是舜之过处。经过来，乃知工夫只在自己，不去责人，所以致得'克谐'，此是舜动心忍性、增益不能处。古人言语，俱是自家经历过来，所以说得亲切；遗之后世，曲当人情。若非自家经过，如何得他许多苦心处？"

二九七

先生曰："古乐不作久矣。今之戏子，尚与古乐意思相近。"

未达，请问。

先生曰："《韶》之九成，便是舜的一本戏子；《武》之九变，便是武王的一本戏子。圣人一生实事，俱播在乐中，所以有德者闻之，便知他'尽善尽美'与'尽美未尽善'处。若后世作乐，只是做些词调，于民俗风化绝无关涉，何以化民善俗！今要民俗反朴还淳，取今之戏子，将妖淫词调俱去了，只取忠臣、孝子故事，使愚俗百姓人人易晓，无意中感激他良知起来，却于风化有益。然后古乐渐次可复矣。"

曰："洪要求元声不可得，恐于古乐亦难复。"

先生曰："你说元声在何处求？"

对曰："古人制管候气，恐是求元声之法。"

先生曰："若要去葭灰黍粒中求元声，却如水底捞月，如何可得？元声只在你心上求。"曰："心如何求？"先生曰："古人为治，先养得人心和平，然后作乐。比如在此歌诗，你的心气和平，听者自然悦怿兴起，只此便是元声之始。《书》云：'诗言志'，志便是乐的本；'歌永言'，歌便是作乐的本；'声依永，律和声'，律只要和声，和声便是制律之本。何尝求之于外？"

曰："古人制候气法，是意何取？"

先生曰："古人具中和之体以作乐，我的中和原与天地之气相应，候天地之气，协凤凰之音，不过去验我的气果和否。此是成律已后事，非必待此以成律也。今要候灰管，先须定至日。然至日子时恐又不准，又何处取得准来？"

二九八

先生曰："学问也要点化，但不如自家解化者，自一了百当。不然，亦点化许多不得。"

二九九

"孔子气魄极大，凡帝王事业，无不一一理会，也只从那心上来。譬如大树有多少枝叶，也只是根本上用得培养工夫，故自然能如此，非是从枝叶上用功做得根本也。学者学孔子，不在心上用功，汲汲然去学那气魄，却倒做了。”

三〇〇

“人有过多于过上用功，就是补甑，其流必归于文过。”

三〇一

“今人于吃饭时，虽无一事在前，其心常役役不宁，只缘此心忙惯了，所以收摄不住。”

三〇二

“琴、瑟、简编，学者不可无，盖有业以居之，心就不放。”

三〇三

先生叹曰：“世间知学的人，只有这些病痛打不破，就不是善与人同。”
崇一曰：“这病痛只是个好高不能忘己尔。”

三〇四

问：“良知原是中和的，如何却有过、不及？”
先生曰：“知得过、不及处，就是中和。”

三〇五

“‘所恶于上’，是良知；‘毋以使下’，即是致知。”

三〇六

先生曰：“苏秦、张仪之智也，是圣人之资。后世事业文章，许多豪杰名家，只是学得仪、秦故智。仪、秦学术善揣摸人情，无一些不中人肯綮，故其说不能穷。仪、秦亦是窥见得良知妙用处，但用之于不善尔。"

三〇七

或问"未发已发"。

先生曰："只缘后儒将'未发已发'分说了，只得劈头说个'无未发已发'，使人自思得之。若说'有个已发未发'，听者依旧落在后儒见解。若真见得'无未发已发'，说个'有未发已发'，原不妨，原有个'未发已发'在。"

问曰："未发未尝不和，已发未尝不中；譬如钟声，未扣不可谓无，既扣不可谓有。毕竟有个扣与不扣，何如？"

先生曰："未扣时原是惊天动地，既扣时也只是寂天寞地。"

三〇八

问："古人论性，各有异同，何者乃为定论？"

先生曰："性无定体，论亦无定体：有自本体上说者，有自发用上说者，有自源头上说者，有自流弊处说者。总而言之，只是这个性，但所见有浅深尔。若执定一边，便不是了。性之本体，原是无善无恶的，发用上也原是可以为善、可以为不善的，其流弊也原是一定善、一定恶的。譬如眼，有喜时的眼，有怒时的眼，直视就是看的眼，微视就是觑的眼，总而言之，只是这个眼，若见得怒时眼，就说未尝有喜的眼；见得看时眼，就说未尝有觑的眼，皆是执定，就知是错。孟子说性，直从源头上说来，亦是说个大概如此；荀子性恶之说，是从流弊上说来，也未可尽说他不是，只是见得未精耳。众人则失了心之本体。"

问："孟子从源头上说性，要人用功在源头上明彻；荀子从流弊说性，工夫只在末流上救正，便费力了。"

先生曰："然。"

三〇九

先生曰："用功到精处，愈着不得言语，说理愈难。若着意在精微上，全体工夫反蔽泥了。"

三一〇

"杨慈湖不为无见，又着在'无声无息'上见了。"

三一一

"人一日间，古今世界都经过一番，只是人不见耳。夜气清明时，无视无听，无思无作，淡然平怀，就是羲皇世界；平旦时，神清气朗，雍雍穆穆，就是尧、舜世界；日中以前，礼仪交会，气象秩然，就是三代世界；日中以后，神气渐昏，往来杂扰，就是春秋、战国世界；渐渐昏夜，万物寝息，景象寂寥，就是人消物尽世界。学者信得良知过，不为气所乱，便常做个羲皇已上人。"

三一二

薛尚谦、邹谦之、马子莘、王汝止侍坐，因叹先生自征宁藩以来，天下谤议益众，请各言其故：有言先生功业势位日隆，天下忌之者日众；有言先生之学日明，故为宋儒争是非者亦日博；有言先生自南都以后，同志信从者日众，而四方排阻者日益力。

先生曰："诸君之言，信皆有之。但吾一段自知处，诸君俱未道及耳。"

诸友请问。

先生曰："我在南都已前，尚有些子乡愿的意思在。

我今信得这良知真是真非，信手行去，更不着些覆藏。我今才做得个狂者的胸次。使天下之人，都说我行不掩言也罢。"

尚谦出，曰："信得此过，方是圣人的真血脉。"

三一三

先生锻炼人处，一言之下，感人最深。

一日，王汝止出游归，先生问曰："游何见？"

对曰："见满街人都是圣人。"

先生曰："你看满街人是圣人，满街人倒看你是圣人在。"

又一日，董萝石出游而归，见先生曰："今日见一异事。"

先生曰："何异？"

对曰："见满街人都是圣人。"

先生曰："此亦常事耳，何足为异？"

盖汝止圭角未融，萝石恍见有悟，故问同答异，皆反其言而进之。

洪与黄正之、张叔谦、汝中丙戌会试归，为先生道途中讲学，有信有不信。

先生曰："你们拿一个圣人去与人讲学，人见圣人来，都怕走了，如何讲得行！须做得个愚夫、愚妇，方可与人讲学。"

洪又言："今日要见人品高下最易。"

先生曰："何以见之？"

对曰："先生譬如泰山在前，有不知仰者，须是无目人。"

先生曰："泰山不如平地大，平地有何可见？"

先生一言翦裁，剖破终年为外好高之病，在座者莫不悚惧。

三一四

癸未春，邹谦之来越问学，居数日，先生送别于浮峰。

是夕，与希渊诸友移舟宿延寿寺，秉烛夜坐，先生慨怅不已，曰："江涛烟柳，故人倏在百里外矣！"

一友问曰："先生何念谦之之深也？"

先生曰："曾子所谓'以能问于不能，以多问于寡，有若无，实若虚，犯而不校'，若谦之者，良近之矣。"

三一五

丁亥年九月，先生起复征思、田，将命行时，德洪与汝中论学。

汝中举先生教言曰："无善无恶是心之体，有善有恶是意之动，知善知恶是良知，为善去恶是格物。"

德洪曰："此意如何？"

汝中曰："此恐未是究竟话头。若说心体是无善、无恶，意亦是无善、无恶的意，知亦是无善、无恶的知，物亦是无善、无恶的物矣。若说意有善、恶，毕竟心体还有善、恶在。"

德洪曰："心体是'天命之性'，原是无善、无恶的。但人有习心，意念上见有善、恶在，格、致、诚、正、修，此正是复那性体工夫，若原无善、恶，工夫亦不消说矣。"

是夕，侍坐天泉桥，各举请正。

先生曰："我今将行，正要你们来讲破此意。二君之见，正好相资为用，不可各执一边。我这里接人，原有此二种：利根之人，直从本原上悟入，人心本体原是明莹无滞的，原是个未发之中。利根之人一悟本体，即是工夫，人己内外一齐俱透了。其次不免有习心在，本体受蔽，故且教在意念上实落为善去恶。工夫熟后，渣滓去得尽时，本体亦明尽了。汝中之见，是我这里接利根人的；德洪之见，是我这里为其次立法的。二君相取为用，则中人上下，皆可引入于道。若各执一边，跟前便有失人，便于道体各有未尽。"

既而曰："已后与朋友讲学，切不可失了我的宗旨。无善无恶是心之体，有善有恶是意之动，知善知恶是良知，为善去恶是格物。只依我这话头随人指点，自没病痛，此原是彻上彻下工夫。利根之人，世亦难遇，本体工夫一悟尽透，此颜子、明道所不敢承当，岂可轻易望人？人有习心，不教他在良知上实用为善去恶工夫，只去悬空想个本体，一切事为俱不着实，不过养成一个虚寂。此个病痛不是小小，不可不早说破。"

是日德洪、汝中俱有省。

钱德洪序

先生初归越时，朋友踪迹尚寥落。既后四方来游者日进。癸未年已后，环先生而居者比屋，如天妃、光相诸刹，每当一室，常合食者数十人，夜无卧处，更相就席，歌声彻昏旦。南镇、禹穴、阳明洞诸山，远近寺刹，徙足所到，无非同志游寓所在。先生每临讲座，前后左右环坐而听者，常不下数百人，送往迎来，月无虚日。至有在侍更岁，不能遍记其姓名者。每临别，先生常叹曰："君等虽别，不出在天地间，苟同此志，吾亦可以忘形似矣。"诸生每听讲出门，未尝不跳跃称快。尝闻之同门先辈曰："南都以前，朋友从游者虽众，未有如在越之盛者。此虽讲学日久，孚信渐博，要亦先生之学日进，感召之机，申变无方，亦自有不同也。"

黄以方录

三一六

黄以方问："'博学于文'，为随事学存此天理；然则谓'行有余力，则以学文'，其说似不相合。"

先生曰："《诗》、《书》、六艺皆是天理之发见，文字都包在其中。考之《诗》、《书》、六艺，皆所以学存此天理也，不特发见于事为者，方为文耳。'余力学文'，亦只'博学于文'中事。"

或问"学而不思"二句。

曰："此亦有为而言，其实思即学也。学有所疑，便须思之。'思而不学'者，盖有此等人，只悬空去思，要想出一个道理，却不在身心上实用其力，以学存此天理。思与学作两事做，故有'罔'与'殆'之病。其实思只是思其所学，原非两事也。"

三一七

先生曰："先儒解'格物'为'格天下之物'，天下之物如何格得？且谓'一草一木亦皆有理'，今如何去格？纵格得草木来，如何反来诚得自家意？我解'格'作'正'字义，'物'作'事'字义。《大学》之所谓'身'，即耳、目、口、鼻、四肢是也。欲修身，便是要目非礼勿视，耳非礼勿听，口非礼勿言，四肢非礼勿动。要修这个身，身上如何用得工夫？心者，身之主宰，目虽视而所以视者心也，耳虽听而所以听者心也，口与四肢虽言、动而所以言、动者心也。故欲修身在于体当自家心体，常令廓然大公，无有些子不正处。主宰一正，则发窍于目，自无非礼之视；发窍于耳，自无非礼之听；发窍于口与四肢，自无非礼之言、动：此便是修身在正其心。然至善者，心之本体也。心之本体，哪有不善？如今要正心，本体上何处用得功？必就心之发动处才可着力也。心之发动不能无不善，故须就此处着力，便是在诚意。如一念发在好善上，便实实落落去好善；一念发在恶恶上，便实实落落去恶恶。意之所发，既无不诚，则其本体如何有不正的？故欲正其心在诚意。工夫到诚意，始有着落处。然诚意之本，又在于致知也。所谓'人虽不知，而己所独知'者，此正是吾心良知处。然知得善，却不依这个良知便做去；知得不善，却不依这个良知便不去做，则这个良知便遮蔽了，是不能致知也。吾心良知既不得扩充到底，则善虽知好，不能着实好了；恶虽知恶，不能着实恶了，如何得意诚？故致知者，意诚之本也。然亦不是悬空的致知，致知在实事上格。如意在于为善，便就这件事上去为；意在于去恶，便就这件事上去不为。去恶，固是'格不正以归于正'，为善则不善正了，亦是'格不正以归于正'也。如此，则吾心良知无私欲蔽了，得以致其极，而意之所发，好善、去恶，无有不诚矣。诚意工夫，实下手处在格物也。若如此格物，人人便做得，'人皆可以为尧舜'，正在此也。"

三一八

先生曰："众人只说'格物'要依晦翁，何曾把他的说去用！我着实曾用来。初年与钱友同论做圣贤，要格天下之物，如今安得这等大的力量？因指亭前竹子，令去格看。钱子早夜去穷格竹子的道理，竭其心思，至于三日，便致劳神成疾。当初说他这是精力不足，某因自去穷格，早夜不得其理。到七日，亦以劳思致疾。遂相与叹圣贤是做不得的，无他大力量去格物了。及在夷中三年，颇见得此意思，乃知天下之物，本无可格者，其格物之功，只在身心上做。决然以圣人为人人可到，便自有担当了。这里意思，却要说与诸公知道。"

三一九

门人有言邵端峰论童子不能格物，只教以洒扫应对之说。

先生曰："洒扫应对就是一件物。童子良知只到此，便教去洒扫应对，就是致他这一点良知了。又如童子知畏先生长者，此亦是他良知处。故虽嬉戏中，见了先生长者，便去作揖恭敬，是他能格物以致敬师长之良知了。童子自有童子的格物致知。"

又曰："我这里言格物，自童子以至圣人，皆是此等工夫。但圣人格物，便更熟得些子，不消费力。如此格物，虽卖柴人亦是做得，虽公卿大夫以至天子，皆是如此做。"

三二〇

或疑知行不合一，以"知之匪艰"二句为问。先生曰："良知自知，原是容易的；只是不能致那良知，便是'知之匪艰，行之惟艰'。"

三二一

门人问曰："知行如何得合一？且如《中庸》言'博学之'，又说个'笃行之'，分明知行是两件。"

先生曰："博学只是事事学存此天理，笃行只是学之不已之意。"

又问："《易》'学以聚之'，又言'仁以行之'，此是如何？"

先生曰："也是如此。事事去学存此天理，则此心更无放失时，故曰'学以聚之'。然常常学存此天理，更无私欲间断，此即是此心不息处，故曰'仁以行之'。"

又问："孔子言'知及之，仁不能守之'，知行却是两个了？"

先生曰："说'及之'，已是行了，但不能常常行，已为私欲间断，便是'仁不能守'。"

又问："心即理之说，程子云'在物为理'，如何谓心即理？"

先生曰："在物为理，'在'字上当添一'心'字。此'心'在物则为理，如此心在事父则为孝，在事君则为忠之类。"

先生因谓之曰："诸君要识得我立言宗旨。我如今说个心即理是如何，只为世人分心与理为二，故便有许多病痛。如五伯攘夷狄、尊周室，都是一个私心，便不当理。人却说他做得当理，只心有未纯，往往悦慕其所为，要来外面做得好看，却与心全不相干。分心与理为二，其流至于霸道之伪而不自知。故我说个心即理，要使知心理是一个，便来心上做工夫，不去袭义于义，便是王道之真。此我立言宗旨。"

又问："圣贤言语许多，如何却要打做一个？"

曰："我不是要打做一个，如曰'夫道，一而已矣'，又曰'其为物不二，则其生物不测'。天地圣人皆是一个，如何二得？"

三二二

"心不是一块血肉，凡知觉处便是心，如耳目之知视、听，手足之知痛、痒，此知觉便是心也。"

三二三

以方问曰："先生之说'格物'，凡《中庸》之'慎独'及'集义''博约'等说，皆为'格物'之事。"

先生曰："非也，'格物'即'慎独'，即'戒惧'；至于'集义''博约'，工夫只一般，不是以那数件都做'格物'底事。"

三二四

以方问"尊德性"一条。

先生曰："'道问学'即所以'尊德性'也。晦翁言'子静以尊德性诲人，某教人岂不是道问学处多了些子'，是分'尊德性''道问学'作两件。且如今讲习讨论下许多工夫，无非只是存此心，不失其德性而已。岂有'尊德性'只空空去尊，更不去问学？问学只是空空去问学，更与德性无关涉？如此，则不知今之所以讲习讨论者，更学何事！"

问"致广大"二句。

曰："'尽精微'即所以'致广大'也，'道中庸'即所以'极高明'也。盖心之本体自是广大底，人不能'尽精微'，则便为私欲所蔽，有不胜其小者矣。故能细微曲折，无所不尽，则私意不足以蔽之，自无许多障碍遮隔处，如何广大不致？"

又问："精微还是念虑之精微，事理之精微？"

曰："念虑之精微，即事理之精微也。"

三二五

先生曰："今之论'性'者，纷纷异同，皆是说性，非见'性'也。见性者无异同之可言矣。"

三二六

问："声、色、货、利，恐良知亦不能无？"

先生曰："固然。但初学用功，却须扫除荡涤，勿使留积，则适然来遇，始不为累，自然顺而应之。良知只在声、色、货、利上用功。能致得良知精精明明，毫发无蔽，则声、色、货、利之交，无非天则流行矣。"

三二七

先生曰："吾与诸公讲'致知''格物'，日日是此，讲一二十年俱是如此。诸君听吾言，实去用功，见吾讲一番，自觉长进一番；否则只作一场话说，虽听之亦何用？"

三二八

先生曰："人之本体，常常是寂然不动的，常常是感而遂通的。'未应不是先，已应不是后'。"

三二九

一友举："佛家以手指显出，问曰：'众曾见否？'众曰：'见之。'复以手指入袖，问曰：'众还见否？'众曰：'不见。'佛说'还未见性'。"此义未明。

先生曰："手指有见有不见，尔之见性常在。人之心神，只在有睹有闻上驰骛，不在不睹不闻上着实用功。盖不睹不闻是良知本体；戒慎恐惧是致良知的工夫。学者时时刻刻常睹其所不睹，常闻其所不闻，工夫方有个实落处。久久成熟后，则不须着力，不待防检，而真性自不息亦。岂以在外者之闻见为累哉？"

三三〇

问："先儒谓'鸢飞鱼跃'与'必有事焉'，同一活泼泼地。"

先生曰："亦是。天地间活泼泼地，无非此理，便是吾良知的流行不息，'致良知'便是'必有事'的工夫。此理非惟不可离，实亦不得而离也。无往而非道，无往而非工夫。"

三三一

先生曰："诸公在此，务要立个必为圣人之心，时时刻刻，须是一棒一条痕，一掴一掌血，方能听吾说话，句句得力。若茫茫荡荡度日，譬如一块死肉，打也不知得痛痒，恐终不济事，回家只寻得旧时伎俩而已，岂不惜哉？"

三三二

问："近来妄念也觉少，亦觉不曾着想定要如何用功，不知此是工夫否？"

先生曰："汝且去着实用功，便多这些着想也不妨，久久自会妥帖。若才下得些功，便说效验，何足为恃！"

三三三

一友自叹："私意萌时，分明自心知得，只是不能使他即去。"

先生曰："你萌时这一知处，便是你的命根。当下即去消磨，便是立命工夫。"

三三四

"夫子说'性相近'，即孟子说'性善'，不可专在气质上说。若说气质，如刚与柔对，如何相近得？惟性善则同耳。人生初时，善原是同的。但刚的习于善，则为刚善，习于恶，则为刚恶；柔的习于善，则为柔善，习于恶，则为柔恶。便日相远了。"

三三五

先生尝语学者曰："心体上着不得一念留滞，就如眼着不得些子尘沙。些子能得几多？满眼便昏天黑地了。"

又曰："这一念，不但是私念，便好的念头亦着不得些子，如眼中放些金玉屑，眼亦开不得了。"

三三六

问："人心与物同体，如吾身原是血气流通的，所以谓之同体。若于人便异体了，禽兽草木益远矣。而何谓之同体？"

先生曰："你只在感应之几上看，岂但禽兽草木，虽天地也与我同体的，鬼神也与我同体的。"

请问。

先生曰："你看这个天地中间，甚么是天地的心？"

对曰："尝闻人是天地的心。"

曰："人又甚么教做心？"

对曰："只是一个灵明。"

"可知充天塞地中间，只有这个灵明，人只为形体自间隔了。我的灵明，便是天地鬼神的主宰。天没有我的灵明，谁去仰他高？地没有我的灵明，谁去俯他深？鬼神没有我的灵明，谁去辨他吉凶灾祥？天地鬼神万物，离却我的灵明，便没有天地鬼神万物了；我的灵明，离却天地鬼神万物，亦没有我的灵明。如此，便是一气流通的，如何与他间隔得？"

又问："天、地、鬼、神、万物，千古见在，何没了我的灵明，便俱无了？"

曰："今看死的人，他这些精灵游散了，他的天地鬼神万物尚在何处？"

三三七

先生起行征思、田，德洪与汝中追送严滩，汝中举佛家实相、幻相之说。

先生曰："有心俱是实，无心俱是幻；无心俱是实，有心俱是幻。"

汝中曰："有心俱是实，无心俱是幻，是本体上说工夫。无心俱是实，有心俱是幻，是工夫上说本体。"

先生然其言。

洪于是时，尚未了达，数年用功，始信本体工夫合一。

但先生是时因问偶谈，若吾儒指点人处，不必借此立言耳。

三三八

尝见先生送二三耆宿出门，退坐于中轩，若有忧色。

德洪趋进，请问。

先生曰："顷与诸老论及此学，真员凿方枘。此道坦如道路，世儒往往自加荒塞，终身陷荆棘之场而不悔，吾不知其何说也！"

德洪退，谓朋友曰："先生诲人，不择衰朽，仁人悯物之心也。"

三三九

先生曰："人生大病，只是一'傲'字。为子而傲，必不孝；为臣而傲，必不忠；为父而傲；必不慈；为友而傲，必不信。故象与丹朱俱不孝，亦只一'傲'字，便结果了此生。诸君常要体此。人心本是天然之理，精精明明，无纤介染着，只是一'无我'而已；胸中切不可有，有即'傲'也。古先圣人许多好处，也只是无我而已，无我自能谦。谦者众善之基，傲者众恶之魁。"

三四〇

又曰："此道至简至易的，亦至精至微的。孔子曰'其如示诸掌乎'，且人于掌，何日不见？及至问他掌中多少文理，却便不知。即如我'良知'二字，一讲便明，谁不知得？若欲的见良知，却谁能见得？"

问曰："此知恐是无方体的，最难捉摸。"

先生曰："良知即是《易》，'其为道也屡迁，变动不居，周流六虚，上下无常，刚柔相易，不可为典要，惟变所适'。此知如何捉摸得？见得透时便是圣人。"

三四一

问："孔子曰：'回也，非助我者也。'是圣人果以相助望门弟子否？"

先生曰："亦是实话。此道本无穷尽，问难愈多，则精微愈显。圣人之言，本自周遍，但有问难的人胸中窒碍，圣人被他一难，发挥得愈加精神。若颜子闻一知十，胸中了然，如何得问难？故圣人亦寂然不动，无所发挥，故曰'非助'。"

三四二

邹谦之尝语德洪曰："舒国裳曾持一张纸，请先生写'拱把之桐梓'一章。先生悬笔为书，到'至于身，而不知所以养之者'，顾而笑曰：'国裳读书，中过状元来，岂诚不知身之所以当养，还须诵此以求警。'一时在侍诸友皆惕然。"

钱德洪跋

嘉靖戊子冬，德洪与王汝中奔师丧至广信，讣告同门，约三年收录遗言。继后同门各以所记见遗。洪择其切于问正者，合所私录，得若干条。居吴时，将与《文录》并刻矣。适以忧去，未遂。当是时也，四方讲学日众，师门宗旨既明，若无事于赘刻者，故不复縈念。

去年，同门曾子才汉得洪手抄，复傍为采辑，名曰《遗言》，以刻行于荆。洪读之，觉当时采录未精，乃为删其重复，削去芜蔓，存其三之一，名曰《传习续录》，复刻于宁国之水西精舍。今年夏，洪来游蕲，沈君思畏曰："师门之教久行于四方，而独未及于蕲。蕲之士得读《遗言》，若亲炙夫子之教；指见良知，若重睹日月之光。惟恐传习之不博，而未以重复之为繁也，请裒其所逸者增刻之。若何？"洪曰："然师门'致知格物'之旨，开示来学，学者躬修默悟，不敢以知解承，而惟以实体得，故吾师终日言是，而不惮其烦，学者终日听是，而不厌其数。盖指示专一，则体悟日精，几迎于言前，神发于言外，感遇之诚也。今吾师之没未及三纪，而格言微旨渐觉沦晦，岂非吾党身践之不力，多言有以病之耶？学者之趋不一，师门之教不宣也。"乃复取逸稿，采其语之不背者，得一卷；其余影响不真与《文录》既载者，皆削之，并易中卷为问答语，以付黄梅尹张君增刻之。庶几读者不以知解承而惟以实体得，则无疑于是录矣！

嘉靖丙辰夏四月，门人钱德洪拜书于蕲之崇正书院